快乐学习系列

体育知识

周 非◎编

合肥工業大學出版社
HEFEI UNIVERSITY OF TECHNOLOGY PRESS

图书在版编目（CIP）数据

体育知识/周非编．—合肥：合肥工业大学出版社，2016.7
（快乐学习系列）
ISBN 978－7－5650－2895－3

Ⅰ.①体…　Ⅱ.①周…　Ⅲ.①体育－青少年读物　Ⅳ.①G8－49

中国版本图书馆 CIP 数据核字（2016）第 164423 号

体育知识

周　非　编　　　责任编辑　疏利民　李娇娇

出　版	合肥工业大学出版社	版　次	2016 年 7 月第 1 版
地　址	合肥市屯溪路 193 号	印　次	2017 年 1 月第 1 次印刷
邮　编	230009	开　本	710 毫米×1000 毫米　1/16
电　话	总 编 室：0551－62903038	印　张	14.5
	市场营销部：0551－62903198	字　数	268 千字
网　址	www.hfutpress.com.cn	印　刷	三河市燕春印务有限公司
E-mail	hfutpress@163.com	发　行	全国新华书店

ISBN 978－7－5650－2895－3　　　定价：28.80 元

前言 PREFACE

体育知识

“体育”一词最早出现在1762年出版的卢梭的《爱弥尔》一书中，意思是“身体的教育”。后来，相继有德国、丹麦、瑞典的现代体育先驱们著书立说，形成了一套完整的“体操”练身体系。

1868年，日本从欧洲引进了“体操”一词，1878年正式使用“体育”一词。戊戌变法前后，中国派大批学生到日本，“体育”一词便通过留日学生传入中国。最初见于文字的是1902年《杭州白话报》上所刊载的译文。1903年，上海的《政艺通报》刊登的《无锡体育会简章》正式使用了“体育”一词，并立即被社会接受。于是，“体育”一词开始在我国安家落户。

体育运动比“体育”一词出现早得多。人类诞生以来，一直以体育运动来提高身体素质。

体育给人们绘制了一幅多姿多彩的历史画卷，是人类文化宝库中一串璀璨的明珠。作为现代社会生活的一个重要方面，体育锻炼不仅可以强健人们的身体，还可以锻炼人们的精神意志和纪律。体育比赛不仅是力量的比拼，更融入了社会和精神的内涵，它的魅力就像印有五色环的奥林匹克会旗一样风靡世界的每一个角落。对现代人而言，好的身体素质是增强社会竞争力的重要方面。

教育界流行着的“智育不合格是次品，德育不合格是危险品，体育不合格是废品”的说法对教育的核心可谓是一语中的，青少年的全面发展必须包括德、智、体、美等诸多方面的综合发展，家庭、学校、社会更应注重学生的个性差异，提高青少年的各种素质水平，使其得到全面发展。

《体育知识》以问答的方式，全面、系统地介绍了各种体育运动，包括运动的发展演变，体育运动的器材及场地和规则、注意事项等，精选内容，文字精炼，是一本难得的知识性书籍。

目录 CONTENTS
体育知识 TIYU ZHISHI

体育基础知识问答

体育是如何起源的 …… 2

什么是体育能力 …… 2

哪些体育运动源于玩乐游戏 …… 3

军事和体育有关系吗 …… 4

“神”对体育有影响吗 …… 5

近代体育是如何发展起来的 …… 6

体育和竞争意识有怎样的关系 …… 7

体育运动和拼搏精神有什么关系 …… 8

为什么说体育运动能培养人的拼搏精神 …… 8

科技能促进体育发展吗 …… 9

为什么体育运动会使人更聪明 …… 10

体育运动真的能增高吗 …… 11

体育锻炼对人体有什么益处 …… 12

体育锻炼能使人健美吗 …… 12

人的体型与运动技能有关吗 …… 13

身体素质指的是什么 …… 14

为什么体力劳动不能代替体育运动 …… 15

少年儿童为什么要进行户外活动 …… 15

为什么要在体育运动前做准备活动 …… 16

运动后为什么要做整理活动 …… 16

为什么饭后不能立即参加剧烈运动 …… 17

剧烈运动间歇和运动后为什么不能大量喝水 …… 18

为什么女生在月经期间不能参加体育锻炼 …… 18

感冒时能进行体育锻炼吗 …… 19

怎样调整运动负荷 …… 20

怎样测定体育运动负荷 …… 20

怎样选择体育运动竞技项目 …… 21

儿童运动训练中应增加什么营养 …… 21

怎样消除运动后的疲劳 …… 22

参加运动会应当注意什么 …… 24

什么时间最适宜锻炼 …… 24

春季锻炼应注意什么 …………… 25
夏季锻炼应注意什么 …………… 25
秋季锻炼应注意什么 …………… 26
冬季锻炼应注意什么 …………… 27

体育赛事知识问答

奥运会是从何时开始的 ………… 30
现代奥运会有哪些 ……………… 31
现代奥运会和古奥运会一样吗 ……………………………… 32
奥运会会旗有什么寓意 ………… 32
奥运圣火是如何起源的 ………… 33
奥运会期间火炬不灭的由来 …… 34
奥运会的口号是什么 …………… 34
为什么奥运会开幕式上要放鸽子 ……………………………… 35
为什么奥运会要设计会标 ……… 36
为什么奥运会要设吉祥物 ……… 36
奥运会吉祥物有多少种 ………… 37
奥运会奖章是怎样起源的 ……… 38
奥运会常用的竞赛名称有哪些 ……………………………… 38
奥运会的竞赛方法有哪些 ……… 39
为什么奥运选手要进行性别检查 ……………………………… 39
女子中长跑列入奥运会项目为何有波折 ………………………… 40
特殊奥运会是怎样起源的 ……… 41
残奥会是如何起源的 …………… 41
中国是何时参加奥运会的 ……… 42
中国的第一枚奥运金牌是谁获得的 …………………………… 42
体育运动共有多少种“马拉松”赛 …………………………… 43
亚运会是如何起源的 …………… 43
世界大学生运动会是如何起源的 ……………………………… 44
“蝉联”是怎样成为体育术语的 ……………………………… 45
“锦标”是怎样成为体育术语的 ……………………………… 45
比赛荣誉称号有什么来由 ……… 46
体育奖牌有什么来由 …………… 46
体育奖杯有什么来由 …………… 47

体操运动知识问答

体操运动是如何起源的 ………… 50
体操运动的艺术魅力在哪里 ……… 50
什么是竞技体操 ………………… 51
什么是技巧运动 ………………… 52
竞技体操与技巧有什么区别 ……… 53
什么是自由体操 ………………… 54
什么是艺术体操 ………………… 55
什么是团体操 …………………… 55
什么是蹦床运动 ………………… 56
鞍马和跳马是如何起源的 ……… 56
吊环体操是怎样发展起来的 ……… 57
单杠体操是如何起源的 ………… 58
双杠体操是怎样发展起来的 ……… 58

什么是高低杠体操 …………………… 59
什么是平衡木体操 …………………… 59
少女练艺术体操有什么好处 ………… 60
练体操时,怎样避免受伤 ………… 61
健美运动是怎样发展起来的 ……… 62
健美操锻炼有什么好处 …………… 63

球类运动知识问答

足球运动是如何起源的 …………… 66
为什么说足球运动是“世界第一运动” …………………… 66
何时开始有足球裁判 ……………… 68
裁判何时开始使用哨子 …………… 68
为什么足球裁判穿黑衣 …………… 68
足球赛中红、黄牌有什么来由 ……………………………… 69
巴西为什么会成为足球强国 ……… 69
怎样踢足球 ………………………… 70
篮球运动是谁发明的 ……………… 71
篮球运动有什么特点 ……………… 72
打篮球有哪些技巧 ………………… 73
篮球裁判是如何产生的 …………… 74
排球运动是谁发明的 ……………… 74
打排球的基本技术有哪些 ………… 76
排球比赛时如何传递战术 ………… 76
沙滩排球是怎样兴起的 …………… 77
羽毛球运动是如何起源的 ………… 78
使用裁判最多的比赛项目是什么 ……………………………… 79
网球是如何起源的 ………………… 79
乒乓球是如何起源的 ……………… 79
乒乓球拍是如何起源的 …………… 80
打乒乓球有什么益处 ……………… 81
乒乓球运动史上三次突破指的是什么 ………………………… 81
乒乓球裁判手势是什么意思 ……… 82
打乒乓球有哪些基本技术 ………… 83
高尔夫球是如何起源的 …………… 84
高尔夫球上为何有洞 ……………… 85
橄榄球是如何起源的 ……………… 86
曲棍球运动是如何起源的 ………… 86
台球是种怎样的运动 ……………… 87
保龄球是怎样起源的 ……………… 88
保龄球怎样进行比赛 ……………… 88
门球运动是如何起源的 …………… 89
马球是如何起源的 ………………… 89
为什么说棒球和垒球是兄妹 ……… 90
棒球、垒球是怎样进行比赛的 ……………………………… 90
为什么说手球是球类运动的“小弟弟” ……………………… 92

田径运动知识问答

为什么说“得田径者得天下” …………………………… 94
跳远是如何起源并发展的 ………… 94
怎样进行跳远 ……………………… 95
三级跳远是怎样起源的 …………… 96
怎样进行三级跳远 ………………… 96
跳高姿势是如何发展的 …………… 97

跳高的助跑和起跳时应注意什么 …… 98
怎样进行跨越式跳高 …… 99
怎样进行俯卧式跳高 …… 99
怎样进行背越式跳高 …… 99
怎样进行撑竿跳高 …… 100
撑竿影响撑竿跳高的成绩吗 …… 100
为什么说撑竿跳高的技术复杂 …… 101
铅球运动是如何起源的 …… 102
如何推铅球 …… 102
链球运动是如何起源的 …… 104
铁饼运动是如何起源的 …… 104
如何掷铁饼 …… 105
标枪运动是如何起源的 …… 107
如何掷标枪 …… 107
竞走是如何起源的 …… 109
赛跑运动起自何时 …… 109
竞走和赛跑有什么区别 …… 110
跨栏跑是怎样起源的 …… 111
怎样进行跨栏跑 …… 111
障碍跑是怎样起源的 …… 112
为什么赛跑时是向左转圈 …… 113
起跑的姿势有哪些 …… 113
怎样运用站立式起跑姿势 …… 113
怎样运用蹲踞式起跑姿势 …… 114
怎样提高短跑的速度 …… 114
为什么说 100 米赛跑是“飞人”的竞赛 …… 115
中长跑是如何起源的 …… 116
距离最长的赛跑为啥叫“马拉松” …… 116
中长跑有哪些窍门 …… 117
中长跑有哪些战术 …… 118
如何安排练习长跑的时间 …… 118
空腹跑步对身体有害吗 …… 119
晨跑应如何进行 …… 120
接力赛跑是如何起源的 …… 120
接力赛跑怎样进行 …… 121
接力赛跑中怎样传接棒 …… 122
什么是五项全能比赛 …… 123
什么是七项全能 …… 124
什么是十项全能 …… 124

水上运动知识问答

游泳是如何起源的 …… 126
什么是竞技游泳 …… 126
什么是花样游泳 …… 127
为什么称花样游泳为“水上芭蕾” …… 128
学生学习游泳有什么好处 …… 129
游泳姿势有几种 …… 129
初学蛙泳的人怎样才能游得快 …… 130
自由泳有哪些基本技术 …… 131
游泳时怎样保护鼻腔 …… 132
游泳时怎样保护耳朵 …… 133
游泳时怎样保护眼睛 …… 134

游泳时怎样保护皮肤…………… 134
游泳时抽筋怎么办……………… 135
学游泳时怎样注意安全………… 136
为什么女生在月经期不能游泳……………………………… 137
初学游泳时为什么会头晕……… 138
为什么游泳使用的救生圈是橙黄色的…………………………… 139
跳水是怎样发展的……………… 139
初学跳水有哪些注意事项……… 139
什么是“压水花” ……………… 140
跳水比赛是怎样进行的………… 141
什么是赛艇运动………………… 142
什么是皮划艇运动……………… 142
什么是水球运动………………… 143
水球运动是如何起源的………… 144
滑水运动是如何起源的………… 145
滑水有哪些类型………………… 145
潜水运动是如何起源的………… 146
帆船运动是如何起源的………… 146
冲浪运动是如何兴起的………… 147
帆板运动是怎样兴起的………… 148

冰雪运动知识问答

冰雪上运动的比赛项目有哪些……………………………… 150
滑冰是谁发明的………………… 151
花样滑冰运动是谁发明的……… 151
花样滑冰竞赛是如何发展的 …… 152
什么是速度滑冰项目…………… 152
滑冰有哪些好处………………… 153
滑冰时应注意什么……………… 154
滑冰时怎样掌握冰鞋大小与鞋带松紧……………………………… 154
滑冰需要做哪些准备活动……… 155
为什么初学滑冰时容易摔跤 …… 155
怎样才能在冰上滑得快………… 156
怎样防治滑冰创伤……………… 157
什么是冰球运动………………… 157
什么是冰壶运动………………… 158
滑雪是如何起源的……………… 158
什么是越野滑雪………………… 159
什么是跳台滑雪………………… 159
什么是高山滑雪………………… 161
什么是现代冬季两项…………… 161
雪橇运动是如何起源的………… 162
狗拉雪橇赛是怎样发展的……… 162

武术运动知识问答

什么是武术……………………… 166
武术名称是怎么来的…………… 166
我国武术是怎样分类的………… 167
什么是散打运动………………… 168
什么是跆拳道运动……………… 169
空手道运动是如何起源的……… 169
什么是刀术……………………… 170
什么是枪术……………………… 170
什么是剑术……………………… 170
什么是棍术……………………… 171
什么是长拳……………………… 171

什么是南拳……………………… 172
什么是太极拳……………………… 172
什么是对练………………………… 173
武术比赛是怎样发展的………… 173

棋牌运动知识问答

为什么棋类属于体育项目……… 176
棋术是何时开始的……………… 176
什么是中国象棋………………… 176
中国象棋是怎样兴起的………… 177
什么是国际象棋………………… 178
什么是五子棋…………………… 178
什么是围棋……………………… 178
围棋是如何起源的……………… 179
围棋“九段制”是怎么来的………………………… 180
围棋的变化究竟有多少种……… 180
“棋圣”称号是怎么来的 ……… 181
什么是跳棋……………………… 181
什么是国际跳棋………………… 182
什么是军棋……………………… 182
纸牌游戏起源于何地…………… 182
扑克牌是怎样起源的…………… 183
扑克牌是怎样设计的…………… 184
什么是桥牌……………………… 184

民间运动知识问答

什么是滑草运动………………… 188
什么是“龙舟”竞渡 ……………… 188
拔河是如何起源的……………… 189
跳绳是如何起源的……………… 190
荡秋千是如何起源的…………… 190
“飞碟”是如何起源的 ………… 191
陀螺是如何起源的……………… 191
踢毽子有什么好处……………… 192
怎样挑选毽子…………………… 192
为什么说上下楼梯是最好的运动………………………… 193
做广播操有哪些好处…………… 193
跳皮筋有什么好处……………… 194
风筝运动是怎样发展的………… 195
放风筝有什么好处……………… 195
放风筝时怎样选择天气和场地………………………… 196
怎样放风筝……………………… 197

其他运动知识问答

射击运动有几种比赛类型……… 200
射箭运动是如何起源的………… 201
飞镖运动是如何起源的………… 201
旱冰运动是如何起源的………… 202
角力是如何起源的……………… 203
柔道是如何起源的……………… 203
相扑是如何起源的……………… 204
击剑运动是如何起源的………… 204
击剑比赛中的“有效部位”指什么………………………… 205
西班牙斗牛是如何起源的……… 206
斗牛是如何进行的……………… 206
斗牛必须用红布吗……………… 207

什么是沙舟运动……………………207
摔跤有哪些种类……………………208
摔跤比赛如何进行…………………209
柔道比赛如何进行…………………209
相扑比赛如何进行…………………209
什么时候开始有赛马………………210
决斗是如何起源的…………………210
拳击是如何起源的…………………211
什么是滑板运动……………………211
什么是现代五项运动………………212
什么是铁人三项运动………………213
为什么说举重是大力士的
　比赛………………………………213
练举重会压得不长个儿吗…………214
什么是定向运动……………………215
登山运动是如何起源的……………215
登山运动有什么意义………………216
登山要注意什么……………………217
攀　岩………………………………217
陆地风帆是谁发明的………………218
摩托车运动是如何起源的…………219
汽车赛是如何起源的………………219
什么是高山自行车运动……………220

体育知识

体育基础知识问答

TIYU ZHISHI

体育作为一种文化现象，是随着人类社会的生产实践活动而不断萌发演进的，像举重、摔跤、田径等活动是远古时代的人为强壮其体魄或出于军事手段而产生的，其主要核心价值在于尊重自己和他人、团结和公平竞争。

传统观点认为参加体育运动的人四肢发达，头脑简单，但许多科学证明，合理适当的体育运动不仅会塑造我们健美的身材，还会提高我们的心理素质，也会提升我们的各项良好的品质。

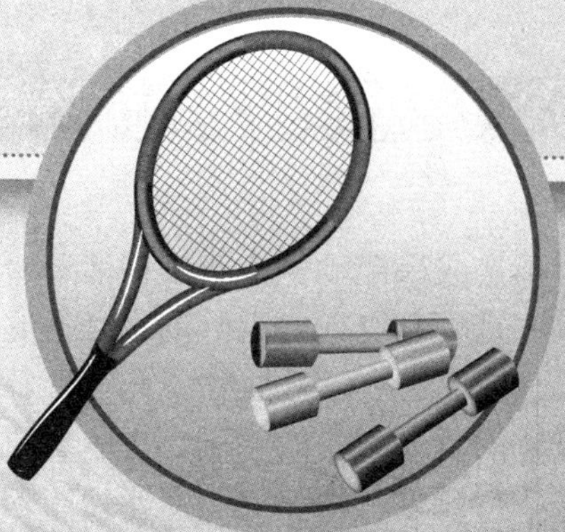

体育是如何起源的

人类悠久的历史表明：不论是在一些文明古老的国度，还是在与世隔绝的土著部落，凡有人类从事劳动活动的地方，就会产生体育运动。体育起源于劳动，体育与劳动同在。

原始人类的生存条件十分严酷。他们以野果和野兽为主要食物，人们必须练就善跑能跳的能力，必须具备强壮的体力方能生存。

人类最古老的体育运动是一些走、跑、跳、投之类简单、实用的活动，或者说是生活技能。当人类学会使用工具后，又有了标枪、弓箭活动；当人类到水里捕鱼捉蟹时，又学会了游泳、划船的本领。

随着生产工具的改进，各种劳动技能逐渐多样化与复杂化，原始人类将这些生存的技能和经验一代代地传授下去，这就是最初从生活、劳动技能中分化出来的体育和教育的综合体。例如，我国东北大兴安岭原始森林中的鄂温克人，一直过着与世隔绝的原始的游猎生活。长辈向年轻一代传授的是跳高、滑雪、角力、射箭等本领。太平洋岛屿上的密拉内西亚居民，从小就让儿童练习投枪、棍棒及攀树、掘土等技巧。许多古代人类的劳动技能，经过漫长的演变过程，逐步形成了现代体育项目。这些都表明，在原始的劳动教育中，已经打开了一支体育的源头。

什么是体育能力

能力，即人为取得预定成果或顺利完成某种活动所需的知识、技能、智力的综合表现，也可以说是顺利进行一定活动所必备的基本条件。同学们经常评论体育能力的强弱，什么是体育能力呢?

体育能力即从事身体活动所必备的知识、身体素质、技能和方法。没有这些，体育运动就无法取得预期的效果。体育能力的内容是多方面的，如运动技能的自学能力，体育项目的自我锻炼能力，锻炼效果的自我评价能力，对一般运动创伤和运动性疾病的处理能力，特殊体育项目能力等。

中小学生正处在长身体、长知识的重要阶段，这个阶段是体育能力提高的黄金阶段。其一定要提高思想认识，积极参加体育运动，懂得一定的生理

卫生和保健知识、科学运动知识；了解和懂得体育锻炼的原则和方法并灵活运用，关心自己的健康，制订锻炼计划；在运动中提高身体素质，如力量、速度、身体柔韧性、耐力等，养成锻炼身体的习惯，对自己喜爱的运动项目培养特殊能力等。

哪些体育运动源于玩乐游戏

人类的生活少不了娱乐。在漫长的体育发展史上，有许多体育运动是以娱乐为主要目的发展起来的。

在世界公认的权威体育纪录专著、美国的《体育纪录指南》上有这样一句话：“世界上最早的原始足球出现在中国，时间在公元前3—前4世纪。”

《战国策·齐策》上记载：“临淄（战国时齐国的都城）之中七万户……甚富而实，其民无不吹竽鼓瑟、击筑弹琴、斗鸡走犬、六博蹴鞠者。”在丰衣足食的情况下，临淄城的百姓把一部分精力用于文化娱乐上，“蹴鞠”是当时的一种游戏，即为踢球。“鞠”是一种用皮革缝制、中间用毛类杂物塞实的球。“蹴鞠”就是用脚踢球，是当地人发明的一种游戏取乐活动。从战国时的“蹴鞠”到当代的足球运动，这是一段多么漫长的历史，从中足见足球的巨大魅力。

羽毛球也是为娱乐而发明的。它的发源地在1800年的印度浦那地区。当地人玩一种叫“毽子板”的球类游戏。球用羽毛和软木制作，这就是羽毛球的雏形。后来，美国人将这项活动带回本国，引起人们的浓厚兴趣，遂使羽毛球运动发展起来。

网球据说是法国人发明的。据史料记载，12—13世纪的法国年轻传教士，喜欢在教堂的回廊上玩手掌击球的游戏。法王路易十世时，网球成为宫廷皇亲贵戚、文武幕僚喜爱的消遣活动。后来网球传入英国，继而风靡全世界。

此外，踢毽、跳绳、荡秋千等都是古代人们喜爱的游戏活动。

基本小知识

战国策

《战国策》是一部国别体史书。主要记述了战国时期的纵横家的政治主张和策略，展示了战国时代的历史特点和社会风貌，是研究战国历史的重要典籍。西汉末由刘向编定。

军事和体育有关系吗

近代的体育运动项目众多，难以细数，它们都有各自的起源。军事战争便是许多体育项目的重要起源。

在冷兵器时代，士兵们使用刀、矛、剑、锤、棍等武器进行攻击，交战中也时常徒手格斗，形成了一系列攻击方法和打斗套路。后来这些军事技巧逐渐演变成体育竞技比赛项目。柔道、摔跤、武术、拳击、相扑、标枪等都起源于古代的军事战争。标枪，其前身是古代武器中的长矛，后来在古希腊运动中，被引入体育比赛项目。“武术”一词最早见于我国南朝，那时泛指军事。现在的武术则已发展成为以踢、打、摔、拿、击、刺等攻防格斗动作为素材，按照一定的变化规律进行格斗演练的民族体育项目。拳击，则起源于远古时代的埃及。公元前40世纪描写战争的埃及象形文字中，有关于士兵们在拳斗时使用护具“皮绷带”的描述；再如摔跤，古称角力或角抵，源于氏族公社时期黄帝、炎帝与蚩尤氏部落之间战争中创造出来的蚩尤戏。

最能体现古代战争特色的，莫过于棋类了。围棋显然是受古代战争影响的产物，关于它的得名，《左传·襄公二十五年》一书中作注说：“以子围而相杀，故谓之围棋。”

围棋在春秋战国时期已经流行开来，因它起源于战争，所以在诸多方面都体现出用兵打仗的特点。汉代刘向的《围棋赋》一书中指出：“略观围棋，法于用兵，怯者无功，贪者先亡。”今天的围棋，无论从着子的战略战术，还是计算胜负的方法，都仍符合古代作战方略。行棋术语杀、征、冲、断等，也都是从军事用语中引用来的。

> **你知道吗**
>
> **什么是氏族公社**
>
> 氏族公社是原始社会的基本单位，以生产资料公有制为基础、以血缘纽带和血统世系相联结的社会组织形式。曾普遍存在于世界各地的原始社会中，是人类社会发展的必经阶段。氏族公社经历母系氏族公社和父系氏族公社两个阶段。

中国象棋受古代战争的影响更是显而易见。将、士、象、车、马、炮、卒与帅、仕、相、兵两军对垒于楚河汉界，火药味十足，杀气腾腾。红黑双方各有五卒（兵），象征古代军队的五人一伍和所配属的弓、殳、矛、戈、戟

五种兵器的使用。

军事战争的冷兵器时代早已结束，但其演变出的竞技体育项目却世代留传下来，拥有众多的爱好者。

“神”对体育有影响吗

一只黑色的小球，沿着地面飞快地碾过，朝着远处的一排竖立的瓶子滚去，随着一声响亮的撞击，瓶子稀里哗啦倒下一片。围观者爆发出一阵欢叫：“全倒啦！全倒啦！”邪恶被清洗掉了，灾害从此就要结束。人们眉飞色舞，庆祝这一重大胜利，投中球的人被大家当作大英雄簇拥起来。

这是古代德国的基督教徒们在遭到自然灾害或不幸时，为清除邪恶而举行的宗教活动场面。当黑色的小球将所有瓶子击倒时，意味着所有的邪恶都被清洗。击球者、观看的人才算了却心病。这种活动正是原始保龄球（也叫地滚球、木滚球、九柱戏、十柱戏）的起源。

斗牛，也起源于西班牙古代的宗教活动。当时，人们将牛杀死作为奉献给神的祭品。13 世纪西班牙国王阿方索十世时，这种杀牛祭神的宗教活动演变成了赛牛表演。16 世纪，出现了真正的斗牛表演，骑士手持长矛，骑在马背上，等牛冲过来时，顺势将矛插进牛身，把牛杀死。到 18 世纪时，一个没有骑马的勇士与牛搏斗，最后用剑把牛杀死。从此，宗教活动就变成了斗牛竞技活动，风靡西班牙、墨西哥、秘鲁和哥伦比亚等国。

保龄球、斗牛的出现，意味着一个事实：除了生产劳动、军事战争、医疗保健、文化娱乐外，宗教信仰也是体育运动的起源之一。在漫长的体育发展史上，宗教祭祀是一支不可忽略的“根苗”。

古代人在进行宗教、祭祀活动时，要用各种抒发感情的动作表示对神的崇拜敬仰。这些动作便构成原始舞蹈及宗教活动里的游戏。在中国和古希腊的种种盛

拓展阅读

古籍对礼射的定义

《礼记·射义》中对射礼的性质、目的、做法的规定：“射者，所以观盛德也。”又说：“射者，仁之道也。射求正诸己，己正而后发；发而不中，则不怨胜己者，反求诸己而已矣。”

大祭礼以至追神赛会中，常常有舞蹈、角力、竞技等项目。从古埃及的祭祀体育表演，古希腊的奥林匹克运动会，中国西周的礼射，直到现代奥运会时的点圣火、升会旗、念誓词，都可以看到体育起源时期的宗教痕迹。

近代体育是如何发展起来的

14—18 世纪，欧洲出现了三次大规模的思想运动，即文艺复兴、宗教改革和启蒙运动。灿烂的思想文化、科学艺术之花绽开之时，也孕育了近代体育的蓓蕾。一些先进的思想家、教育家纷纷提出把德育、智育和体育结合起来的教育方针。

15 世纪初叶的意大利，有一座建立在潺潺流水旁、翠绿草原上的校园，这就是意大利著名教育家维多里诺创办的宫廷学校——“快乐之家”。比起当时那些高墙深宅内，阴森幽暗、死气沉沉的教会学校，这里阳光明媚，空气清新，宽敞的校舍与优美的自然环境融合在一起。这所学校在注重发展智育的同时，规定学生必须参加户外运动。维多里诺亲自带领学生从事骑马、跑、跳、击剑、游泳、射箭和球类运动等各项体育运动，此外，他还改善学生饮食营养，加强卫生设施，以全面增进学生的健康。维多里诺被后人誉为“第一个新式学校教师”。

继维多里诺之后，1517 年，有一个年轻的神父马丁·路德发起了宗教改革运动。在他推行的教育方式中，体育占有一定的地位。他在致政府官员的信中写道：“古人已慎重考虑与妥为安排，认为人们应该练习体操，这样才不致使人养成尚浮华、不贞洁、好吃、放纵与赌博的习惯。所以有两种康乐使我最感愉快，那就是音乐与体操。前一种将内心所有的牵挂与忧郁驱除干净，后者使身体产生弹性并能保持健康。”路德在此不仅注意到了体操可以增强体质，而且看到了它对培养道德品质的作用。

在文艺复兴和宗教改革运动后期，捷克著名教育家夸美纽斯提出“教育的目的就在于培养身心和谐发展的人”的观点，主张学校要设置宽广的运动场，采用游戏和其他体育运动来增进学生的健康。他首创了体育教学的班级授课制，即流传至今的分班上体育课制度。现在各国学校普遍实行的课间自由活动、课间操制度，也是从他那里继承和发展而来的。

此外，17 世纪英国著名的思想家兼教育家洛克、18 世纪法国著名学者卢梭也都是近代体育的积极倡导者。洛克明确把教育分为体育、德育和智育三个部分，认为“健康的精神寓于健康的身体”。卢梭也指出，教育的最大秘诀是“使身体锻炼和思想锻炼互相调剂”，做到“身心两健”。

随着近代体育新篇章地揭开，体育以它崭新的面貌逐渐展现在世人面前。

基本小知识

文艺复兴

文艺复兴是指13世纪末在意大利各城市兴起，以后扩展到西欧各国，于16世纪在欧洲盛行的一场思想文化运动，带来科学与艺术革命时期，揭开了近代欧洲历史的序幕，被认为是中古时代和近代的分界。

体育和竞争意识有怎样的关系

当今，随着社会、经济的高度发展，各方面的竞争越来越激烈，培养年轻一代的竞争意识和竞争能力变得十分重要。

竞争推动社会向前发展，激发人们的积极性和创造性，鼓励人们奋发向上，不断进取，反对安于现状、故步自封的保守观念。

体育运动可以培养和激发竞争意识。体育运动与保守性格势不两立。体育界有一句十分有名但十分残酷的话：“足球的法则是弱肉强食，与自然界一样，适者生存。”

美国人在运用体育运动的方法培养竞争意识方面是很积极的。如福特汽车公司每年都要举行一次“追、过、踢”的激烈棒球比赛，大约有11万名8～16岁的孩子参加比赛，只竞争出6名优胜者。

强烈的体育竞争性，督促着每一位参与者要不断去创新和变革。体育运动最讲法制，最公平。只有体力、技术、战术超过对手，才能成为胜利者。无情的激烈竞争，促进着运动技术、战术、训练方法和器材、场地的不断发展、变革。新的、先进的不断被创造、推广，陈旧、落后的不断被淘汰。而体育竞争中，“胜利只是暂时的，竞争才是永久的”这一事实，更激励着人们要不断创新、坚韧不拔。

由此可见，体育运动对培养少年儿童坚毅的品格、强烈的竞争意识有多么重要。所以祖国要求自己的下一代要德智体全面发展。

体育运动和拼搏精神有什么关系

拼搏，是人们为实现某目标而全力以赴，不断探索和不懈追求，不顾一切地奋力斗争和冲击。

体育与“拼搏”二字密不可分。在你争我夺、紧张激烈的比赛中，每一块奖牌的背后，都有一段动人的拼搏故事。当年，荣国团在“人生能有几回搏”豪言的激励下，夺得中国体育史上第一个世界冠军，捧回圣·勃莱德杯。中国花剑女选手栾菊杰，在手臂受重伤的情况下，顽强拼搏，战胜了强大的对手，为中国、为亚洲夺得了世界击剑史上第一枚奖牌。在第三届世界杯女子排球比赛中，中国女排姑娘也正是以顽强的拼搏精神，用全胜的战绩赢得了中国“三大球”的第一个世界冠军。赛场的看台和现代通信技术把运动员的拼搏精神最真实地展示在观众面前，人们在激烈的体育比赛中受到拼搏意识最直接的鼓舞和激励。

你知道吗

在中国“三大球”指什么

在中国“三大球”特指：足球，篮球，排球。三大球是中国人民热爱的团体大球项目，并非指世界上最有影响力的三个“大球”项目。

为什么说体育运动能培养人的拼搏精神

第一，体育运动能培养人吃苦耐劳的精神。无论是田径、球类、体操、拳击还是游泳，多数运动项目在训练和比赛中需要运动员付出巨大的体力，忍受身体的极度疲劳；需要运动员巨大的耐心和毅力，日复一日，反复练习某种单调的动作；需要运动员战胜各种恶劣的环境和气候条件，冬练三九，夏练三伏；还需要运动员克服扭伤、摔伤、踢伤、撞伤等各种创伤带来的身体疼痛和折磨。因此，人们从事体育运动的同时，也逐渐培养了吃苦耐劳、不懈努力的品质。

第二，体育运动能培养人为实现某个目标而全力以赴的精神。为了事业

的成功，运动员要摆脱各种享受和利益的诱惑，把自己的时间和精力奉献在运动场上，付出青春，牺牲学业，消耗身体，还要有充分的思想准备迎接失败的考验。因此，全力以赴地追求是运动员必备的素质。

第三，体育运动能培养人向更高目标挑战的信心。运动员的最高理想是争当世界冠军。在向这一目标进军的过程中，自己在技术上每提高一步，就要把这一步作为新的起点，向更高一层去努力。因此，战胜自我和超越他人，是运动员必备的勇气。

第四，体育运动能激励人在关键时刻奋力一搏的意识。锻炼天天做，比赛不常有。体育运动的这一特点逼迫运动员在比赛的关键时刻把自己平日所花的心血化作赛场上的一冲、一跳、一击、一投。这种关键时刻的奋力一搏，正是拼搏意识的具体体现。

科技能促进体育发展吗

你知道在第九届世界排球锦标赛中，美国女排以 3∶0 的明显优势取得了对中国女排的胜利靠的是什么吗？除了美国队自身的实力外，还靠计算机的帮助。因为美国奥林匹克训练中心曾派出专家，用高速摄影机拍摄了中国女排东京世界杯赛上的比赛实况，而后将其输入计算机。由计算机算出了诸如扣球跳起高度、攻防移动速度等三维空间的各种数据，分析出了中国女排的技术特点和薄弱环节，并依此加强了美国队以中国队为预想对手的训练，从而取得了胜利。

除了计算机外，可用于体育训练的科技手段还有测力台、模拟跑道等，测得的实验数据经处理后，可立即再反馈给教练员和运动员。

最新的体育科研方式还能将获得的各种数据再还原到运动员身上，使人的各种综合力量得到协调控制，以最大限度地发挥人体的竞技能力，而仅靠教练员的经验是做不到这一点的。

理论计算的结果表明：如果把人体 600 块肌肉、3 亿多根肌纤维的力量协调地全部发挥出来，应该能拖动 25 吨重的货物。可见人的巨大潜力！人体的奥秘有待进一步研究和揭示。

未来，体育水平的提高将依赖于科技手段的发展。谁掌握了体育科学，谁就拥有了胜利的希望。

基本小知识

三维空间

“维”这里表示方向。由一个方向确立的直线模式是一维空间，一维空间具有单向性。由两个方向确立的平面模式是二维空间，二维空间具有双向性。同理，三维空间呈立体性，具有三向性，由三向无限延伸而确立。

为什么体育运动会使人更聪明

同学们一定希望自己更聪明，那么告诉你一个好方法：经常参加体育运动。运动为什么会使你更聪明呢?

首先，运动能增强体质。健康的身体是聪明头脑的基础，这是同学们都明白的。再者，运动能增加大脑皮层的沟回，使它的表面面积增大。脑子活动的基本过程是兴奋和抑制的交替。人在运动时，管理运动的脑细胞经常处于迅速的兴奋和抑制过程，经过千万次这样的锻炼，它的调节功能、反应速度、灵活性和准确性便得到提高。

据测验，乒乓球运动员打乒乓球前的反应速度为0.09秒，打乒乓球后的反应速度为0.07秒。美国加利福尼亚州州立大学教授琴森指出，测定一个人的脑细胞反应速度，就可以看出他思维的速度和智力的高低。实践证明，体育锻炼是提高这种能力的重要措施。

另外，大脑对身体的运动和感觉是对侧支配的，左半球大脑支配右侧身体的活动，右半球大脑支配左侧身体的活动。两半球又有密切的神经联系，互相配合、互相促进。一般人的右手右脚活动多，大脑左半球就发达；而惯用左手的人，他的大脑右半球就发达。大脑皮质的分工非常精细：左半球管理计算和语言，右半球管理空间和音乐。平时它们的神经细胞不全出来工作，有一部分处于休息状态，只在参加体育运动和思考问题时才出来工作。如果经常参加体育运动，就能把这些脑细胞的积极性调动起来，更好地发挥它们的潜力。因此说，参加体育运动提高了大脑皮质的反应性和灵活性，使神经细胞得到锻炼，使人更聪明，学习效率更高。

参加体育运动的好处不胜枚举。运动会使你精神愉快，生气勃勃，转移悲观失望、失眠造成的不良情绪等，使你积极向上，生活丰富多彩；运动会使你更健美。运动时消耗大量能量，需要加快体内的新陈代谢来补充，这就促使心跳加快、呼吸加深、消化吸收加强，体内的各器官都能保持旺盛的生命力，使功能增强，动作协调，精神饱满，面色红润，充满了青春美。

体育运动真的能增高吗

骨骼发育在身体发育中起着决定性的作用，四肢骨骼的生长是决定身体长高的关键，尤其是下肢骨更为重要，一个人的腿长，他的个子就长得高。人的生长发育有个规律，四肢长骨在十六七岁以前生长的速度最快，十六七岁以后，生长的速度逐渐减慢，到 20 岁左右才停止。所以中小学生正处在长高的阶段，16 岁前开始锻炼，一直坚持下来，这样身体才能长得快、长得高。多年的运动医学研究证明，青少年如果坚持参加体育运动，骨骼就会长得快，身高自然就高。

那么，为什么经常参加体育锻炼才能使人长得快呢？这是因为在运动时，骨骼肌肉需要大量的血液，而这些血液带有大量氧气和养料，新陈代谢处于旺盛状态。另一方面，骺软骨在运动中不断受到压挤和摩擦，细胞不断分裂，不断地骨化而使骨骼长粗、长长。运动时骺软骨的营养状态好，推迟了骺软骨的骨化时间，所以骨骼便比不运动的人长得长，身体长得高，四肢也比较匀称。

你知道吗

人体骨骼的数量是多少

人的骨骼成人骨头共有 206 块，分为头颅骨、躯干骨、上肢骨、下肢骨四个部分。但儿童的骨头却比大人多。因为：儿童的骶骨有 5 块，长大成人后合为 1 块了。儿童的尾骨有 4 ~ 5 块，长大后也合成了 1 块。儿童有 2 块髂骨、2 块坐骨和 2 块耻骨，到成人就合并成为 2 块髋骨了。

体育运动促进发育的另一个原因是能调整人的内分泌功能，使生长素分泌增多。生长素是管身体生长发育的，它加速骨骼生长，使个子长高，它还能加速蛋白质合成，使内脏和肌肉发育，这样就使青少年长得快、长得高。哪些运动能助人体长高呢？一般

来说，动力性的运动项目能使个子长得快，如长跑、短跑、跳高、跳远、各种球类、游泳、登山等，而一些静力性项目如举重、投掷、射击、竞技体操则使人个子长得慢一些。不过，这不是绝对的，这与科学锻炼密切相关。所以中小学生要注意全面发展，防止单练一种项目，以免给身体带来不均衡发展的弊病。

基本小知识

遗　传

遗传，是指经由基因的传递，使后代获得亲代的特征。目前已知地球上现存的生命主要是以 DNA 作为遗传物质。除了遗传之外，决定生物特征的因素还有环境，以及环境与遗传的交互作用。

体育锻炼对人体有什么益处

各种研究资料表明，经常从事体育锻炼的人比伏案工作者平均要多活 12 年，各器官生理功能的差别可达 15 年。

体育锻炼对人体各器官的益处主要在于：

循环系统：由于运动时促使心肌加强收缩，因而改善了血液循环。

呼吸系统：经常参加运动的人可使肺活量得到改善，从而使血液的含氧量增加。

消化系统：运动能使胃肠道分泌和蠕动增强，从而促进食欲，形成良性循环。

神经系统：由于运动改善了心肺功能，增加了血液的含氧量，也就调节了神经系统的功能。适当运动后所产生的轻度疲劳感，可解除神经紧张和心理焦虑，利于人的睡眠。

肌肉骨关节系统：运动能改善肌肉和关节的血液循环，强壮骨骼，发达肌肉，使人体健美，动作灵活轻巧。

体育锻炼能使人健美吗

青少年的身体正处在发育期，这时期是人的体型形成的关键时期。不喜欢体育运动的人，往往容易形成瘦长单薄的“豆芽菜”体型。这种人肌肉不发达，体型像细麻秆一般，弱不禁风，缺少健壮的美感，缺少青春活力，体质也较差，容易疲劳，容易生病。

俄罗斯诗人马雅可夫斯基有一句著名诗句：“世界上没有任何一件衣衫能比健康的皮肤和发达的肌肉更美丽。”可见健美的体型对人的外表气质有多么重要。

那么，健美的体型标准是什么呢？一般来说，应该是身材结实匀称，肌肉发达，线条柔美，动作灵巧协调，身体修长而不显单薄，丰腴又不觉臃肿。

当然，遗传因素对人的体型有重要影响。但后天的锻炼却是影响体型发展的最积极的因素，可以弥补先天的不足。经常参加体育锻炼的人，个头容易长高，肌肉较为发达，皮肤由于常吸收一些自然的营养——新鲜的空气、温柔的阳光等，也显得红润而有光泽。

青少年一方面可参加跑步、打球、游泳、体操等活动，可促进身体各器官系统的新陈代谢，更多地吸收饮食营养；另一方面还可从事一些发达肌肉的锻炼，如划船、举重、投掷、俯卧撑等。

基本小知识

遗传

遗传，是指经由基因的传递，使后代获得亲代的特征。目前已知地球上现存的生命主要是以DNA作为遗传物质。除了遗传之外，决定生物特征的因素还有环境，以及环境与遗传的交互作用。

人的体型与运动技能有关吗

体育在向着“更高、更强、更快”的方向发展，体育比赛也日益激烈。因此，各国都对体育运动员的科学选才更加重视起来。这里，我们谈一谈在体育选才中关于人的体型与运动技能的关系。

受人类遗传因素的影响，人的体型大致可分成三类：长颈鹿型、河马型和狮子型。人的体型在很大程度上，决定了你在某一个特定的运动项目上的最终能力。河马型的人身体强壮、肌肉发达，可以成为优秀的铅球或举重运动员；长颈鹿型的人在速度上具有优势；而狮子型的人则兼备了发达的肌肉和一定的速度，适合于参加全能运动。

美国的谢尔登把体育运动中的三个基本身体要素（即肌肉、脂肪、身高）中的每一个都分成7级，创造了一种能够准确测量人体属于哪种类型的方法，可用来决定你适合于进行哪类运动、哪个项目。

几种流行的运动项目的体型选材简述如下：

网球：要求力量大，耐力好。而瘦型、细臂的体型不具备打好网球的有利条件。

篮球：运动员的体型特征是身材高大、腿长、手臂长以及大手大脚。

足球：要求躯干和四肢围度大，尤其是腿部肌肉群发达。

慢跑：腿长、臀部窄的人最具跑得成功的优势。

体操：要求身段苗条、年纪轻、身体柔软而力度较好。运动员不必很高，但两腿要较长，肌肉要结实。

身体素质指的是什么

通常所说的“身体素质”指的是什么？身体素质指人体在体育运动中所表现的各种机能能力。它是衡量身体素质状况的一个重要标志，是从事体育运动的基础。

身体素质包括力量、速度、耐力、灵敏性和柔韧性。这些都存在着年龄特征。因为每种素质随着人体各组织器官的不同发育阶段，几乎都有一个发展的有利时期，也称“敏感期”。如果少年儿童掌握了这些知识，进行一些适宜的体育运动项目，将会使各方面的身体素质得到更快发展。

一般认为灵敏性在7~10岁时训练最为理想；10岁前还是发展柔韧性素质的好时期，可进行诸如体操、游泳、武术等运动；反应速度素质在9~12岁期间发展较快；12~15岁全身耐力增长最明显，但在整个生长发育期间，耐力都将随着年龄的增长而发展；奔跑的速度14~16岁间增长显著。进行一些像短跑、乒乓球、速度滑冰等训练，有利于速度的提高；14~17岁是力量素质发展最快的年龄阶段，可进行一些负重跳跃，如篮球、排球等运动。

为什么体力劳动不能代替体育运动

体力劳动是一种运动方式，但它只局限于人体某一部分的肌肉和某种姿势的不断重复活动。因此，劳动以后，常常感到腰酸背痛，这是因为肌肉中的营养物质和氧气逐渐减少，乳酸等代谢产物在肌肉中聚积过多的缘故。乳酸除对人的神经能产生刺激作用，引起大脑皮层的保持性抑制，使人产生疲劳感以外，还能使人体各个器官的功能减弱，从而降低劳动效率。

但是，如果能在此时进行适当的体育活动，将会使原来没有机会活动的肌肉活动起来，使大脑皮层出现新的兴奋点，把劳动时出现的兴奋点抑制下去，使这部分神经细胞得以充分休息。体育锻炼还可以促进全身血液循环，增加新陈代谢，补充肌肉的营养物质和氧气，把乳酸等代谢产物很快排除，使肌肉力量迅速恢复。体育运动能使人体各个部位得到全面锻炼，能从根本上达到增强体质的目的。所以，体力劳动者也应该适当地参加一些体育运动。

拓展阅读

乳酸与疲劳

对于人的身体来说，乳酸是疲劳物质之一，是身体在保持体温和肌体运动而产生热量过程中产生的废弃物。血液按照需要把葡萄糖送至各个器官产生热量。这一过程中会产生水、二氧化碳和丙酮酸，丙酮酸和氢结合后生成乳酸。如果身体的能量代谢能正常进行，不会产生堆积，将被血液带至肝脏，进一步分解为水和二氧化碳，产生热量，疲劳就消除了。

少年儿童为什么要进行户外活动

现代年轻一代的中国家庭，多数只有一个子女，父母倍加疼爱。有的父母不愿让孩子参加体育运动，不愿让孩子进行户外活动，怕出意外，怕晒黑了皮肤……如今的家庭，生活条件优裕，家中录像机、电视机、游戏机应有尽有，为什么还要进行户外活动呢？

其实，多让孩子到户外活动，充分利用大自然环境中的阳光、空气等，

不仅有益身体健康，提高适应外界环境变化的能力，而且还能陶冶儿童的情操，培养良好的意志品质。

户外空气一般都较室内要新鲜，新鲜空气中的氧气丰富，阴离子浓度高，在这样的环境下进行一些体育运动，可提高锻炼的效果。而且一年四季气温有冷暖变化，户外活动，可提高人体的适应力。

阳光，也是少儿需要户外活动的一个重要原因。处于生长发育阶段的少儿，多接触日光，可促进血液循环，不易得软骨病。另外，阳光中紫外线的杀菌作用，还能增进皮肤健康。

现在的中小学生，学习负担较重，每天除了课堂就是家里，身体健康和精神健康状况都有所下降。这就格外需要多到户外进行活动。

为什么要在体育运动前做准备活动

中小学生的心脏功能还比较弱，进行较激烈的运动前必须要做好准备活动。这是因为人体从安静状态转入剧烈的运动状态，需要一个动员和适应的过程，好像汽车、火车刚开始不能开得很快一样。准备活动的作用在于使神经系统的兴奋状态提高到一定的水平，促进心脏和肺功能逐渐加强，血液循环和气体交换得到改善，新陈代谢旺盛，以便更加适应运动时的生理需要；准备活动还能使肌肉、关节的毛细血管扩张，增加血流量，提高肌肉的收缩力和弹性。这样能够预防运动损伤。

准备活动有两种：一种是一般性活动，像跑步、踢腿、弯腰等，中小学体育老师在体育课上一般会教授一套准备活动操，同学们一定要认真学会，运动前仔细做好；另一种是专项活动，像打篮球前先练投篮、运球，赛跑前先慢跑一段，游泳前要在陆地上练习划臂蹬腿等。冬天天冷，场地硬，人体的肌肉关节不灵活，血液流通相对缓慢，准备活动时间应长一些，以身上微热而不出汗为宜，切莫不做准备活动就投身到剧烈的运动中去。

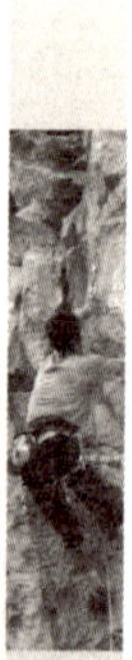

运动后为什么要做整理活动

运动时身体的变化（呼吸快、心跳快、肌肉收缩）并不能随运动的停止而停止，而要经过一个恢复过程，这就好像飞奔的汽车不能马上停止一样。

如果来个急刹车，汽车的零件容易发生损伤。人在剧烈运动时马上停止，身体也会受到损伤，甚至发生重力性休克。

这是因为人体在运动时，大部分血液都在四肢的肌肉里，这时如果停止运动，下肢的血液不能通过肌肉的收缩而被推动到心脏。这样，血液大量积存在四肢，脑部的血液相对减少，容易发生暂时性贫血，引起头痛头晕、面色苍白、恶心、心慌、气短、出冷汗、四肢酸软甚至突然晕倒，这就是重力性休克。整理活动有助于身体逐步恢复平静、消除疲劳，使肌体放松。运动后的整理活动，根据运动的项目不同而采取不同的方式，如跑步的整理活动是跑到终点再慢跑一阵，做深呼吸等。对运动时承担负荷大的部位，应多做些整理活动，如同伴之间的相互按摩或自我按摩，用半握拳或手掌敲打身体的各个部位，使四肢得到放松。

为什么饭后不能立即参加剧烈运动

有的同学喜欢一吃完饭就去运动场，参加踢足球、打篮球等运动，认为这样能抓紧时间锻炼身体，有利于消化，其实，这是不对的。

人体是在中枢神经的统一调节下工作的。刚吃完饭，肠胃的副交感神经开始兴奋，使胃肠蠕动增多，消化液分泌旺盛。如果这时参加剧烈运动，就会使副交感神经处于抑制状态，而使运动交感神经处于兴奋，这样消化系统的活动就受到抑制，吃下去的食物就不会很好地消化和吸收。

人体消化食物，需要消耗养料和氧气，血液循环是运输养料和氧气的。但是，饭后一旦参加剧烈活动，大量的血液流向肌肉，养料和氧气就会集中在肌肉里，真正最需要氧气和养料的胃肠，却反而得不到多少。所以饭后参加体育运动，尤其是剧烈运动，对身体是有害的。

饭后参加剧烈运动，不但影响消化，而且还容易导致腹痛，这是因为饭后胃肠里充满了食物，剧烈的运动必然引起胃肠振动加剧，很容易把联系胃肠的系膜拉紧，甚至扭转，引起腹痛。

究竟饭后什么时间参加运动为宜呢？一般来说，经常参加锻炼的人，饭后 30 分钟，可以参加一些轻微的活动；不经常参加运动的人，饭后 1 小时参加运动为宜。

剧烈运动间歇和运动后为什么不能大量喝水

剧烈运动时，身体会大量出汗，口腔内的唾液分泌相对减少，咽部黏膜干燥，使人强烈地感到口渴。有些同学在运动间歇或运动结束后，便不顾一切狂喝一气，这样不但不能解渴，而且对身体不利。

因为人体血液中必须含有定量盐分，才能维持正常的生理过程。运动过程中大量出汗，汗里带走了很多盐分，喝进过多的水，不仅会冲淡血液中盐的含量，而且喝进的水很快变成汗排出体外，这样又带走了很多盐分，破坏了人身体中的盐水平衡，还可能造成血液浓度失调。肌肉不能保持正常活动时，心脏必须把更多的血液送到运动器官，大量喝水，会使更多的水分进入血液，给心脏增加负担，加速疲劳出现。此外，大量喝水，还会冲淡胃内的消化液，影响食物的消化和吸收，经常如此，容易患慢性肠胃炎。有的人在剧烈运动后大量喝冷饮或凉水，这样同样达不到解渴的目的，相反胃肠受到冷的刺激，蠕动增强，往往容易引起腹痛或腹泻现象。

那么，进行剧烈运动后出现口渴应该怎么办呢？首先应当明确，最初渴的感觉，主要是咽部黏膜干燥引起的，并不是血液缺水，因此尽量用意志来克服，实在渴得不行，可以用水漱口或喝入少量的水，最好是淡盐水。出汗量很大时，应采取少量多次补充水分的方法，弥补由于身体排汗过多而失去的盐分和水分。

你知道吗

人体每天需要多少盐

人体对食盐的需要量一般为每人每天3～5克。由于生活习惯和口味不同，实际食盐的摄入量因人因地有较大差别，我国一般人每天进食食盐10～15克。

为什么女生在月经期间不能参加体育锻炼

月经是一种正常生理现象，一般没有什么痛苦和特别不舒适的感觉，但也有一些同学在月经来临前后会产生一些轻度不适，如腰酸、腹胀、腹部下坠等，还会出现精神不好、全身无力、发晕、发困、容易激动等现象，这些

都是正常的生理反应，不是病。

女同学在月经期间如果不出现明显的生理机能变化，是可以参加适当的体育活动的，如做做广播体操，打打排球、羽毛球等。参加适当的体育活动不仅对身体无害，还可以改善身体盆腔的血液循环，减轻盆腔的充血，并有助于调整大脑的兴奋和抑制过程，减轻不舒适感。但经期参加体育活动，要注意一般经期卫生，根据不同年龄、个人健康状况和训练水平，适当安排活动。

女同学在月经期要避免进行剧烈的、大强度的体育运动，尤其不要做震动性大的运动项目，如长跑、跳高、跳远等，也不能进行增加腹压的力量性练习，以免引起经期流血过多或其他疾病。

感冒时能进行体育锻炼吗

得了感冒的人容易导致发烧、头痛、鼻塞、咽喉疼痛。对轻感冒者，有些人认为打场球、跑跑步出些汗就会好转，其实，这是不妥的。有些青年人平时身强力壮，在感冒初期症状轻时，可能打场球、跑跑步、出身汗感到舒服，但总的来说，感冒时做体育锻炼，尤其是较大负荷的运动是有害无益的。因为感冒是由病毒引起的一种急性上呼吸道传染病，人体为了抗御入侵的病毒，调动身体的有利因素，如白细胞增加，吞噬细胞作用加强，肝脏解毒能力增强，加速新陈代谢，提高人体抗病能力，同时也大量消耗糖、脂肪、蛋白质等营养物质。如果感冒后再参加较剧烈的运动，就会使代谢更加旺盛，体温升高，势必造成高烧，使体内调节功能失常。由于中枢神经系统过度兴奋，就会使抵抗力下降，加重病情。

因此，感冒时暂不参加体育锻炼，应该在医生的指导下服药、休息，待感冒痊愈后，再进行体育锻炼。

基本小知识

病　毒

病毒是颗粒很小、以纳米为测量单位、结构简单、寄生性严格，以复制进行繁殖的一类非细胞型微生物。由蛋白质和核酸组成。

怎样调整运动负荷

运动负荷是指人体进行身体锻炼中所承受的生理负荷，它反映着运动过程中身体的生理变化，和增强体质有着极为密切的关系。运动负荷过小就达不到增强体质的目的，运动负荷过大则会引起过度疲劳，影响身体健康，还会出现伤害事故。

决定运动负荷大小的因素主要包括：

①负荷量：用练习的次数、时间、距离等表示。练习数量与运动负荷成正比。

②负荷强度：是指练习的紧张程度以及集中某一时间的程度。表示负荷强度的指标有负荷重量（如杠铃 100 千克的强度大）、紧张程度、动作速度（如 11 秒跑完 100 米就比用 14 秒跑完 100 米强度大）等，负荷强度与运动负荷成正比。

③练习密度：指在身体锻炼过程中，实际做练习所用的时间与运动时间之比。或指练习之间的时间间隔（间隔越短，密度越大）。练习密度与运动负荷成正比。

④动作质量：指完成动作是否符合技术规范要求，它与运动负荷有时成正比，有时成反比。

运动强度大、密度大、数量多、时间长、运动负荷就大，反之则小。同学们在体育运动中应注意运动负荷的大小，负荷不宜过大。

怎样测定体育运动负荷

同学们可以通过脉搏测定法掌握运动负荷，这种方法简单有效。

通常有两种方法：一是基础脉搏法。即在每天早晨起床前测量自己的 1 分钟脉搏（15 秒钟脉搏数 ×4 – 基础脉搏数，即晨脉），如果锻炼后的次日晨脉已恢复到和前一天一样，说明身体反应正常；但如果次日晨脉每分钟比往常增加 5 次以上，身体并有不适感，而且脉搏持续增加 3 天以上，也没有生病、发烧等其他症状，表明体力还没恢复正常，就应适当减少运动负荷量，如缩短练习时间、运动距离、减少密度与强度。一般说来，运动负荷量越大，

疲劳就越明显，脉搏恢复的时间就越长。

第二种方法是在运动后立即测定10秒钟脉搏次数。正常情况下，大强度的运动负荷应为30～34次/10秒，中等强度应为24～28次/10秒；小强度应为24次/10秒，再结合自己的感觉，得出的结果就更准确可靠。

怎样选择体育运动竞技项目

当今体育运动的竞技项目，已成为检验人类的自身能力和国家科学文化事业水平的标准之一，所以，要学会科学地选择专项运动项目。

首先要在学校里上好体育课，接受老师的指导和训练，努力地参加田径项目的各种锻炼，因为这是各项竞技运动的基础。在锻炼过程中，培养坚韧不拔的精神，挖掘自身潜力，发现本人专长，还要多多征求老师和教练的宝贵意见。

另外，结合运动项目的特点、要求，和本人所具备的一定的天赋条件，进行选择。当然，这也不是绝对的，有时也有例外情况，如短跑要求运动员跑得速度快，爆发力好。身材要比较匀称，腿要长，胸廓如筒状（圆身体），全身肌肉发达，皮下脂肪分布较均匀。而中长跑体质好有耐力，速度快。身体要轻，大腿不宜粗，胸廓扁平，上下肢有力，腹肌较发达。小学生一般不宜练长跑，因年小尚未发育好，运动量不可太大。

儿童运动训练中应增加什么营养

少年儿童进行体育运动时，身体消耗的物质和能量比平时大，因此需要更多的补充。但也不能过多地或盲目地增加营养。人的身体成长，需要各种营养，归纳起来不外是糖、蛋白质、脂肪、维生素、无机盐及水等六大类。

糖是一种碳水化合物。它广泛存在于淀粉类物质，如大米、面食、红薯、土豆及各种糖制品中。糖被人体吸收后，一方面氧化释放能量，一方面以糖原的方式贮存在肝或肌肉中。进行耐力运动的儿童或训练时间较长时，可适当补充一些糖，而短跑运动员则不宜过多补充糖。

脂肪经消化吸收后，一方面氧化分解供给人体能量，一方面合成为磷脂、胆固醇等，作为组织细胞修补、再生的原材料。进行游泳、滑雪、滑冰及长

跑的运动员，可适当增加脂肪的供应。但脂肪难消化，过多脂肪，会增加消化系统的负担，尤其对儿童来说，更应注意。

蛋白质是构成细胞和组织的基本原料，“生命是蛋白体的存在方式”。蛋白质在瘦肉、鸡蛋、牛奶、豆类中含量丰富。当蛋白质供应不足时，人体的生理变化就要发生障碍。但如果蛋白质摄入过多，会加重肾脏的负担。进行力量训练的人，应适当增加蛋白质的供应。

维生素在人体内主要与蛋白质结合形成各种酶，参与人体内的各种化学变化。当维生素缺乏时，就会影响糖、脂肪或蛋白质的代谢。运动员对各种维生素的需要量比一般人多。如从事射击、乒乓球运动的人，应多补充些维生素A；从事长跑、滑雪、自行车、足球运动的人，应多补充维生素 B_1 等。

无机盐构成组织细胞的成分，平衡人体内的酸碱度，维持体内渗透压的恒定及神经肌肉正常的兴奋性。进行体育运动的儿童，应比一般儿童多补充些无机盐，否则会影响生长发育。

水在儿童体内占的比重比成人要大，约占体重的70% ~80%。没有水，养料不能被吸收，废料排不出，激素也不能运送。运动时缺水，会影响人体机能，但切不可在运动中或运动一结束就立即大量饮水，否则会增加心脏和肾的负担，引起失盐现象。

广角镜

不要把维生素当成补药

维生素是人体的七大营养素之一，现在已经发现的维生素有20多种。它们都是维持人体组织细胞正常功能必不可少的物质。因此，许多人把维生素当作一种“补药”，认为维生素多多益善。其实不然，盲目乱用维生素，必然会使维生素走向其反面——危害健康。例如维生素E补充剂不但没有预防某些疾病的作用，而且可能和降胆固醇药相冲突。

怎样消除运动后的疲劳

参加体育运动后，不少同学会感到很疲倦，回到校舍或家里后，不想吃也不愿洗，倒在沙发或床上就休息了。这样做，不仅不易解除疲劳，而且对身体健康也毫无益处。那么该怎么办呢?

一般应注意以下几点：

1. 用温热水洗脸洗脚，有条件的话，待汗水揩干，稍稍休息一下，然后，洗一个淋水浴。人体在温水如细雨的喷雾下，犹如为全身做了按摩。还清除了汗孔上的积垢，精神将为之一振。

2. 及时供给营养很重要，保证按时进餐。因为参加运动后，体内能量消耗很大。如果当时肚子很饿，就不宜洗澡，应先洗洗脸和手，补充食物和水分。但不能狼吞虎咽似的吃得过快、过饱。至少在餐后半小时以上，才可洗澡。

3. 做身体放松运动，对四肢、两肩等各部位，分别做轻轻按摩，促使血液循环和肌肉放松，达到减轻疲劳，恢复体力。

4. 为解除疲劳，介绍一组肌肉放松的方法。

（1）仰卧，屈腿、屈臂，两手紧握放在胸前。上体抬起，收紧胸部及两臂肌肉保持5～6秒钟。还原成仰卧姿势，全身放松。紧张肌肉前吸气，放松时呼气。

（2）仰卧，吸气。举臂、举腿，保持5～6秒钟。然后放下，全身呈放松姿态，呼气。

（3）俯卧，吸气、屈腿。两臂后伸，紧收背部肌肉，保持5～6秒钟。放下两臂，伸直两腿、呼气。

（4）坐姿，吸气，屈腿，屈臂。紧收腹肌、臂肌和腿肌，保持5～6秒钟。放下两臂，伸直两腿，呼气。

（5）站立，上体前倾，两臂侧后伸。紧收背肌和臂肌。臂前屈，紧握拳，紧收臂、肩、胸肌。直立，两臂上举，紧收全身肌肉，保持5～6秒钟，放下两臂，放松，上体前倾，呼气。

（6）站立，前举单腿，屈臂，紧握拳。紧收全身肌肉。向前向上举腿，两手抱膝，全身肌肉紧张。单腿后举，屈臂握拳，保持5～6秒钟。放下腿及两臂，抖动。左、右腿交换做。

（7）屈膝下蹲，两手握踝部，吸气，全身肌肉收紧，持续5～6秒钟。站立，全身放松，呼气。抖动四肢。

以上各点，如在运动后坚持练习，对于消除疲劳，恢复体力，是很有效的。

参加运动会应当注意什么

运动会通常是学校重要的集体活动。参加运动会应当注意什么？

首先要做好思想准备。要对参加比赛有一个正确的认识，既然要参加比赛，就要树立信心，鼓足勇气，无论自己条件与其他人相比是优是劣，都要敢于拼搏，胜不骄，败不馁，这样才能在比赛时有一个稳定的心理和情绪，才能发挥自己的特长，取得好成绩。

第二是做好比赛前的准备。在运动会召开前一段时间，集中锻炼自己报名的项目，使自己能有一个较好的体质和良好的运动技能。在运动会开始前，要了解比赛场地情况，有条件的应争取在比赛场地上练习一两次。在比赛前一天要把第二天比赛所用服装、器具准备好，并仔细检查比赛器械，如钉鞋等。比赛前一天，还要严格遵守作息时间，休息时不要考虑第二天的比赛，以免影响睡眠。

比赛前，要提前了解自己参赛项目的时间、场地、组别、跑道等。比赛如果在当天上午，那么早饭就不要吃得太饱，得选择热量高的食物。在比赛前 1 个小时，开始认真做准备，使身体充分活动开，在比赛前 15 分钟停止运动，要注意保暖。临赛前，要按大会规定的时间，准时到检录处检录。

比赛结束后，要注意自己的成绩，如果被录取参加决赛或还参加其他项目的比赛，同样要注意保暖、休息、节省体力，准备参加下一次比赛。

什么时间最适宜锻炼

一年中，夏秋季空气较清洁，冬季和春季头一两个月空气污染较重；在一天中，中午、下午空气较清洁，早晨和晚上空气污染较重；晚上 7 点至早晨 7 点左右为污染高峰时间。

因此早晨锻炼不宜太早，在冬季和春季头一两个月，应躲过早晨六七点钟空气污浊高峰期；在夏秋季，太阳出来得早，可在五六点钟锻炼；而平时，应选择在上午 10 点和下午三四点做间操，这时空气较清洁，对身体健康较有利。

春季锻炼应注意什么

经过严寒的冬季，身体被厚厚的衣服捂了两三个月，体温调节中枢和内脏器官的功能，都有不同程度的降低，尤其是肌肉和韧带，更是萎缩不展，松弛无力，如不活动很难适应即将到来的繁忙季节。

春天天气多变，忽冷忽热。如果到户外参加体育运动，不带好足够的御寒衣服就容易着凉感冒。特别是在剧烈运动后，满身大汗，又遇到天气突然变冷，汗水缓慢蒸干捂干，把身体的热量大量带走，体温会下降。通过神经系统反射性调节，全身表层的血管会突然收缩；上呼吸道的血管也会发生收缩。这样，由血液运送到这一部分的抗体、白细胞等杀菌成分减少，原来就寄居在上述部位的致病微生物就可能乘虚而入，使人致病。这就是通常的“着凉感冒”。

尘土飞扬的风天，应在避风处锻炼。北方地区，春天一到，狂风大作，尘土弥漫。灰尘中常带有使人致病的细菌和寄生虫卵。此时，户外锻炼应找个避风的地方或采取背迎风，脸顺风姿势，就可以避免吸入过多的灰尘；同时要尽量用鼻子呼吸，减少病菌侵袭的可能。

人的后脚离心脏较远，血液流动缓慢，容易受冻。春天活动遇到春寒天气，不小心还有冻伤的可能。冻伤后，在不加重伤势情况下，不要完全停止锻炼，可适当做些活动四肢的练习，促使血液循环加快，使冻伤处得到充分的血液供应，有利于冻伤处尽快痊愈。

夏季锻炼应注意什么

夏日炎炎，酷暑闷人。在炎热的夏天不间断地体育锻炼，需注意夏季体育卫生常识，一般应注意以下问题：

把运动时间安排在上午10点钟以前和下午4点钟以后。因为中午往往温度较高，空气又潮湿，通风不良，如果进行体育运动，身体内的热量不能随汗大量散发，加之运动的时间较长，使身体产生的热量急剧增加，体温的调节作用一时不能把过多的热量散发出去，于是热量积聚在体内，使体温升高，这是发生中暑的主要原因。

预防中暑的发生。中暑是可以避免的。只要不在炎热的中午做长时间剧烈运动，锻炼时不要太疲劳，休息时喝凉盐开水，运动后洗个温水澡，就可以避免中暑。也可以携带人丹、清凉油等防暑药品，以防万一。如果在运动中发生中暑，不要慌张。把中暑者抬到通风处，平躺，解开衣扣，用冷水毛巾敷面部和胸部，让病人安静休息。喝点冷的淡盐开水。经过上述处理即可好转。如情况严重应请大夫处理。

注意饮水卫生。夏天天气炎热，参加体育运动时身体会大量出汗以维持体温平衡。这就需要及时补充水分，运动后补充水分要多次少饮逐渐补充，而且最好是淡盐水。有的中小学生喜欢在运动中或运动后喝冷饮吃冷食，这对身体是有害的。因为运动中或运动后体温升高，如果马上吃冷饮冷食，就会使胃肠的血管突然收缩，容易造成伤害，引起功能紊乱，使食物不能很好地消化和吸收，发生腹痛、腹泻现象。

秋季锻炼应注意什么

度过闷热的夏天，终于迎来了秋高气爽的秋天，愿意参与体育锻炼的同学们也越来越多了。虽然秋季比较适宜锻炼，但是大家还是一定要注意掌握秋季体育卫生常识，才能收到好的锻炼效果。秋季运动要主要注意以下几点：

在气温较低的早晨要做好准备活动。随着秋季到来，每日的温差会逐渐加大，清晨的气温也日渐降低。人的肌肉和韧带在气温较低的情况下会反射性地引起血管收缩、黏滞性增加，关节的活动幅度减小，韧带的伸展度降低，神经系统对肌肉的指挥能力在没有准备活动的情况下也会下降，锻炼前若不充分做好准备活动，会引起关节韧带拉伤、肌肉拉伤等，严重影响日常的生活，锻炼反而成了一种伤害。

拓展阅读

肌肉拉伤后的急救

肌肉拉伤后，要立即进行冷处理——用冷水冲局部或用毛巾包裹冰块冷敷，然后用绷带适当用力包裹损伤部位，防止肿胀。在放松损伤部位肌肉并抬高伤肢的同时，可服用一些止疼、止血类药物。

准备合适的衣着，注意预防感冒。虽然秋季较凉爽，但是锻炼时仍然出汗较多，稍不注意就会受凉感冒。所以，千万不能一起床就穿着单衣到户外去活动，要给身体一个适应的时间。醒来后可以在屋内伸伸懒腰，舒展一下关节，稍休息一会儿再出门锻炼。

运动量要合适，注意循序渐进。秋天时，人体的精气都处于收敛内养的阶段，运动量应该由小到大，循序渐进。锻炼时觉得自己的身体有些发热，微微出汗，锻炼后感到轻松舒适，这就是效果好的标准。相反，如果锻炼后十分疲劳，休息后仍然身体不适、头痛、头昏、胸闷、心悸、食量减少，那么你的运动量可能过大了，下一次运动时一定要减少运动量。

冬季锻炼应注意什么

隆冬，天寒地冻，朔风劲吹。冬天坚持体育运动确实需要不畏严寒、不怕困难的勇气。冬天进行体育运动应注意体育卫生，主要应注意以下几点：

在严寒地区运动前应做好准备活动。冬天气温低，室内室外温差很大。到室外进行体育活动，如不做好准备活动，各关节韧带都比较僵硬，皮肤和肌肉处于紧张状态，体内的代谢缓慢，如果突然进行剧烈的运动，除了内脏功能不适应外，往往还会引起肌肉拉伤或关节扭伤。

衣着合适、注意保暖，预防感冒。冬季运动衣着一定要合适，不宜穿得太多、太厚。因为衣着过多、过厚，妨碍动作，会造成伤害事故。在运动前也不要一下子把衣服脱得太多，甚至只穿背心短裤，这样容易着凉感冒。应该随着活动时间的延长，身体感到发热出汗后再逐步脱去多余的衣服，注意保暖。运动间歇时，不要怕麻烦，应赶紧穿上外衣，切忌图一时痛快，不穿上衣服坐着休息任风吹。因为运动时，身体大量散热，毛孔大张，经冷风一吹很容易伤风感冒。

防治冻伤和皮肤裂口。人体的耳、鼻、手、脚这些部位，是肢体的末梢部分，离心脏较远，血液流动缓慢，容易发生阻滞，再加上这些部位又暴露在外面，容易冻伤。

增强皮肤对寒冷的抵抗力是预防冻伤的关键，坚持用冷水洗手、洗脸，洗完后摩擦局部皮肤，促进血液流动，逐渐增加皮肤对寒冷的适应能力。

穿的鞋袜要干燥合脚，太小了，会挤压脚趾，妨碍血液循环；有的人脚汗较多，鞋袜潮湿了，不但起不到防寒作用，而且还使散热加快，也容易造

成冻伤。外出运动时，要穿暖和些，戴上手套、帽子和穿厚袜子，手部脸部适当保护，避免冻伤。

由于冷空气刺激，皮下血管处于收缩状态，皮脂腺分泌减少，因而冬天皮肤显得干燥，甚至会出现裂口。为了使皮肤润泽，预防裂口，可以在脸上、耳朵和手部抹些油脂或凡士林。最好不用碱性强的肥皂或药皂洗手洗脸。

在饮食中多吃些白菜和胡萝卜，增加点维生素 A，以增强上皮组织的功能。最好是每日睡觉前坚持用温水洗手、洗脚，有助于加快这些部位的血液循环，加速皮脂腺的分泌，对裂口有好处。

已发生了裂口，每天坚持用热水浸泡半个小时左右，然后擦些甘油或护手油，可多擦几次，但要注意卫生，不能使裂口感染发炎。

体育知识

体育赛事知识问答

TIYU ZHISHI

体育赛事是关于体育的比赛，一般指比较有规模、有级别的正规比赛。目前全球规模大、影响力大的体育赛事有世界杯、奥运会、一级方程式赛车、美国男篮职业联赛以及各类洲际体育赛事和各单项体育组织的世锦赛等。

在特定的规则之中，参赛者在智力、体能、技术、技能等方面进行分别的或综合的较量，最终依照规则评定出胜负或者排名，具有很强的观赏性。每一场体育赛事，给我们带来的绝不是一场视觉盛宴，更会给我们带来许多思考和启示。

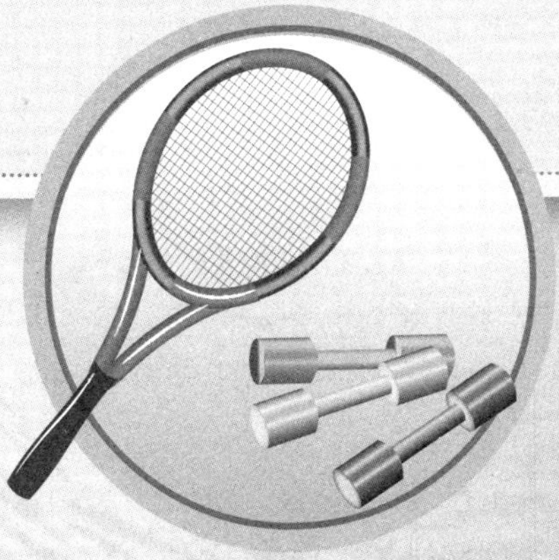

奥运会是从何时开始的

奥运会已经有2700多年的历史了。说起奥运会，它有两个开端。古代奥林匹克运动会是古希腊在祭神日举行的运动会，它起自公元前776年，每4年举办一次。因在伯罗奔尼撒半岛西部奥林匹亚村举行，故而得名。运动会一般举行5天，竞赛项目是平常训练的内容，主要有赛跑和角力（摔跤），以后又增加五项竞技（赛跑、跳远、铁饼、标枪和角力）、拳击、战车和“潘克拉蒂奥”（拳击和角力混合的比赛）。比赛时各城邦务必休战，成千上万的希腊人从四面八方涌来，有时竟达4万~6万人。参赛的人必须是纯希腊血统并获得市民权的人，妇女在当时是不准进入会场的。对获胜者的奖励原则注重精神和荣誉方面，物质上有时奖给冠军一头羊，或免纳税款，或看戏时可坐到贵宾席等。

在此之后，古希腊的业余运动精神渐渐地变成了职业运动。公元2世纪后，基督教统治了希腊和整个欧洲，它提倡禁欲主义，主张灵肉分开，反对体育运动。公元393年举行第293届奥运会后，罗马皇帝狄奥多西一世以奥林匹克与基督教相抵触，下令禁止了这个延续了一千多年的运动盛会，并破坏了奥林匹亚的神殿和运动场的许多设施。

18世纪中叶，欧洲爆发了文艺复兴、宗教改革和启蒙运动三大思想文化运动。欧洲人文主义者认为，人生应是幸福的、健康的。1888年，法国教育家顾拜旦提议恢复奥运会，立即得到一些国家的响应。

1894年6月23日在巴黎成立了国际奥林匹克委员会，通过了顾拜旦制定的第一部奥林匹克宪章，希腊诗人维凯拉斯当选为第一任奥委会主席。顾拜旦担任了秘书长。1896年4月6日，第一届奥运会克服了重重困难终于开幕了，希腊人民对大会报以极大的热情，出席开幕式的观众达8万人，13个国家311名运动员参加了田径、游泳、举重、射击、自行车、古典式摔跤、体操、击剑、网球9个大项的比赛。美国、希腊、德国获得了团体前3名。这就是现代奥运会的开端，顾拜旦又被尊为“现代奥林匹克之父”。

知识小链接

顾拜旦简介

皮埃尔·德·顾拜旦（1863—1937 年），是法国著名教育家、国际体育活动家、教育学家和历史学家、现代奥林匹克运动的发起人。1863 年 1 月 1 日出生于法国巴黎的一个非常富有的贵族家庭。1896 年至 1925 年，他曾任国际奥林匹克委员会主席，并设计了奥运会会徽、奥运会会旗。由于他对奥林匹克不朽的功绩，被国际上誉为“现代奥林匹克之父”。

现代奥运会有哪些

现代奥林匹克运动会主要包括夏季奥运会和冬季奥运会。两季奥运会均为四年举行一届。按规定，夏奥会如果因故中辍，其届次照算。从 1896 年雅典奥运会起，到 2008 年北京奥运会上，夏奥会一共举办了 29 届，其中因两次世界大战的影响而中断过 3 届，实际只举行过 26 届。第一届夏奥会只有 13 个国家，258 名男运动员参加。竞赛项目还比较少，有田径、体操、游泳、摔跤、举重、网球、击剑、自行车和马术等，运动成绩也较低，如百米赛跑最好成绩是 12 秒，铅球最好成绩是 11.22 米。第二届奥运会上，开始设立女子比赛项目，有 11 名女选手参加了比赛，从而打破了自古以来不许女子参加奥运会的惯例。

冬季奥运会是现代奥林匹克运动的另一个重要部分，与夏季奥运会在同一年不同城市中举行，而且，届数的计算方法是按实际举行的次数计算届数。每届的时间最多不得超过 12 天。第一届冬奥会 1924 年在法国夏蒙尼举行。目前，冬奥会举行的比赛项目有：越野滑雪、高山滑雪、跳台滑雪、北欧两项（又称滑雪两项，包括 70 米级跳台滑雪和 15 千米越野滑雪）、有舵雪橇、速度滑冰、花样滑冰等共 10 大项。

除了夏季奥运会和冬季奥运会外，还有一些其他形式的奥运会，如美洲大陆奥运会（也称泛美奥运会）、残疾人奥运会、特殊奥运会、智力竞赛奥运会、烹饪奥运会等。

现代奥运会和古奥运会一样吗

虽然现代的奥林匹克运动会源于古希腊的奥林匹克运动会，可是却有很多不同点。但有一点一样，仍然每四年举行一次。在以前，战争可以停下来而举行运动会，可是 1916 年、1940 年与 1944 年奥林匹克运动会并没能停止第一次世界大战与第二次世界大战。

原来的奥林匹克运动会都是在希腊的奥林匹亚举行的，现代的每次奥林匹克运动会是在世界上各个不同城市举行的。早期的运动会只限于希腊公民与地中海国家的运动员，而现代的奥运会是全世界范围的。

另一个重要的不同点是，女运动员的竞技已成为现代奥运会的一项重要比赛，并且女性与男性都得到同样的奖赏。

古代的运动会包括文化成就奖，而现代奥运会几乎全是运动项目的竞赛。现代奥运会增添了许多早期所没有的项目，其中包括：自行车、独木舟、游艇、足球、篮球、柔道、射击与水球。现代奥运会最受人瞩目的项目是马拉松赛跑。这个 13 千米漫长的竞赛是对跑者耐力最好的测验，马拉松赛跑虽然源于希腊，但是古代奥运会却无此项目。

现代奥运会还有一个新“产品”，那就是冬季奥运会。主要的竞赛项目是滑雪、速滑、花样滑冰、冰上曲棍球、连橇、乘橇滑雪以及滑雪射击。这类寒冷季节的运动可不是从气候温暖的希腊发展来的。

奥运会会旗有什么寓意

1913 年现代奥运会的倡导人顾拜旦构思和设计了奥运会的五环旗，这是一面白底无边的旗子，中央有 5 个相互套连的圆环，圆环的分布是“W”形，上边 3 个环是蓝色、黑色、红色，下边 2 个环为黄色、绿色，自左至右依次排列，这就是今天人们看到的五色环。

有一种解释说：五色环代表五大洲。天蓝色环代表欧洲，黄色环代表亚洲，黑色环代表非洲，绿色环代表澳洲，红色环代表美洲。其实，当年顾拜旦之所以采用这几种颜色，是因为它们包括了当时奥运会所有参加国国旗的颜色。1979 年国际奥委会出版的《奥林匹克评论》第 40 期上解释说，奥运会会旗和五环的含义是，象征亚洲、欧洲、非洲、美洲、大洋洲五大洲的团结，全世界运动员以公正、坦率的比赛和友好的精神在奥运会相见。

奥运会会旗

在历届奥运会开幕式的会旗交接仪式上，上届主办城市代表将会旗交给国际奥委会主席，主席再将会旗递交给当届主办城市的市长，然后将旗帜保存在市府大楼4年再送交下届主办城市。当届奥运会升在主体运动场上空的旗帜是一面代用品。夏季奥运会的会旗是1920年比利时安特卫普市赠送的；冬季奥运会的会旗是1952年挪威奥斯陆市赠送的，两者的交接仪式、保存方法等都相同。

奥运圣火是如何起源的

早在公元前776年第一届古奥运会上，就有点圣火的仪式。它起源于古希腊的神话。传说有一个名叫普罗米修斯的人，有一次捉弄了霸道的天神宙斯。宙斯一怒之下，拒绝给人类降火。普罗米修斯为了给人类取火种，不顾自身安全，把茴香树枝伸上天空，从太阳那里引来火种。宙斯知道后怒不可遏，把普罗米修斯吊在高加索山的悬崖绝壁上，任其风吹雨打、烈日暴晒、鹫鹰啄食。普罗米修斯受尽了煎熬。后来，人们为了纪念这位英雄，就制成火炬来传递，并把火炬作为光明、勇敢和威力的象征。

奥运圣火

现代奥林匹克运动的创始人顾拜旦为了把奥林匹克精神永远传播开来，继承下去，提出了在奥运会上点圣火的建议。1936年在第11届奥运会上，这条建议正式被采纳。

奥运圣火的火种取自于古

代奥运会的发祥地奥林匹克。在希腊女神赫拉的庙旁，一个女神装束的女子用凹面镜聚焦点燃火炬，然后火炬以接力传递的方式被传送出去，在奥运会开幕前一天到达举办城市。

知识小链接

高加索山简介

高加索山，东西走向，在黑海与里海之间，是亚洲和欧洲的地理分界线，同时也是俄罗斯和格鲁吉亚、阿塞拜疆等国的国界线。海拔3000米以上，山顶终年积雪，主峰厄尔布鲁士山海拔5633米。

奥运会期间火炬不灭的由来

在第29届北京奥运会上，“鸟巢”里的火炬在比赛期间一直燃烧不停。那么，为什么整个比赛期间火炬不能熄灭呢？

1920年，第7届奥运会在比利时的安特卫普举行。为了纪念第一次世界大战中牺牲的协约国将士，经组委会讨论通过，在会场中点燃焰火，以象征和平。为了发扬奥林匹克的精神，传播友谊与和平，1928年奥委会通过决议，正式规定在开幕式上要举行隆重的仪式，点燃圣火台上的火炬，以火炬燃烧与熄灭象征开幕与闭幕。同年在荷兰的阿姆斯特丹市举行的第9届奥运会上即执行了这一决议。

奥运会的口号是什么

奥运会是国际上档次最高的运动会，有幸参加比赛的都是各国选拔出来的体育运动佼佼者。因此，奥运会奖牌的争夺战尤为激烈。为了能够得到一枚奖牌，把名字永远留在运动史册上，所有的教练员、运动员都付出了艰辛的劳动，每个人在比赛中都全力拼搏。

这其中，难免有人不择手段揽取奖牌：有人服用兴奋剂，来提高自己的运动成绩；有人在马拉松赛跑中途暗乘友人汽车，骗取冠军；有人在比赛中场将对方主力运动员弄伤……这一切丑恶的行径都玷污了奥运会的崇高性、纯洁性，违背了奥运会的本意。对此，现代奥运会的奠基人顾拜旦早有预见，他很早就提出“主要的不是胜利，而是参加”这一口号，引导大家正确认识奥运会的意义，将在运动会中与各国朋友交流友谊、切磋技艺作为自己真正珍惜的东西，而把锦标主义抛弃。

趣味点击　奥运史上最大的一宗兴奋剂丑闻

牙买加出生的加拿大男子短跑运动员本·约翰逊在1987年世界田径锦标赛上获100米跑冠军，并以9秒83的成绩打破了世界纪录，成为世界第一飞人。1988年汉城奥运会100米赛中，他再次夺冠，又以9秒79的成绩再次破世界纪录，为世人瞩目。在人们向他投去钦佩的目光时，国际奥委会做出了约翰逊药检不合格、收回金牌、取消纪录的决定。

为什么奥运会开幕式上要放鸽子

国际奥委会在1920年做出正式规定：在奥运会的开幕式上要放飞鸽子。这是一种传统仪式，每届奥运会的开幕式上，都要把象征和平的白鸽放入蓝天中，景象蔚为壮观。现在世界上各种大型的运动会都纷纷仿效。

开幕式上放飞白鸽的仪式，与宗教信仰有关。据《圣经·创世纪》记载：上帝因为厌恶世人行恶，打算普降洪水毁灭世界，唯有对上帝一向忠心耿耿的诺亚事先得到上帝旨意，造了一只方舟，携全家和各种动物逃脱灭顶之灾。当洪水退落后，诺亚放出一只乌鸦去打探消息，结果一去不复返。诺亚又放出一只鸽子去探测洪水是否已退尽。结果，鸽子口衔橄榄枝飞回，诺亚于是得知洪水退尽，平安已经到来。以后，鸽子和橄榄枝就成了和平的象征。

奥林匹克精神就是以和平、团结和友谊为宗旨的。在奥运会的开幕式上，如果放出和平化身的洁白、美丽的鸽子，不但象征了奥林匹克精神，而且使得开幕式充满了节日的气氛，显得活跃而热烈。

奥运会的开幕式上鸽子的放飞仪式，往往将开幕式推向一个高潮，使观者感受到一种全人类和平友好的圣洁气氛。

为什么奥运会要设计会标

大型的运动会一般都要专门设计会标。这个会标是运动会的主题标志，是表示所举行的运动会是何种类型、什么项目的比赛的一种标记。奥运会的会标由主办国精心设计，其作用在于宣传此届奥运会的主旨，其内容反映了东道国地理、历史、民族风俗特点等，并辅以奥运标志语及届次、地点、时间等。

奥运会的会标除了反映东道国的匠心独具和显示奥运精神之外，往往还与当时的世界政治风云、某种思潮等有关。例如，1900 年第 2 届巴黎奥运会的会标主图是一位金发女郎。与此相应的，正是在这一届奥运会上，有 11 名女运动员第一次走进了奥林匹克赛场，冲破了旧习惯势力对妇女禁锢长达 2000 多年的高墙。而 1936 年柏林第 11 届奥运会的会标主图，是一架罗马战车停在柏林凯旋门上。当时德国正处于希特勒的统治下，纳粹主义十分嚣张，因此，会标中也仿佛透射出世界大战前的肃杀气氛。

为什么奥运会要设吉祥物

吉祥物象征吉祥如意，是人们对生活的美好祝愿和富于浪漫的联想。自 1972 年慕尼黑奥运会设吉祥物以来，历届奥运会和一些重大的世界性体育大赛都要设计一个吉祥物。

吉祥物是每届奥运会中有趣而有代表意义的纪念品。一般都是以东道国的国鸟、国兽或珍爱的动物为原型，用夸张的拟人化的艺术手法设计出的生动的形象。在紧张激烈的比赛场上，自始至终有这么可爱的吉祥物陪伴，不仅大大活跃了比赛氛围，让人们心理上得以轻松和平衡，同时也增加了运动会友谊和节日的气氛，表达了对运动会的良好祝愿。

奥运会吉祥物有多少种

至今为止，奥运会上共设过10种吉祥物。

福　娃

1972年，第20届奥运会的吉祥物，是联邦德国的纯种猎狗，叫“瓦尔迪”；1976年，第21届蒙特利尔奥运会的吉祥物，是加拿大珍稀动物水獭，取名“阿米克”；1980年，第22届莫斯科奥运会的吉祥物，是俄罗斯名种北极熊，取名“米沙”；1984年，第23届洛杉矶奥运会的吉祥物，是美国国鸟山鹰，称为“奥林匹克之鹰——山姆”；1988年，第24届汉城奥运会的吉祥物是只老虎，名为“荷多里”；1992年，第25届巴塞罗那奥运会的吉祥物是一只拟人化的狗，取名“科比”；1996年，第26届亚特兰大奥运会吉祥物是第一个用电脑制作出的吉祥物，它是一个幻想出来的生物，被起名叫作“izzy”；2000年，第27届悉尼奥运会的吉祥物是三个澳洲本土动物，分别代表了土地、空气和水，取名叫作“Ollie”、“Syd”和“Millie”；2004年，第28届雅典奥运会的吉祥物是根据古希腊陶土雕塑玩偶“达伊达拉”为原型设计的两个被命名为雅典娜和费沃斯的娃娃；2008年，第29届北京奥运会的吉祥物“福娃”是五个可爱的亲密小伙伴，它们的造型融入了鱼、大熊猫、藏羚羊、燕子以及奥林匹克圣火的形象。

你知道吗

福娃都叫什么名字

福娃是五个可爱的亲密小伙伴，每个娃娃都有一个朗朗上口的名字：“贝贝”、“晶晶”、“欢欢”、“迎迎”和“妮妮”。在中国，叠音名字是对孩子表达喜爱的一种传统文化方式。当把五个娃娃的名字连在一起时，你会读出北京对世界的盛情邀请“北京欢迎您”。

奥运会奖章是怎样起源的

第 1 届奥林匹克运动会时，法国艺术家儒勒·夏普朗设计了一种分别为银、铜质的奖章和橄榄枝冠，奖给各个运动项目的第一、第二名运动员。

第 2 届奥运会给每个运动员发一枚长形的勇士手执橄榄枝的纪念章。

1924 年第 8 届奥运会，颁发了一种由法国人里沃设计的画面上有球、滑雪板等各类运动器材的古色古香的奖章。1928 年，在荷兰阿姆斯特丹奥运会，奖章由意大利艺术家朱塞佩·卡西奥里设计，图案是手抱橄榄枝的女塑像。自该届奥运会以后，各届奖章正面图案不再变更，只是把举办地名与届数做相应的改变。

奥运会常用的竞赛名称有哪些

奥运会比赛中有一些常用的竞赛名称，理解了这些名称，就能对奥运会比赛有个全面了解。

预赛——是比赛最初的轮次。通过预赛淘汰一部分运动员，晋升一部分运动员。预赛可经过初赛、复赛，进入决赛。一般指第一轮比赛或第一阶段比赛。

次赛——是通过预赛以后组成的赛次。

复赛——是通过预赛、次赛以后组成的赛次。通过复赛可产生参加决赛的运动员。

决赛——是产生比赛最终名次的比赛轮次。广义地讲，决赛是一个产生名次的比赛阶段。

轮次——不同比赛形式对轮次的解释有所不同。但轮次的原意是指每人参加一场比赛为一轮次。轮次的广义是指比赛赛次，如预赛为第一轮、次赛为第二轮等。轮次的另一种概念是指小轮，即循环组中运动员或队每人出场比赛一次为一轮。

抽签——当竞赛中出现一些难以用明确的原则或依据来决定几个事物之间的关系，但又必须区分出它们之间先后的位置时，常会采用抽签的方式来决定。如在编排工作上和临场裁判工作上常会使用抽签方法。抽签用具有签牌、硬币、扑克牌等。

奥运会的竞赛方法有哪些

奥运会共有200多种小项目的比赛。根据它们的规则和比赛特点，可将所有运动项目划分成四大类的竞赛方法。

直接对抗性竞赛项目：运动员面对面直接进行对抗性比赛，如足球、篮球、排球、羽毛球及摔跤、拳击等项目。这类运动对运动员的战术和心理能力要求较高。

对比性竞赛项目：这类项目要求运动员按规定条件和动作质量来完成比赛，强调动作难度、富有美感和艺术性，如体操、花样游泳、跳水、花样滑冰等均属这类项目。

纪录性竞赛项目：用客观的指标来计算成绩，以时间、距离、重量等具体指标作为评定名次的标准。这类竞赛项目不但有奖励名次，还有各种等级的纪录，如世界纪录、洲纪录等。具体项目有：田径、游泳、举重、射击等。

综合性竞赛项目：是将以上二类或三类项目综合起来的一种全能项目。

为什么奥运选手要进行性别检查

在日常生活或者事业中，常听到“巾帼不让须眉”的说法。然而在体育运动中，男女运动成绩是有一定差距的。这主要是由男女之间的生理差异所决定的。历史上竟有不少男性利用这一点，用种种手法以“须眉”伪装成“巾帼”，混入女性运动员的行列参加女子运动项目，从而轻易攫取了体坛荣誉。

在1932年，奥运会女子100米赛金牌的获得者瓦拉谢维奇，在其长达20年的运动生涯中所获得的奖牌竟达5000枚之多，是田径界的传奇人物。但在她死后的尸检中却发现，这名“女”运动员却原来是男性。再如1938年创造了女子跳高世界纪录的朵拉·拉蒂安，1966年在世界滑雪锦标赛高山下滑女子比赛中获金牌的奥地利选手艾丽卡·施莱格等，都是男性。

如何及时甄别出假女子，确认各位选手参加规定项目的比赛资格，以确保奥运赛的公正进行，就成为奥运会竞赛前一项必要的检查措施。1968年，国际奥委会决定对所有奥运参赛选手采用一种称之为“染色体检查法”的性别分析检查法。它是通过鉴定受检运动员的细胞染色体中是否有 Y 染色体存在，从而确认该运动员的性别是男性还是女性。

基本小知识

染色体

染色体是细胞内具有遗传性质的物体，易被碱性染料染成深色，所以叫染色体（染色质）；其本质是脱氧核苷酸，是细胞核内由核蛋白组成、能用碱性染料染色、有结构的线状体，是遗传物质基因的载体。

女子中长跑列入奥运会项目为何有波折

中长跑是中距离跑和长距离跑的合称。男子 800 米、1500 米、3000 米和女子 800 米、1500 米属于中距离跑；男子 5000 米、10000 米和女子 3000 米属于长距离跑。

女子中长跑比赛列入奥运会比赛项目可是经过一番波折的。

1928 年女子田径比赛第一次正式进入了奥运会舞台。在这届奥运会上，女子田径赛最长的距离跑是 800 米。该项比赛决赛的当天，老天偏偏下起了雨。跑在前六名的女运动员，到达终点时，全都因体力不支而摔倒在地。在一片惊吓声中，舆论一时哗然，纷纷认为“800 米跑超过了女子体能的极限”、“女子由于其生理结构不适宜长跑运动”，从而迫使国际田联从奥运会中取消了这个项目。这对女子中长跑运动的发展和进入奥运会比赛之列，产生了极其不利的影响。

后来，经过许许多多女子中长跑爱好者的不断努力，以及科学文化的迅速发展，人们对女子生理有了更多的了解，女子中长跑运动的禁区才逐渐被打破。1960 年第 17 届奥运会将中断的女子 800 米跑重新列入。1972 年，女子 1500 米跑正式列为奥运会的比赛项目。1984 年第 23 届奥运会上，女子马拉松也成为正式比赛项目。

特殊奥运会是怎样起源的

特殊奥林匹克运动会（简称特奥会），是基于奥林匹克精神，专门针对智障人士开展的国际性运动比赛。特奥会项目非常丰富，从最基本的机能活动到最高级的竞赛，适合所有年龄和能力的国际特奥会标志等级的特奥运动员。

它的发起人是美国前总统肯尼迪的妹妹和妹夫。他俩同是波士顿财团的主要成员。在别人眼里，他们是最显赫、最幸福的夫妇，但不幸的是，他们的孩子竟是弱智的低能儿。可能是出于爱屋及乌的原因，肯尼迪和丈夫依靠波士顿财团的坚强实力，发起了举办世界弱智儿童运动会的倡议。这个倡议很快得到世界各国响应。他们决定在美国举办第一届运动会，并把比赛扩大到全部智障人士的范围。国际奥委会对此十分赞赏，并给予热情支持，称第一届世界智障人士运动会为特殊奥运会。世界特殊奥运会每两年举办一届，夏季和冬季交替举行。

残奥会是如何起源的

残疾人奥林匹克运动始于第二次世界大战结束后的 1948 年。当时，英国神经外科医生路德维格·格特曼爵士和一些热心于残疾人事业的知名人士，在 1948 年伦敦奥运会期间组织了由轮椅运动员（多为脊椎伤残的二战老兵）参加的比赛，称为斯托克曼德维尔运动会。当时只有 16 名坐在轮椅上的伤残士兵参加，此后该运动会每年举行一次。

1952 年，荷兰退役军人也加入了残疾人运动，于是成立了国际斯托克曼德维尔运动会联合会，在英国的斯托克曼德维尔首次举办了国际残疾人运动会，当时只有两个国家的 130 名运动员参赛。以后该赛事固定下来，每年都举办国际斯托克曼德维尔运动会。

1960 年，来自世界 23 个国家的 400 名残疾人运动员参加了在罗马举行的第一届“残疾人奥林匹克运动会”。这届运动会后来被正式承认为第九届国际斯托克曼德维尔运动会。

1976 年，国际残疾人组织决定，斯托克·曼德维尔运动会与世界残疾人运动会合并，在加拿大的多伦多举办了第一届国际伤残人士奥运会，来自 38

个国家的1657名残疾人运动员参加了比赛。1984年，“残疾人奥林匹克运动会”这一称谓得到国际奥委会的正式批准。1988年，国际奥委会决定：夏季奥运会和残奥会必须在同一城市举行。2000年，国际奥委会和国际残奥委会签署协议规定：申办奥运会的城市，必须同时申办残奥会；奥运会后一个月内，在奥运会举办城市的奥运场地举行残疾人奥运会。

中国是何时参加奥运会的

国际奥委会于1924年正式承认中华全国体育协进会为中国奥林匹克委员会。在1924年到1949年期间，中国一共参加过3次奥运会。由于当时政府腐败，国运日衰，旧中国的体育运动得不到支持和发展，3次参赛皆无建树。

新中国成立后，祖国的体育事业有了极大的发展。原中华体育协进会改组为中华全国体育总会，并于1952年派出了体育代表团参加了第15届奥运会。可是，由于某些国家的阻挠，国际奥委会对于中华全国体育总会在该会的合法地位问题一直不予解决。1958年中华全国体育总会正式宣布断绝同国际奥委会的一切关系。

> 广角镜
>
> **首位参加奥运会的中国运动员**
>
> 第一位参加奥运会比赛的中国运动员是田径选手刘长春。他参加了1932年在洛杉矶举行的第10届奥运会。

直到1979年，随着我国政治地位和体育运动水平的提高，国际奥委会经全体委员的表决，通过了恢复中国代表权的决议。

中国的第一枚奥运金牌是谁获得的

我国是个人口大国，也应是个体育大国。然而在第23届奥运会之前，中国却从未获得过奥运金牌。这一令人痛心的历史，在1984年举行的第23届洛杉矶奥运会开赛的第一天，由中国神枪手许海峰结束了，人称“零的突

破”。许海峰赢得了这枚金牌，为国家为民族立了大功。许海峰的“零的突破”载入史册。

许海峰获金牌的项目是自选手枪慢射60发。这种运动项目，除了射击技巧外，对运动员的心理素质要求很高。这枚金牌也是当年第23届奥运会的第一枚金牌，由从未获得过金牌的中国人赢得了，震惊了世界，也标志着中国的体育事业从此腾飞。

体育运动共有多少种“马拉松”赛

“马拉松”一词最早只用于长距离赛跑。后来，凡超乎寻常毅力的、长时间比赛耐力与体力的各种体育运动，都套用了“马拉松”一词。至今，已成为体育比赛的“马拉松”比赛有十多种。

拳击马拉松：1733年，拳击家杰克·布劳顿，赤手空拳一连搏击21小时12分钟，最后击败了杰克·斯莱克。

足球马拉松：1979年南斯拉夫两个足球队进行了一场长时间激烈比赛，共历时4天又5小时，比分是1286∶7311。

篮球马拉松：1974年12月10日，澳大利亚南部海滩大学的两支大学生篮球队进行了一场连续打球200个小时的比赛。

排球马拉松：1978年7月7日至9日，美国驻德国柏林的两个排球队，每队6人进行了一场长达51小时5分钟的比赛。

三项马拉松：这是美国人1978年创立的一项运动，又称“铁人三项”。运动员要连续完成海上长距离游泳、自行车越野和长途越野跑三项运动，以显示出人类的惊人毅力和持久耐力。

另外，还有乒乓球马拉松、水球马拉松、步行马拉松、竞走马拉松，等等。

亚运会是如何起源的

“亚运会”是亚洲运动会的简称，它是亚洲地区的综合性运动竞赛会，也是亚洲体坛最大的盛会，由亚洲运动联合会的成员国轮流主办，同一些世界

级体育盛会，同奥运会、世界杯足球赛一样，每4年举行一次。

亚运会的前身是远东运动会，1911年由菲律宾体育协会发起组织每两年举办一次，轮流在菲律宾的马尼拉、中国的上海和日本的大阪举行。先后共举行了10届，第10届后，因日本坚持把伪满洲国拉入运动会，遭中国强烈反对，远东体协随之解体，运动会也就停办了。

1948年，参加世界奥林匹克运动会的亚洲体育界人士协商，倡议重新恢复远东运动会，并扩大规模，改称亚洲运动会，每4年举办一次，时间正好与奥运会错开。1951年3月，第1届亚运会在印度首都新德里举行，当时只有489人参加。到1978年第8届时，参加人数已超过了4000人。1990年，北京成功举办了第11届亚运会。目前，亚洲运动员已成为世界体坛上一支不可忽视的力量，而中国更是世界的体育大国和亚洲的佼佼者。

你知道吗

中国共承办哪两届亚运会

第11届亚洲运动会于1990年9月22日至10月7日在中国北京举行，经过16天的竞技，中国获得了183金、107银和51铜共341枚奖牌。

第16届亚洲运动会于2010年11月12日到27日在中国广州举行。本届运动会，中国获得了199枚金牌，再次打破亚运会历史纪录。

世界大学生运动会是如何起源的

世界大学生运动会是国际大学生体育联合会主办的世界综合性运动会，只限于大学生参加，有“小奥运会”之称。

最早的国际性大学生运动会是1923年在法国多尔举行的。以后在华沙、罗马等地也进行过这类比赛，但那时参加的国家不多，项目也很少。1939年后，因第二次世界大战，运动会中断举行，直至1947年才恢复。1957年为庆祝法国全国学联成立50周年，在巴黎举行了国际性大学生运动会和国际文化联欢节，与会的30多个国家的代表一致同意，以后定期举行世界大学生运动会，并原则规定每两年一届。比赛共九个项目：田径、游泳、跳水、水球、体操、击剑、网球、篮球、排球。东道国有权再增加一项。

第一届世界大学生运动会于1959年8月27日至9月6日在意大利都灵举行。此后，世界大学生运动会定期举行，截至2009年，世界大学生运动会已举办过25届。第26届世界大学生运动会是2011年在深圳举办的。

“蝉联”是怎样成为体育术语的

“蝉联”是蝉演化而成的体育术语，蝉的俗名又叫“知了”，雄的用腹部的发音器来发出音乐。蝉的幼虫栖息在土里，它吃东西是依靠针状口器刺进树根里，吸取汁液来维持生命。当幼虫变成成虫时，便脱掉蝉壳，躯体在原来基础上得以延伸，故称为“蝉联”。

所以，在打排球、踢足球、赛跑等一些体育比赛项目中，某项成绩只要是连续保持下去，就有“蝉联”的叫法，如在某个体育项目上连续保持冠军，就叫“蝉联冠军”，保持了亚军，就叫“蝉联亚军”等。

“锦标”是怎样成为体育术语的

“锦标”一词，最早使用于唐代，是当时最盛大的体育比赛——竞渡的取胜标志。而竞渡则是春秋战国时代的一项体育运动，相传为湘江人民拯救屈原而发起的纪念活动。但这一古老的活动在唐以前仅为划船活动，并无“夺标”规定。到了唐代，竞渡则成了一项独具特色而又极为隆重的竞赛活动，其目的即在于争夺第一名，而不再是纪念屈原了。

竞渡的程序和规则也趋向严密和完整。为了裁定名次，人们在水面的终点插上一根长竿，缠锦挂彩，鲜艳夺目，时称之“锦标”，亦名“彩标”。竞渡船只以首先夺取锦标者为胜，故这一竞赛又称为“夺标”。“标”成了冠军的代名词。宋代以后，夺标成为竞渡的法定规则，一直沿用到明清而不变。夺取“锦标”者，也因其胜利者的荣誉受到敬重。

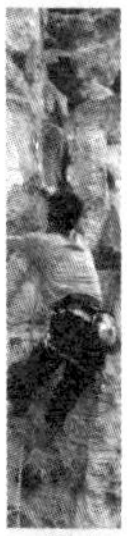

知识小链接

屈原简介

屈原，战国末期楚国丹阳（今湖北秭归）人，虽忠事怀王，却屡遭排挤，怀王死后又因顷襄王听信谗言而被流放，最终投汨罗江而死。屈原还是中国最伟大的浪漫主义诗人之一，他创立了“楚辞”这种文体，也开创了“香草美人”的传统。代表作品有《离骚》、《九歌》等。

比赛荣誉称号有什么来由

冠军、亚军：战国时楚国大将军宋文，骁勇善战，战功为楚国诸军之冠，人称“卿子冠军”。魏晋以至南北朝时，冠军成了将军的一种官衔，叫“冠军将军”。唐代设冠军大将军。到了清代，皇帝的銮信卫及旗手卫的首领，也称“冠军使”。后来，人们称比赛的第一名为冠军，次者为亚军。

鳌头：唐宋时皇帝大殿前的石级正中，有一块雕刻着龙和大海龟（鳌）的大石板，新考中的状元在行礼时单独站在这块石板上，后将获得第一名称为“独占鳌头”。

魁首：明代科举制度，以《诗经》、《尚书》、《礼记》、《周易》和《春秋》五经录取考生，每经之首称为魁，魁首即为第一。

桂冠：古希腊人认为月桂树是太阳神阿波罗的神木。他们用月桂树的枝叶编成冠，授给在祭太阳神阿波罗的节日赛跑中的胜利者。后来，人们用月桂冠冕，献给最有才华的诗人和各种比赛中的胜利者。

体育奖牌有什么来由

奥运会、亚运会以及各个单项世界锦标赛，都授予竞赛的优胜者金牌、银牌和铜牌。可是，在很久以前，体育竞赛中的优胜者所获得的奖赏，却是一个用橄榄树或桂树枝编织成的圈圈，即“桂冠”。1465 年，在瑞士苏黎世举行的一次游艺会上，曾奖给“三级跳”获胜者一枚金币。这可以说是首次没有给予“桂冠”。1896 年第 1 届奥林匹克运动会的优胜者获得的就是这样的“桂冠”。

一直到 1907 年，国际奥委会在荷兰海牙召开的执委会上，才正式做出了授予奥运会优胜者金牌、银牌和铜牌的决议，并在翌年举行的第 4 届伦敦奥运会上开始实施。自 1924 年第 8 届巴黎奥运会起，国际奥委会进一步做出了如下补充决定：优胜者除授予奖牌外，还同时发给证书（奖状），并对金牌、银牌、铜牌的设计、制作作了具体的规定。一、二、三等奖的奖牌直径均不小于 60 毫米，厚度为 3 毫米。其中，一等奖（金牌）和二等奖（银牌）的奖牌用银制作，其纯度（含银量）不低于 92.5%，一等奖奖牌（金牌）的表面至少镀 6 克纯金。这些规定从 1928 年的第 9 届阿姆斯特丹奥运会上开始使用至今。

趣味点击　**奥运史上最重奖牌**

2010 年冬季奥运会创造了史上最大的金牌（奖牌）。温哥华冬奥会首次使用波浪形奖牌，分量最重。奖牌每枚重达 500～576 克，进入奥运会历史上最重的奖牌之列。而奖牌的表面首次呈现起伏的波浪形，令人联想起加拿大常见的景观——海浪、飞雪和山峦。冬奥会奖牌为圆形，与冬季残奥会奖牌面积相等，这在奥运史上也是第一次。

体育奖杯有什么来由

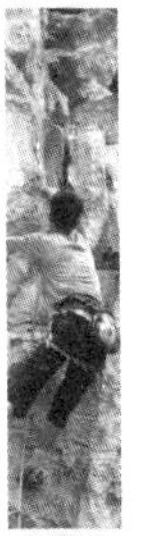

现代体育奖杯是由一种叫“爱杯”的大酒杯演变而来的。1000 多年前，英王爱德华出征归来，骑在马上接受别人敬献的一杯祝酒，正当他仰首痛饮时，被刺客从背后猛刺一刀，坠马身亡。此后，英国人凡是举行各种宴会，主人便用一个大酒杯盛满美酒，在客人中依次传递，轮流啜饮。每当一位客人站起来接过大酒杯时，邻近左右的两位也必须陪同站起来，以示保护，免使饮酒者重蹈爱德华的覆辙。后来，这只来宾都要轮流啜饮的大酒杯便命名为“爱杯”。当时，这种“爱杯”在英国被视作馈赠给贵宾

汤姆斯杯

的最珍贵的礼品。

随着体育运动的发展，人们又将“爱杯”作为奖品赠送给体育竞赛中的优胜者，以示祝贺。获得“爱杯”的人将受到人们的尊敬。这个方式一直流传至今。现代的奖杯仍保留着当年“爱杯”的遗痕——形似大酒杯，而且大都称之为“杯”。如乒乓球的斯韦思林杯、考比伦杯，羽毛球的汤姆斯杯等等。

体育知识

体操运动知识问答

TIYU ZHISHI

体操是对所有体操项目的总称，而不是具体哪个项目的名称。依据目的和任务，体操可分为基本体操和竞技性体操两大类。基本体操是指动作和技术都比较简单的一类体操，其主要是强身健体和培养良好的身体姿态；竞技性体操是指在赛场上以争取胜利为主要目的的一类体操。这类体操动作难度大、技术复杂，有一定的惊险性。

体操魅力在于健、力、美、险的完美统一，在于那高超的技巧、神奇的力量、优美的旋律、令人屏气的惊险性及感人的艺术表现力。进行体操运动是一项有益的运动，观看体操也是一种艺术享受。

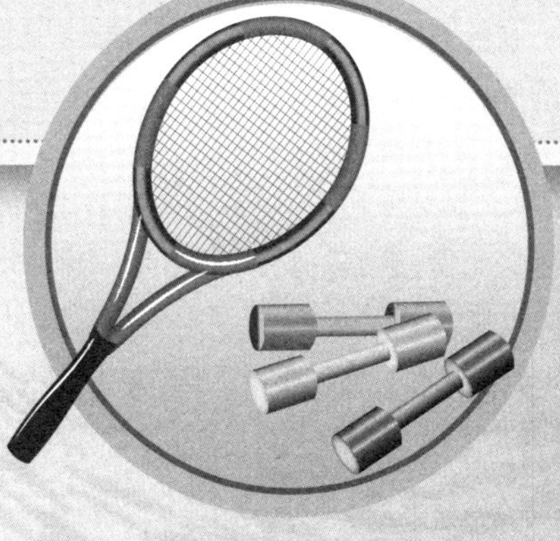

体操运动是如何起源的

体操是从希腊文中“裸体操练”这个词演变而来的。古希腊的体操包罗较广，像舞蹈也称体操。1806 年，法军征服了普鲁士。普鲁士的民间体育家詹恩士决心复兴民族。他对前人的体操进行了改革，在国内积极提倡，用各种手段进行训练，使全民族的体质日益强壮。1815 年，经他训练的人组成的军队，在滑铁卢战役中，把法军打的大败。

随着体操运动的发展，先出现了器械体操，18 世纪末，出现了平衡木。19 世纪初，从古代马术发展来的鞍马、跳马问世。随后出现了单杠、双杠。法国人创始了吊环，埃及人创始了自由体操。但这时的体操仍是很庞杂的，在第一届奥运会上，把跑、跳、投掷作为竞技体操的内容。1903 年的世界第一届体操比赛时，明确了竞技体操项目。1936 年第十一届奥运会确定了今天男子竞技体操六项；1952 年第十五届奥运会确定了今天女子竞技体操四项，后又新兴艺术体操。

趣味点击　仍未“结束”的奥运会

第 15 届奥运会于 1952 年 7 月 19 日—8 月 3 日在芬兰赫尔辛基举办，按照惯例，奥委会主办国的元首要参加奥运会的开幕式并宣布奥运会开幕，而国际奥委会主席则应在闭幕式上讲话和宣布闭幕。在本届奥运会的闭幕式上，国际奥委会主席西格弗里德·埃德斯特隆发表了精彩的演说，但在演说结束时，却忘记说这最重要的一句话：“我宣布第 15 届奥林匹克运动会闭幕！”因此这届奥运会被认为仍未结束，被人们称为“永久性”的比赛。

体操运动的艺术魅力在哪里

恐怕许多人都有这样的感受：观看体操比赛是一种艺术享受。体操比赛的魅力在于健、力、美、险的完美统一，在于那高超的技巧、神奇的力量、优美的旋律、令人屏气的惊险性及感人的艺术表现力。凡在世界级体操比赛中获金牌的运动员无不赢得极高的赞誉。

自由体操最具个人表现力，人称是“红色地毯上跳跃着的青春旋律”。男子自由体操的特点是刚健有力、节奏明快。女子自由体操讲究的是舒展优美、刚柔相济。

跳马是从古代骑马训练发展衍化来的。腾空高犹如蛟龙出海、落地远好似长驱直入、站得稳就像落地生根，便是对跳马运动的概括。

平衡木是女子体操中的难项。运动员在宽不过 10 厘米的平衡木上，表演各种空翻、跨跳、转体、倒立及静止动作，而不许有丝毫的晃动。金蛇狂舞般的成串跟头和金鸡独立似的静止平衡，形成了它绝妙的魅力。

鞍马是男子六项中最典型的支撑项目。它要求运动员全身心协调，不停地做多种摆动、交叉、移位、转体、全旋。高难度动作的连接组合，瞬息万变，令人目不暇接。

吊环是最能显示男子力量的项目。整套动作以摆动为主，全部采用直臂完成。用力时环带不能来回晃动，除手握环外，身体任何部位都不能碰到两条带子。难怪人们形容吊环的摆动如流星赶月，力挽狂澜；静止若云中立塔、空间雕塑；旋下似神兵天降，流光溢彩。

还有双杠、单杠、高低杠，或如横空出世，或如碧空彩练，或如彩蝶翻飞，令人眼花缭乱，险美兼收。

我国是体操大国，出了许多世界体操名将。如由国际体联审定命名的自由体操“李月久”、鞍马“童非”、双杠“李宁”等，都是我们中国体操的骄傲。

知识小链接

李月久空翻

1981 年第 21 届世界体操锦标赛上，中国运动员李月久领先做出 720°旋空翻和侧空翻一周半转体 90°前滚翻两个高难新动作，获得自由体操冠军。其中侧空翻一周半转体 90°前滚翻被国际体操联合会命名为“李月久空翻”。

什么是竞技体操

竞技性体操包括竞技体操、艺术体操、健美操、技巧、蹦床五项运动。

其中，竞技体操男子项目有自由体操、鞍马、吊环、跳马、双杠、单杠六项，女子项目有跳马、高低杠、平衡木、自由体操四项。由于竞技体操的历史最久远，可以说是竞技性体操中的“老大哥”，因此现在人们还通常习惯用“体操”来称呼“竞技体操”。

1896 年，竞技体操被第一届奥运会列为正式比赛项目，当时只有男子参加，女子竞技体操的参赛是在 1928 年的第九届奥运会。1952 年前的历届奥运会上，竞技体操的比赛内容经常变化，一度曾将短跑、撑竿跳高、跳远、举重等项目列入在内。到 1948 年和 1952 年的第 14、15 届奥运会上，竞技体操的内容才正式确定。

现代竞技体操包括男子六项，即自由体操、单杠、双杠、鞍马、吊环和跳马；女子四项，即自由体操、平衡木、高低杠和跳马。比赛有团体赛、个人全能赛和个人单项赛三种。裁判员根据国际体操评分规则进行评分，每套动作满分为 10 分。

世界上最大的体操比赛是由国际体操联合会主办的世界体操锦标赛和世界杯体操赛。前者 1903 年在比利时安特卫普举行第一届比赛，每两年举行一次；1934 年第十届时，增设女子项目。后者在 1975 年英国伦敦举行第一次比赛，规定每年一次。世界杯体操赛不进行团体赛，只进行全能和单项两种比赛，而且只有在上届比赛中获得全能前 18 名、单项前 6 名的运动员才有资格参加。

什么是技巧运动

技巧运动有较强的艺术性，它不仅表现了动作的惊险、力量和巧妙，还能给人欣赏到包括芭蕾、迪斯科、西班牙舞在内的优美舞姿和各种不同风格的音乐。

技巧则是个人或人与人之间以筋斗抛接等形式进行的运动，有严格的比赛规则，对各项动作的质量、价值进行评定。按规定，技巧比赛要有 7 个裁判参加工作。

技巧运动的比赛项目包括男女单人、男女双人、混合双人、女子三人和男子四人等 7 个项目。男女单人项目是在长 10 米、宽 2 米的助跑道和长 30 米、宽 1.5 米的特制跳板或垫子上进行，两人以上的配合项目是在 19 × 12 米的场地上进行。动作以翻腾、抛接、造型为主，并配有徒手操和舞蹈动作。

国际比赛规则规定，参加各项比赛的选手应完成规定和自选三套动作，其中，除单人项目和男子四人的第一套动作外，其余各项都必须有音乐伴奏。技巧比赛每套动作的时间要求不得超过 2 分 30 秒，满分为 10 分。

技巧运动第一次列入正式比赛是在 1932 年的第十届奥运会，当时是作为自由体操的一个主要组成部分参赛的。20 世纪 50 年代起，苏联、中国等先后将技巧运动独立作为比赛项目。1973 年，国际技巧联合会成立。现在世界上由国际技巧联合会主办的最大比赛是世界技巧锦标赛和世界杯技巧赛。世界技巧锦标赛每两年举行一届，比赛设全部 7 个项目，第一届于 1974 年在苏联莫斯科举行；世界杯技巧赛只进行全能和单项两种，各参赛的运动员由国际技巧联合会技术委员会提名，第一届于 1975 年在瑞士维德诺举行。

你知道吗

国际技巧联合会的宗旨是什么

国际技巧联合会的宗旨是：贯彻技巧运动的业余性原则，建立友好的比赛精神，制定并实施为各协会会员所接受的规定，并据此开展技巧运动，对任何国家或个人不得有种族、宗教与政治上的歧视，促进会员之间的相互尊重，协调会员之间对技巧运动的不同看法，促进技巧运动在全世界的普及和发展。

竞技体操与技巧有什么区别

竞技体操和技巧同属于体操项目，都是在增强体质的基础上，对动作姿态和人体造型有特定要求的着重形态美的身体操练。两者都是由裁判员按照竞赛规则，根据运动员的独特性、勇敢性、熟练性评分的项目；两者都要求难度大、质量高、动作稳、姿势美；两者都分团体赛、全能赛和单项或单套赛。不过竞技体操和技巧毕竟是各具特点、各自独立的体育项目。

竞技体操除自由体操外，都是在器械上进行的，而技巧 7 个项目都是徒手进行的。在竞技体操中，只有自由体操配以音乐，而技巧除单人项目和男子四人第一套动作外，都有音乐伴奏。目前，男女竞技体操都是奥运会的正式比赛项目，而技巧却还未成为奥运会比赛项目。

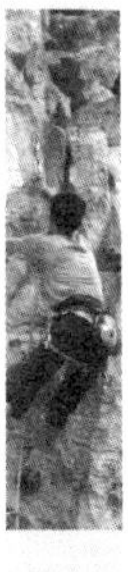

更主要的是比赛内容和项目的不同。竞技体操男子项目包括自由体操、

纵跳马、鞍马、吊环、单杠、双杠；女子项目包括自由体操、高低杠、平衡木、跳马。技巧分男女单人、男女双人、混合双人、女子三人和男女四人等7项。单人项目翻跟头与自由体操有近似之处，但技巧单项目是完成一套连续的手翻和空翻动作，以身体的姿势、空翻的周数、转体的度数以及空翻和转体结合的状况来区分动作的难度和完成的优劣。自由体操要复杂一些，它包括徒手体操、静止姿势、力量性动作以及技巧动作等，女子还包括舞蹈和转体、跳步、波浪、平衡等动作。技巧的双人、三人、四人项目动作，以翻腾、抛接、造型为主，并配有徒手操和舞蹈动作，它们与竞技体操也有显著的区别。

另外，技巧选手在比赛中应完成三套规定动作和三套不同类型与要求的自选动作，往往一套是静力性动作，一套是动力性动作；而体操中只有跳马要准备两种跳法，其他的项目没有规定必须做两套以上的不同动作。

基本小知识

手　翻

竞技体操中常用的基本术语之一。指用手或头、手支撑地面或器械经头部翻转的动作。从方向上有向前、向后、向侧的手翻，如技巧后手翻、跳马前手翻等。手翻是技巧运动的基本动作，经常被用于连接动作上。

什么是自由体操

自由体操的特点是体操技术和艺术相结合，动作矫健、惊险和潇洒优美。

现代自由体操要求男子以各种类型的技巧动作为主，其中必须包括空翻手翻、平衡支撑、转体跳跃等内容；女子除了上述要求外，还要求把各种技巧动作与具有独特风格的体操舞蹈音乐和谐结合，以充分体现女性体型美、姿态美和表现美的特点。

自由体操在1911年被列入国际比赛项目，当时仅限于男子。女子自由体操直到1952年第15届奥运会才被列为比赛项目，同时，比赛场地由8×8米改为今天的12×12米。从1958年第十届世界体操锦标赛起，正式规定女子自由体操必须用音乐伴奏。

自由体操要求整套动作充分利用场地与规定时间，表现出个人风格、创造能力和表现能力。动作编排要求新颖、合理、紧凑且富于节奏和难度。

什么是艺术体操

艺术体操也称韵律体操，是女子特有的竞技性体操项目。它以富有女性自然健美的形体动作、舞姿和造型作为内容。全套动作包括：摆动、绕环、屈伸、波浪、转体、跳跃、平衡、滚动、抛接和优美的舞蹈步法，并和音乐密切配合。

艺术体操分团体和个人两大类，比赛器械有绳、圈、球、棒、带。个人项目比赛可选择其中 4 种器械，而团体赛选用的器械则由每次比赛的规程来规定。个人项目的比赛得满分为 10 分，团体项目最高分为 20 分。

第一届世界艺术体操锦标赛 1963 年在匈牙利的布达佩斯进行，以后每两年举行一次。1978 年，国际体联又增设两个洲际比赛，即欧洲锦标赛和四大洲锦标赛。1981 年又决定增加艺术体操世界杯赛。在 1984 年的第 23 届奥运会上，艺术体操被列为奥运会比赛项目。

知识小链接

艺术体操比赛评分规则

1. 团体赛：每队 3 名运动员参赛，完成 4 套不同器械的自选动作，每项满分 10 分。以 3 名运动员得分总和计算成绩，最高分 120 分，总分高者为胜。

2. 个人全能赛：团体赛全能成绩进入前 26 名的运动员有权参加，每队最多 2 名，完成 4 套不同器械的自选动作，每项满分 10 分。以 4 套动作得分总和计算成绩，最高分 40 分，总分高者为胜。

什么是团体操

团体操属宣传表演性的体操项目。它是一种综合性的集体表演形式的体操操练。

团体操多根据每次表演的具体要求编排，没有固定内容。一般以徒手体操和持轻器械以及技巧、舞蹈等动作为主要内容，通过各种造型、动作和队形组成各种图案，配以不同颜色的服装道具、看台背景和音响效果进行表演，具有明确的主题思想、艺术性和突出的体操特点，并且富有民族性。

各国团体操都有自己的特点和风格。俄罗斯以高超的体操技术和难度较大的联合器械表演见长；日本以华丽的看台背景和正规化的徒手操、叠罗汉闻名；朝鲜的突出之处是场次多，注重背景的配合，力求从多方面反映同一主题。我国团体操的特点是队形变化巧妙，图案造型壮丽，内容丰富，背景画面清晰，组织严谨。

什么是蹦床运动

和竞技体操一样，蹦床运动也是竞技性体操的一种。蹦床是在弹力床上进行各种技巧表演的运动。蹦床比赛不仅动作腾空高，难度大，而且相当惊险，给人一种美的享受。

蹦床运动起源于美国，是美国一名杂技演员在 1936 年发明的，1954 年开始正式比赛。蹦床的主体是一个金属框架，框内四周由橡皮带或弹簧系着一块大帆布（或网状织物），制成一个有弹性的床面，金属框的高度为 0.95 ~ 1.05 米，长度为 3.60 ~ 4.30 米，宽度为 1.08 ~ 2.15 米。蹦床四周要有宽为 6 ~ 12 米的空场地，体育馆顶棚高度至少不低于 7 米。为了运动员的安全，蹦床四周须铺有垫子。

目前，国际上开展的蹦床比赛分个人、团体（由 5 人组成）、同步（2 人）三种。各种类型的比赛包括规定动作和自选动作，每套动作均规定由 10 个动作组成。

鞍马和跳马是如何起源的

在竞技体操中，最古老的器械之一是鞍马和跳马。它们的大小、高度、形状几乎完全一致，只不过鞍马比跳马多两个木环。比赛项目鞍马只有男子，跳马则男女都有。

早在公元400年左右，就有人用木马进行军事训练。18世纪末期，德国人首先将木马上的马头和马尾去掉，并在木马上蒙了牛皮做“摆动”练习。1804年木马上的马鞍被换成了铁环，形成了现代鞍马的雏形。以后再发展就是用木环替代铁环，就更接近今天的鞍马了。后来在障碍体操的影响下又开始在鞍马上做支撑跳跃练习，这就是跳马。于是鞍马又变成了两用器材，两个木环也改成可以装卸的了。

鞍马是体操中最典型的动力性项目，要求在支撑面较小的条件下，在运动中维持重心的稳定，不停地用两臂在马的各个部位，向纵横两个方向做各种转体、移位、交叉、全旋等动作。

现在，鞍马动作部位增多，除“托马斯”全旋（两腿前后交替上下起伏的大分腿全旋）增加转体和移位难度外，又出现了倒立部位的移位转体和下法，使鞍马动作向立体化发展。跳马的基本要求是用手臂支撑马并腾越马身，而且要在腾越马身的同时做转体、翻转或空翻等动作，其整套动作要求跑动快、腾空高、转体快和落地稳。

基本小知识

托马斯全旋

托马斯是美国20世纪70年代体操明星，是美国第一个获得世界冠军的体操运动员，尤其以他独创的“托马斯全旋”而蜚声体坛。其动作为：分腿并降低身体重心位置，肩略前倾，左腿向左上方举起，右腿经后下方向左侧伸，放左手进腿，至分腿后撑并接上。

吊环体操是怎样发展起来的

1842年，德国的施皮斯做成现代第一副吊环。当时，运动员只能做一些摆荡动作和简单的悬垂、支撑练习，碰到要做单臂动作时，脚和手是搭挂在绳索上进行的。

如今，吊环动作完整而复杂，由摆动动作、用力和静止动作交替组成。

吊环环高2.55米。一套吊环动作应由比例大致相等的摆动和力量静止动作组成，这些动作和连接是通过悬垂，经过或成支撑，经过或成手倒立来完

成，以直臂完成动作为主。由摆动到静止力量或由静止力量到摆动的过渡是当代体操的显著特点。做静止动作时，要求环静止，不能有大的摆动。吊环要求有一定难度的向前摆动完成的手倒立和向后摆动完成的手倒立，还要求有一个有难度要求的力量静止动作。

单杠体操是如何起源的

单杠运动的历史可追溯到近100万年前的原始人时代，当时人类还保存着猿猴攀缘树枝悬臂摇动的技能。

世界上第一副单杠是在1812年出现的，它受西欧杂技表演启发而成。那时的单杠运动非常简单，评定单杠动作好坏仅仅是以打圈的多少来衡量。以后才有各种上杠动作及转体、变换半径的回环和各种腾越、空翻转体等动作。

在近代体操中，发展最快的要数单杠，现在已发展到1000余个动作。仅单臂旋转动作中就有手正握、反握、扭臂握等多种，以及一边转体一边变换身体姿势和空翻后再抓杠等。

你知道吗

单杠的握杠有什么注意事项

单杠的握杠方式很重要，共三种：正握（掌心朝前）、反握（掌心朝后）、交叉握（一只手正握，一只手反握）。采用什么握法由不同的动作方向而定。不管采用哪种握法，最重要的一点是：大拇指必须指向你移动的方向，否则回环时很容易因抓不牢单杠而落地。

单杠高2.55米，其整套动作都是由摆动动作组成，以各种握法不间断地完成动作，它包括大回环、近杠动作、围绕身体纵轴的转体及飞行动作。允许有两次过杠下垂面的单臂摆动动作。单杠要求有一定难度的腾空动作。

双杠体操是怎样发展起来的

相传，双杠原是德国人在练习鞍马时为提高手臂支撑力而创制的辅助器械。19世纪初才逐渐成为具有自身特点的运动项目。

双杠高 1.75 米。双杠是由众多结构组中选出的摆动和飞行动作组成，通过各种支撑和悬垂动作来过渡完成。在双杠项目上做动作时，要求必须从并腿站立姿势开始，不得有预先动作，一套动作由各种回环、屈伸、倒立、转体、腾越与空翻等组成，最多允许有三个停顿动作或静止动作，其他大于或等于 1 秒的停顿是不允许的。

双杠传统的难度动作有前摆转体 180 度或 360 度成倒立，后空翻成倒立等。后来又出现了幅度更大、转体度数更多的动作，如“特卡切夫腾越”（分腿向后高腾越）、“猫跳”（屈体转体高腾越）和大回环等。

什么是高低杠体操

高低杠是女子体操特有的一个项目，它由一高一低两副杠组成，杠间距离可以调整。低杠高 130 ~ 160 厘米，高杠高 190 ~ 240 厘米。横杠是椭圆形的，长径 5 厘米、短径 4 厘米，是由玻璃钢加木质杠面制成的，具有良好的弹性和坚固性。规则中对成套动作的不同难度的组合要求、低杠和高杠之间的转换次数以及腾空动作的难度、转体的难度均有具体的要求。

高低杠是女子体操中摆幅最大的项目。一套高低杠动作要求以动力性为主，并不断换杠、换向，力求避免停顿和不必要的附加支撑。现在高低杠动作已越来越富有惊险性，“飞行”动作也越来越多，更新、更难的男子化动作已进入高低杠。

什么是平衡木体操

平衡木是女子竞技体操项目，内容包括：各种跳步、转体、波浪、平衡、造型及软翻、滚翻、手翻和空翻等。平衡木长 5 米、宽 0.1 米，木高依照需要可升可降，正式比赛高度为 1.2 米。平衡木有完成时间的限制，对于成套的动作难度和空中技巧串均有严格规定。整套动作要求在规定的时间（成人 1 分 10 秒至 1 分 30 秒）内完成，在 5 米长的平衡木上，不断变换动作的方向，做动静结合、高低起伏的各种技巧和舞蹈动作。由于木面仅 0.1 米宽，并被固定在高 1.2 米的支架上，因此，对运动员动作的准确性及控制平衡能力要求特别高。

世界上平衡木除已出现的踺子直体后空翻转体360度等动作外，各种筋斗上木法以及“旋”下已极为普及，三面筋斗、快速跟斗挂串、纵向和横向跳步转体以及空翻接平衡等高难动作也开始常见了。

少女练艺术体操有什么好处

艺术体操是以艺术和健美为主要特征，以节奏为中心，以人体自然动作和自我表现为基础的运动。它也是一项新型的，在美的享受中培养少女艺术欣赏能力、表现能力的，非常符合少女心理、生理特点的体操运动。

少女练习艺术体操，可以增强肌肉韧带的柔韧性。身体各部位通过绕环、屈伸和波浪、摆动跳跃、转体等复杂的综合动作，不仅使全身各关节得到充分的活动而加大关节活动的幅度，而且使各部位肌肉韧带的长短和弹性得到均衡的发展。练艺术体操还可以增强各种感觉器官的功能。由于人体必须与器械、音乐协调地完成复杂多变的动作，因此通过训练可提高大脑皮质的反应，使视觉、听觉、肌肉本体感觉等机能得到全面的提高。

练艺术体操也是发展灵敏协调的很好的运动项目。做操时，神经中枢指挥肌肉协调工作，使原动肌和对抗肌合理使用，锻炼肌肉主动放松能力。肌肉放松做动作时，则能使关节活动时所受肌肉牵制的阻力减小，越小则活动范围越大，这样就使动作的幅度加大，灵活而不僵，轻盈优美，协调省力。艺术体操还可塑造健美的形体，使少女胖瘦适中，健壮有力，匀称而有弹性，灵活而有韵味。

另外，艺术体操与音乐、绘画、舞蹈、竞技体操，以及造型艺术都有着密切的不可分割的联系，通过学习、锻炼、竞赛，可有意识地美化人体发育，在力的美、健的美、动的美、形的美、声的美、色的美的培育过程中培养人的灵敏、果断、刚毅、坚定的品质，使人具有文明开朗的道德修养，音体美多方面文化素质，高雅健美的身材仪表。如果你在艺术体操的锻炼中真正得到了全面的发展，那么你一定会成为人见人爱的优秀少年。

基本小知识

韧 带

韧带属于致密结缔组织。主要可分为两类：弹性结缔组织和胶原纤维彼此交织成的不规则的致密结缔组织。弹性组织是以弹性纤维为主的致密结缔组织。粗大的弹性纤维或平行排列成束，如项韧带和黄韧带。韧带白色带状的结缔组织，质坚韧，有弹性，能把骨骼连接在一起，并能固定某些脏器如肝、脾、肾等的位置。

练体操时，怎样避免受伤

体操运动原是由舞蹈动作发展而来的，是一种身体“按一定规律的操练”。近代体操运动发展很快，比赛项目男子有 6 个（自由体操、跳马、鞍马、吊环、单杠、双杠）；女子有 4 个（自由体操、跳马、高低杠、平衡木）等。体操项目在很多国家里，都越来越注重早期的选材和训练。所以热爱体操运动的同学们，从小参加体操训练活动是件好事，但因年龄还小，体质比较稚嫩，在训练时，既要刻苦认真，又要懂得防护工作，以免发生伤害。为此，体操训练时一般应注意以下几个方面。

1. 要接受教练的保护和帮助。特别是在初学时，切不可偷偷地单独练习。最好在教练员直接指导下，甚至由教练员直接上手保护，或进行助力帮助。这样，既能减轻初学者的恐惧心理，也能得到体力和技巧上的帮助和指点，便于学会正确动作和保证安全。一定要做到基本掌握所学动作要领时，才可逐渐撤保。

2. 进行体操训练时，要集中注意力，千万不可心不在焉。万一感到身体不适，或因某事情绪不好，无法集中思想时，应及时告诉教练员与队长，取得谅解和帮助。待妥善解决后，再开始练。否则，容易出事故。

3. 练习体操时，安全设施很重要。同学们要在有必要的安全设施情况下练习体操，如海绵坑、软垫等。还要根据运动项目需要，采用手提式保护腰带、悬挂式保护滑车等。

男生在练习单杠、吊环项目时，要学会使用护掌。不过护掌皮质要好，大小要适中，太大、过长容易造成卷杠而受伤。凡初戴新护掌，都要试一试，先做做小摆动动作。万一发生护掌与杠面缠绕，不要急躁地用力翻转手腕。这时，要及时“刹住”。在旁的教练员，一般会挡住运动员的身体，帮助其停顿下来。

4. 在参加训练前，检查运动器械是否完好无损，杠面、吊环、平衡木等器械是否清洁、干燥。若遇阴雨天气，更要注意揩除器械上的污垢。

5. 运动员在进行下法训练时，偶因身体重心没掌握好，或其他意外原因坠地时，一般不要用手去撑地，而要紧缩自己身体，接着做一个翻滚动作，这样可以减轻伤害，使身体局部不致受伤过重。

在参加体操训练时，既不可忽视教练员的保护，也不能没有自我保护的意识和方法。请同学们在训练中，不断总结别人和自己的经验，提高自我保护能力。

健美运动是怎样发展起来的

健美运动又名“健身运动”。它是根据人体解剖学、运动生理学、运动医学和美学原理塑造人们健美体型的一项体育运动。它主要通过哑铃、杠铃和扩胸器等进行锻炼，从而使身体强健、肌肉发达。

健美运动早在古希腊时期就已盛行。当时，人们以宽畅的胸部，灵活强壮的脖子，雄伟的躯干，结实隆起的肌肉，矫健轻快的双腿为人体健美的集中体现。18 世纪末，健美运动正式起源于欧洲。德国人山道最早获得杰出成就。到 20 世纪 30 年代，健美运动由单纯的表演发展到进行比赛。以后在男子健美比赛的带动下，女子健美比赛也开展了起来。

一般现代健美比赛，男子按体重分四个级别，女子分两个级别进行。裁判分别由健美、艺术、医学等方面专家（5 ~ 7 名）组成，以观察、评定参赛运动员展现的正面、侧面、背面等不同角度的各种体型姿势。

我国近代健美运动也开始于 20 世纪的 30 年代。1943 年首次在上海举行男子健美比赛。近年来，我国爱好健美运动的人日益增多，许多地方办起了健身馆、健美班，参加者十分踊跃。

知识小链接

拉丁健身操

拉丁健身操来源于国标中的拉丁舞，但绝对不强调基本步伐，更确切地说，它是健身操的一种，强调能量消耗，对动作的细节要求不高，注重运动量和对髋、腰、胸、肩部关节的活动。

健美操锻炼有什么好处

健美运动是人类根据健与美高度统一的要求，进行自身塑造的一门艺术。它符合人类社会发展的潮流。青少年参加健美锻炼的好处很多：

1. 健美锻炼能增强人体运动系统的能力。一方面能使血液循环加快，为骨骺生长的需要提供更多的营养物质；另一方面肌肉的锻炼对内分泌的积极影响也会刺激骨骺的生长，促进青少年长得更加高大。同时能使关节囊、韧带、肌腱加强和加厚，使人的协调性、灵敏性都得以加强。长期锻炼可使肌肉日趋发达，肌肉收缩时能量消耗率下降，收缩效率不断提高，在力量、速度、持久力上都超过常人。

2. 健美锻炼能提高整个呼吸系统的功能。它使每分钟呼吸的次数、深度不断增加，使胸围增大，胸肌、膈肌、肋间肌、腹肌等不断加强，由于肺活量不断增加，在繁重的劳动和高强度的体育比赛中就能保持较好的体力。

3. 健美锻炼能加强血液循环系统的功能，使心脏运动性增大，心肌发达收缩力加强，每次收缩从心脏输出的血液量比普通人多，使人能够适应加大体力消耗时新陈代谢的需要。

你知道吗

什么是骨骺

骨骺实际上就是骨头在发育时它末端的软骨。在成长过程中，软骨会慢慢地长成骨头，特别在年轻时很重要，如果这时出现损伤，长得形状就会异常，有时还会形成慢性关节炎，关节会肿胀、痛、僵硬，正常的生活都有困难，骨骺损伤，称为骨骺炎。

4. 健美锻炼能使神经系统机能更加敏感，使身体的耐受性增强，对致病因素的抵抗力和对外界环境的适应能力都会有明显提高。

5. 健美锻炼可使瘦弱者变得健壮，可使肥胖者变得结实，可使身体畸形得以矫正。

6. 健美锻炼还可陶冶性情，磨炼意志品质，培养人高尚的生活情操和文明举止，达到外在美与内心美的和谐统一。

体育知识

球类运动知识问答

TIYU ZHISHI

球，它是一种器材，它有大、有小、有轻、有重，种类繁多。球类运动，是由各类大球和小球组成的球形类运动项目的总称，包括手球、篮球、足球、排球、羽毛球、网球、高尔夫球、冰球、沙滩排球、棒球、垒球、藤球、毽球、乒乓球、台球、板球、壁球、沙狐球、冰壶、橄榄球、曲棍球、水球、马球、保龄球、健身球、门球、弹球等。

不同的球对人们来说都有不同的体验，但科学研究表明，球类活动是最适合青少年开展的运动内容，其运动中的趣味性、多功能性能有效地激发青少年的运动兴趣，对发展青少年的灵敏素质具有独特的作用。

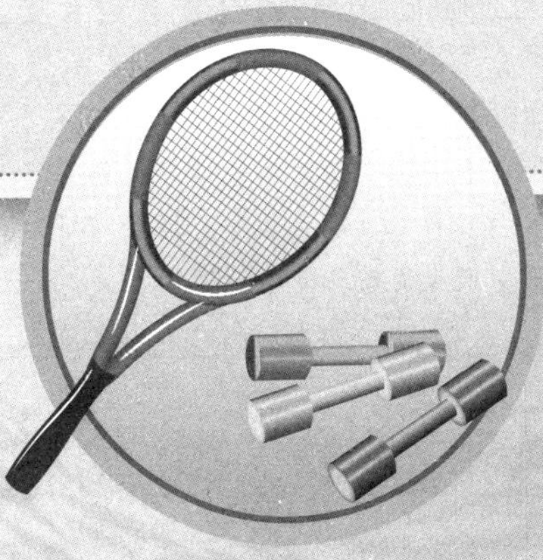

足球运动是如何起源的

现代足球运动起源于英国。1863 年 10 月 26 日，在英国伦敦成立了世界上第一个足球协会，标志着现代足球的诞生。

1900 年在第 2 届奥运会上，足球被列为正式比赛项目。1904 年 5 月 21 日，国际足联在巴黎宣告成立，1930 年在乌拉圭举办了首届世界足球锦标赛。

我国也是足球运动的发祥地。《战国策·齐策》中曾记载了战国时期齐国都城临淄民众普遍开展足球运动的情况。当时足球被称为“鞠”。《汉书·艺文志》中说：“鞠以革为之，踏之为戏。”《太平清话》载：“蹴鞠……以革为圆囊，实以毛发。”由此可见，古代的“鞠”是用皮革做外壳，中间塞满毛发之类的东西。以后，此项运动渐有发展。西汉时，刘邦曾在宫廷内修建“鞠域”，专供竞赛时用。到了唐代，在场地、设备、器材方面逐渐完善。宋朝时，出现了称为“香云社”的球会组织。现代足球是鸦片战争后开始传入我国的。1897 年，香港开始举办特别银牌足球赛。此时，上海、南京、北京等一些大城市也有了足球运动。之后，又通过这些城市的足球爱好者，将这项运动传到各地。1908 年，香港成立了我国近代最早的足球运动组织——南华足球会。

基本小知识

鸦片战争

中国近代史上一共有两次鸦片战争。第一次鸦片战争：1840 年 6 月—1842 年 8 月。第二次鸦片战争：1856 年 10 月—1860 年 10 月。两次鸦片战争使旧中国逐步沦为半殖民地半封建的社会。

为什么说足球运动是“世界第一运动”

足球运动之所以被全世界公认为是“世界第一运动”、“体育之王”，最主要的原因在于足球运动本身是一项最能全面锻炼人的体育运动。

足球运动有很高的艺术性，要在激烈的拼抢和超负荷的大运动量中完成

极为复杂的、极其困难的技术动作，要求运动员在德、智、体各方面全面地发展。做一个优秀足球运动员要有短跑运动员的速度，体操运动员的柔韧性、弹跳力，投掷运动员的爆发力，马拉松运动员的耐久力，冰球运动员的拼抢劲头。正是由于足球运动综合了其他各项运动的精华，因此，足球受到了全世界各国和各民族人民的普遍喜爱。

足球是当今世界上最普及的体育运动之一，有广泛的群众基础。列支敦士登是世界上最小的国家之一，只有 2 万人口，却拥有足球俱乐部 60 多个，可见其对足球的重视程度和热爱程度。目前，世界上的足球爱好者数以十亿计，这是其他任何体育项目都不可比拟的。

任何体育比赛都有胜负，但都没有像足球比赛那样举足轻重。一场足球比赛，与一个国家的地位、一个民族的荣辱，休戚相关。胜者可将一个国家抛入欢乐的海洋，败者能使一个民族陷入痛苦的深渊。历史上多次发生过因足球赛出现的严重纠纷冲突，甚至发展成为两国战争的事。可见足球在人们心目中影响之深。

世界杯赛是目前国际足坛规模最大、水平最高的职业足球大赛。各国都倾其资财，全力以赴，选派最好的球队，参加空前激烈的争夺。而决赛阶段的比赛则成为四年一度的世界足坛的盛大节日。每次大赛，观众如潮，助战的声浪甚嚣尘上。有的国家甚至出现万巷皆空、昼夜观看电视的盛况。足球运动以它特有的魅力将世界人民的思想、感情、热情、希望紧紧地拴在了一起，它在世界人民心目中有着其他运动不可替代的地位，所以说它是球中之王，是当今世界的第一运动。

广角镜

世界杯

世界杯是 1928 年 FIFA 为获胜者特制的奖品，是由巴黎著名首饰技师弗列尔铸造的。其模特是希腊传说中的胜利女神尼凯，她身着古罗马束腰长袍，双臂伸直，手中捧一只大杯。雕像由纯金铸成，重 1800 克，高 30 厘米，立在大理石底座上。此杯为流动奖品，谁得了冠军，可把金杯保存 4 年，到下一届杯赛前交还给国际足联，以便颁发给新的世界冠军。此外有一个附加规定是：谁三次获得世界冠军，谁将永远得到此杯。

何时开始有足球裁判

在1876年以前，足球比赛并没有裁判。每次比赛之前，由双方商定一个“君子协定”。谁在比赛中违反了规则，便由队长根据“协定”判罚。

足球裁判员的正式问世是在1883年。当时的裁判员既不跑动，也不鸣笛，而是坐在高凳上用相应的手势或大声喊叫来进行裁判。随着比赛场地的扩大和激烈程度愈演愈烈，裁判员便由坐高凳改为随场跑动，由用嘴叫改为用哨子。

裁判何时开始使用哨子

1883年，在伦敦一场足球赛中，发生了球赛事故。为了一个球，双方争论不休，甚至动了拳头，全场陷入一片混乱。

担任这场球赛的裁判员，是一位名叫约翰的警察，为了尽快平息双方的火气，制止场内的混乱，他不停地叫嚷着加以阻止。可是，不管他怎么大声吆喝和做手势，都无济于事。面对混乱不堪的场面，他下意识地摸出了口袋里的警哨，使劲一吹，参与闹事的人听到哨声，以为触犯了警察，便很快回到原位，顿时场内秩序井然。这一哨声取得了意想不到的效果。从此，便规定用吹哨取代裁判的吆喝和手势。

为什么足球裁判穿黑衣

以前，足球裁判不像现在这样在场内跑来跑去，而是坐在看台上进行裁判。但由于足球场场地大，坐在看台上裁判，不可能发现所有的犯规情况。于是，改为让裁判员到比赛场地内进行裁判。即裁判员在足球场内随运动员来回跑动并做出判决。

裁判员在场内容易与运动员混淆。为使裁判员在场内有别于运动员，足球裁判员全都穿上黑色服装。黑色是严肃的、庄重的象征，如国际刑警、法院的法官一般都穿黑色制服。所以，为显示裁判员神圣地位，裁判员身着黑色服装，是再合适不过了。

足球赛中红、黄牌有什么来由

在足球比赛时，裁判员经常出示黄色、红色小牌，对运动员的犯规行为予以警告或罚出场。

主裁判出示红、黄牌是南美足球协会联盟在举办米尔斯·里梅特杯赛时首先采用的，目的是帮助裁判员克服比赛场上的语言障碍。以后经国际足联裁判委员会研究并经世界杯赛组织委员会批准，在墨西哥城世界杯赛中首次使用，并沿袭至今。

你知道吗

足球比赛中红、黄牌是谁发明的

发明足球比赛中红、黄牌的是英国足球裁判肯·阿斯顿。他的这一发明应该说是对足球运动做出了突出的贡献。阿斯顿1915年生于英国，他的本职工作是教师。“二战”期间他参加了英国皇家炮兵部队。阿斯顿在“二战”期间就在军队中执法足球比赛，1949年他成为一名优秀的巡边员。在主裁了1963年的足总杯赛决赛后，他便不再执法国内比赛。

现在，国际足球比赛规则规定：一个运动员在同一阶段比赛中，被裁判员出示黄牌累计达两次者，即停止下一场比赛；一个运动员在同一场比赛中被裁判员出示两次黄牌，即被停止比赛。一个运动员被裁判员出示红牌，除当场停止比赛外，还停止一场比赛。

巴西为什么会成为足球强国

足球在巴西的历史只有100年左右，然而，巴西的足球运动水平却非常高，出现过不少出类拔萃的足球巨星，如贝利、加林查、里维里诺、桑托斯、瓦瓦、济科、苏格拉底等。巴西足球队在世界大赛中成绩显赫，从1930年至今，一共举办了18届世界杯，巴西队5次夺得冠军创造了历史，人们因此称巴西为足球王国。

巴西人酷爱足球运动。巴西的小孩自站立之后，不是先学走路，而是先学踢。球王贝利小时候，就是和街坊的一群穷孩子在街头，用赤脚踢破布球开始足球生涯的。他曾经说过："在巴西，要是有一样东西会动，踢它一脚；要是不会动，也给它一脚要它动；要是太大了踢不动，拿它去换一样小些的东西来踢。"整个巴西是足球的天地，到处有足球飞天滚地。城市、乡村、运动场、街头巷尾，各地都能见到人们踢球的身影。巴西人如此爱"踢"，无怪乎巴西能成为足球王国了。

此外，巴西有关政府部门也非常重视足球运动。第二次世界大战后不久，巴西就建起了当时世界上最大的"马拉卡那"运动场，该场可容纳 20 万观众。现在，巴西全国有甲、乙、丙级足球俱乐部 1 万多个，职业足球俱乐部 400 多个，标准足球场 4000 多个。因此可以说，巴西足球运动的高水平，源于它雄厚的群众基础及政府部门的支持。

怎样踢足球

踢球是指运动者用脚的合理部位正确地击球，以达到传球和射门的目的。简单地说，踢球就是用脚来接触球，但在这个过程中必须用脚的合理部位，既能踢着球，又避免使自己的脚受伤疼痛，同时又要把球给送到自己想让它去的地方。踢球是进行足球运动的最基本、最重要的技术。同学们在学习踢球时，必须在一开始就掌握正确的技术。

助跑、支撑脚的站位、踢球腿的摆动、脚触球的部位和踢球后的随前动作是踢球过程的五个基本环节，同学们只有在认真、准确、协调地进行这五个基本环节之后，才能达到正确踢球的目的。现在将这五个环节分别解释如下：

①助跑。助跑就是在踢球之前为了获得更大速度的跑动。助跑主要分斜线助跑和直线助跑两种。在进行助跑时要注意逐渐调整好人与球之间的方向和位置关系，从而增加击球的力量。助跑的最后一步要大一些，为掌握脚的选位，增大摆动腿的速度，制动身体的前冲和提高踢球的准确性创造有利条件。

②支撑脚的站位。运动者所采用的踢球方法与其支撑脚的站位有密切的联系。凡采用的踢法需要踏在球的侧方时，一般距球 10 ~ 15 厘米，凡采用的踢法需要踏在球的侧后方时，一般距球 20 ~ 25 厘米。若所要踢的球处于运动状态中，则应考虑球的运动速度。当脚落地时，膝关节必须微屈，以保持身体平衡和重心稳定，若在支撑脚落地未及时平衡身体，则易造成踢球失误甚

至跌倒。

③踢球腿的摆动：当支撑脚着地时，摆动腿由于助跑的速度顺势摆起，以踢球腿的髋关节为轴，大腿带动小腿，由后向前摆，在膝关节摆到接近球的垂直上方的一刹那或球的内侧垂直上方的一刹那，小腿加速前摆。踢球力量的大小，主要取决于踢球的摆动速度、速度协调性等。

④脚触球的部位：这其中主要包括脚触球和击球点两个因素。脚触球是指脚的部位如脚内侧、脚背侧等。击球点指球受击打的某一点，如球的后中部、后下部等。一般踢平直球时应击球的后中部。踢高球时则击球的后下部。无论怎样踢球，都要求脚和球接触的部位要准确。踢球时，脚的踝关节要紧张，这样才能提高踢球的准确性。

⑤踢球后的随前动作：踢球腿随球前摆送髋使整个身体继续前移，这样既易于控制出球方向和加大出球力量，又能缓和踢球腿的急速前摆而产生的前冲惯性，有利于维持身体的平衡。

拓展阅读

街头足球简介

街头足球简称街足，街球。又称为花式足球、城市足球、极限足球，是充分展现个人技巧的足球玩法。它诞生于南美洲，最初是贫民窟里穷人孩子的一种游戏，与中国古代的蹴鞠游戏有些相似。现代足球运动发源于英格兰，但却在天性好动又极其富有灵性的南美人中得到了出人意料的普及。街头足球亦指街头美式足球，亦称后院美式足球。

篮球运动是谁发明的

篮球是一种很受欢迎的运动。它是 1891 年由一个叫奈史密斯的美国人所发明的。

当时奈史密斯是美国马萨诸塞州春田国际青年会训练学校的体育老师，这个学校的体育系主任要求他发明一种冬天能在室内比赛而且能引起学生兴趣的团队运动。于是，奈史密斯开始思索符合要求的运动。当地盛产桃子，每家都有桃筐，孩子们喜欢以桃筐为目标用球练习投准，奈史密斯由此得到启发，又融合了北美土著印第安人玩的长曲棍球和英国人玩的足球，形成了一种新的室内运动——篮球运动。

参加者不用棍子，也不用脚踢，而是由把球传来传去，或者在地上拍（运）球，然后投进目标。每个参加者皆有其自己的位置，投篮最准的为前锋，个子高的为中锋，敏捷而反应快的就做后卫。

最初还无法想出以何物为目标。他临时用木制的小果篮做一个目标。当时的比赛比较简单，场地可大可小，上人可多可少。上体育课的学生分两队站在两边底线，裁判向场中一抛球就算比赛开始了。双方队员冲进场地抱球，获球队员用传球、运球的方法接近篮筐，并力争把球投进对方的篮筐。因篮子有底，就在两端桃篮旁安放一架梯子，每进一球就上去取一次。这不但很费时间，又很麻烦。到了 1893 年，篮圈上开始附上一个网状的袋子。球员投中之后，裁判员就会拉动一条附在网袋上的绳子，使球掉下来。接着篮板也开始采用，这是用来防止看台上的观众在比赛时妨碍球员投球而设的。后来人们干脆把封闭的网线下口剪开，变成了现在这样没有底的铁圈篮筐。开始人们把这种游戏叫“奈史密斯球”，或叫“筐球”，但奈史密斯坚决反对，因球要向篮筐里投，所以就定名为“篮球”。

拓展阅读

篮球运动传入中国

篮球运动是 1896 年前后由天津中华基督教青年会传入中国的，随后在北京、上海基督教青年会里也有了此项活动。在 1910 年的全运会上举行了男子篮球表演赛之后，在全国各大城市的大、中学校的篮球活动逐渐开展起来，其中以天津、北京、上海开展得较好，水平也较高。

篮球运动有什么特点

篮球运动在我国有着广泛的群众基础。少儿通过篮球运动的训练，可以大大提高身体素质，培养勇敢顽强、机智果断的性格，使得身心获得全面发展。

现代篮球运动的发展特点表现在高度和加速度上。当代男女篮球运动员的身高是：男中锋在 2.1 米以上，女中锋要在 2 米左右。中锋除有身高外，还要具有强壮的体魄与灵活协调的素质，控制篮板球能力强，能迅速发动快攻。男子前锋身高多在 2～2.05 米，女子前锋身高在 1.85 米以上，要具有弹跳力好、快速奔跑能力强的特点。另一方面，高度的增高也同时指运动员的弹跳力的不断增高。

现代篮球比赛的快攻打法在增多。世界强队的快攻得分要占全队得分的1/3以上。一场比赛下来，比分超过100分已不是罕见的事了。

篮球运动发展的这些特点，对每个运动员都提出了更高的要求。它要求每个队员都要技术全面、攻守兼备、身体素质好、全队配合协调等。

打篮球有哪些技巧

很多同学都喜欢看篮球比赛，看完之后，真想自己上场试一试。但是篮球运动的特点是速度快、强度大，对抗性强和争夺激烈，要求运动员必须要有良好的速度、弹跳、灵敏、耐力、力量、柔韧等身体素质。想打篮球的同学们必须要进行全面的身体锻炼才行，除此之外还要懂得一些常规的打篮球技巧。根据篮球比赛的特点是攻守反复交替进行，所以各种技术也就体现了相互联系、相互制约、相互促进。它包括脚步移动、传球、接球、运球、突破、投篮、防守、抢球等。

1. 脚步移动：控制好身体重心，通过各种快速、突变的脚步动作，达到进攻时摆脱对方的防守，防守时争主动的手段。有侧身、变向、变速跑；跨步、跳足急停技巧；前转、后转、跨步转身；单脚、双脚起跳；侧滑、前滑、后滑步；碎、交叉、攻击、后撤、绕前、绕后步等。

2. 传、接球：进攻队员在向目的地（对方队篮架）投篮，往往是通过相互间传、接球的方式转移球的，传、接球是在双方激烈争夺下进行的。要求做到准确、及时、隐蔽、多变。有双手胸前、反弹、头上、低手传、接球、运球中推拨传球、向后传球等；单手领接球，胸前、低手、肩上、体侧、肩上向后、勾手、背后、运球中推拨、点传球等。

3. 运球：持球队员在原地或脚步移动中用手连续拍按在地上反弹起来的球，以达到控制球、突破对方防守和战术配合创造有利的进攻机会。有高、低、变速、体前变向、背后变向、胯下变向运球，还有运球转身等。

4. 投篮：是得分的直接效果，体现技术，也是主要的进攻技术。提高命中率必须掌握：①手法的准确是与全身力量协调运用。②锻炼正确的瞄准。③使球出手后有飞行弧线。④学会运用球的旋转。投篮动作和方法很多，大致可分单手、双手两大类。又可分在原地、行进间、跳起和跳起转身等的投篮。

5. 防守：运用脚步移动和手臂动作，阻挠和破坏对手的进攻动作，以达到夺得球为目的。破坏不持球对手的接球能力，伺机夺球；阻挠和干扰持球

对手时，占据对手与占球篮之间的位置，要既能举臂阻封传球、投篮，又能移动堵塞对手的运球突破，伺机夺球。可采用抢、打球技术，防止对手假动作的诱惑。

6. 抢篮板球：在投篮不中（球碰篮板或篮圈）时，双方争夺控球权的技术。这与球员抢占的位置、起跳的动作、空中的抢球动作和抢球后的动作等有关。身材高、跳得高是重要的，但还要掌握球弹出的方向规律和正确判断球的落点。

知识小链接

美国男篮职业联赛简介

美国男篮职业联赛（National Basketball Association，简称 NBA），是美国第一大职业篮球赛事。该协会一共拥有 30 支球队，分属两个联盟：东部联盟和西部联盟；而每个联盟各由 3 个赛区组成，每个赛区有 5 支球队。30 支球队当中有 29 支位于美国本土，另外一支来自加拿大的多伦多。

篮球裁判是如何产生的

篮球运动刚一问世，只是作为一种游戏供人们玩耍。到了 1892 年，篮球运动的发明人奈史密斯制定了简易规则 13 条，便进入对抗、比赛的阶段，继而产生了比赛的组织领导、执法公断者——裁判员。

外国称篮球裁判为“球证”。每场比赛有正、副两个球证。新中国成立前，我国称篮球裁判为“司令”，每场篮球赛只有一个司令。新中国成立后改称“裁判员”，每场球赛设正、副两个裁判员。我国现行篮球裁判制分为五级：国际级、国家级、一级、二级、三级。由于篮球比赛的速度、强度愈来愈大，为了更全面、准确地执行规则，有些国家已试行每场比赛设前、中、后三个裁判员。

排球运动是谁发明的

排球运动是发展历史不算长的体育运动。传说，发明排球的是美国马萨诸塞州斯普林菲尔德中学的体育指导员威廉·格·摩尔根。

摩尔根是个古代体育运动和民间体育的研究家，同时又是足球和网球运动员。1895 年的一天，摩尔根正在打网球，突然附近足球场上滚过来一个足球，他拾起足球，击过球网时脑子里闪过一个想法：足球和篮球的运动都过于剧烈了，能不能创造一种比较温和、活动量适中，男女老少都可以参加的室内球类运动呢？

他把网球的网升到和人体一样的高度，以篮球胆为球，叫斯普林菲尔德中学的师生们分成两队，在网子两边托来推去，不使球胆落地。这种运动十分热闹，场上欢笑着、尖叫着，使大家产生了浓厚的兴趣。摩尔根还是基督教青年会的干事，很快这项运动又在基督教青年会中流行开来。

第一次世界大战时，美国军队中有不少基督教青年会成员，他们把这种运动传播给友军，使其传遍欧洲大陆。西方国家把排球叫作 Volleyball。Volley 是推挡的意思，ball 是球的意思。这个词的完整含义是：推挡球不使落地的游戏。那么我国在传入这项运动时为什么不叫“推挡球”或“空中球”，而叫“排球”呢？原来 1900 年排球传入亚洲时是 16 人制，当时在球场上还画上 16 个方格，以便明确自己的防区。运动员上场后分成 4 排站位，因此，当时就形象地命名为“排球”。后来排球从 16 人缩减为 12 人，又从 12 人缩减为 9 人，9 人制排球在亚洲存在了很长时间，直到 20 世纪 50 年代才演变成 6 人制排球。现在，又新兴了一种沙滩排球赛，每场每队只有 2 人上场角逐，它已不能称其为“排”球了，但大家仍称它为沙滩排球。

知识小链接

为国争光的中国女排

中国女子排球队，奥运冠军团队，隶属于中国排球队，是近代中国各体育团队中成绩突出的体育团队之一。曾在 1981 年、1982 年、1984 年、1985 年、1986 年夺得冠军，成为世界上第一个“五连冠”，并又在 2003 年和 2004 年两度夺冠，共七度成为世界冠军（或奥运冠军）。2011 年 11 月 18 日，中国女排 3:0 战胜德国女排，夺得世界杯季军，成功晋级 2012 年伦敦奥运会。

打排球的基本技术有哪些

初学打排球的同学要掌握以下基本技术：

1. 准备姿势和移动步法：两脚做略宽于肩的开立，全神注视球的运动轨迹，两膝弯曲内扣脚跟提起，身体重心在前脚掌与拇指根部，上体前倾，接球时的移动步法有并步、跨步、跨跳、滑步、交叉步、跑步、后退步等法。

2. 发球：是排球比赛中的进攻手段之一，可以先发制人，强有力的攻击性的发球可以直接得分。发球时向上抛球要稳，击球时用力和方向要准。由于击球手法不同，出球性能也不同。一般有正面上手发球（可发出上旋、下旋，左旋或右旋球）、勾手大力发球（力量大、出球快而平直），正面上手飘球（球在空中飘晃）、勾手飘球，等等。

3. 垫球：是接发球和后排防守的主要技术动作。主要有正面双手垫球、体侧垫球、跨步垫球、正面低姿势垫球、背垫球、单手垫球、前扑垫球、滚翻垫球，等等。

4. 传球：是最基本的技术动作。上手传球是组织进攻的第二传，主要任务是易于控制球，准确性高，称之为“二传手”。

5. 扣球：是进攻的最有效的方法。一个队的攻击力往往取决于扣球的技术水平。有正面扣球、勾手扣球和我国传统打法的快球，其中有短平快等。

6. 拦网：是防守的第一道防线，是反攻的重要环节，也是得分的主要手段。可以单人拦网，也可以集体拦网。

排球比赛时如何传递战术

我们在观看排球比赛时，常常会发现，场上运动员把手背在后面，做着各种手势。其实这是一种暗号，表示要用某种战术来战胜对手。有时运动员用语言发布战术指示，有时是手势、语言两者兼用。

现代体育竞赛日趋激烈。像排球这类集体比赛项目，除了个人的技术之外，全队的战术配合也是取胜必不可少的条件。世界排球强队都掌握着 20 来种进攻方法。为了战胜对手，各队之间都在拼命了解劲敌的战术，以及场上比赛时所用的手势、用语等暗号。这其实也就是运动场上的情报与反情报活动。

慕尼黑奥运会期间，日本男排所用的“时间差”这句日语，很快为各国排坛熟知，以致日本排球队在比赛时再也不能使用这句日语了。在重大的国际排球比赛时，各国还派出专家用摄像机将各队比赛时所用手势摄下，加以细细研究。

熟悉和掌握劲敌的球场用语，也是各队队员所热衷的事。例如，美国女排队员对学习日语显示出异乎寻常的热心。有人向日本教练打听日本女排队员传球时叫嚷的几句短语是什么意思。日本排球队比赛时先用背后做手势的方法发出假战术指令，然后再用语言发布真正的战术指示，结果还是被对手识破了。

你知道吗

排球运动中的“时间差”指什么

队员进攻时，利用对方拦网队员起跳时间的误差，达到突破对方拦网目的的一种打法。即打快球队员佯作扣快球的起跳姿势，而实际并未跳离地面，待对方拦网队员受骗起跳下落时，扣球队员再迅速原地起跳扣杀二传手预定传出的半高球，造成空当进攻。

沙滩排球是怎样兴起的

沙滩排球是在室内排球的基础上开展起来的。它本来是游泳余暇的一种游戏，后来才逐渐发展为一种体育比赛。1940 年，美国、巴西等国都组织过沙滩排球比赛。1976 年美国举办了第一次有奖金的比赛，1979 年开始出现职业沙滩排球，1982 年成立了美国职业沙滩排球协会。

1987 年 2 月，国际排联在巴西举办了“第一届世界沙滩排球锦标赛”，设奖金 25000 美元，美国、巴西等 7 个国家参加了比赛。此后，在国际排联的支持、号召下，沙滩排球在世界各国普遍地开展了起来。

巴西全国有近 2000 个沙滩排球场，每逢休假日，一大早就有人拉起网，热火朝天地打起球来。美国现有 60 多名职业沙滩排球运动员。职业比赛的奖金越来越高，从 1976 年的 5000 美元提高到 1987 年的 60 万美元。旅行社还组织旅游团观看比赛。意大利每年有 8 个大型沙滩排球赛，参赛队有 50 多个。

沙滩排球比赛的规则，基本适用国际排联公布的室内排球比赛规则，在球场面积、球网大小、架网高度、用球重量和直径等方面，无大差别。区别较大的是，双方上场人数有 2 人、4 人等，队员在不妨碍对方比赛的情况下，可以从网下穿越，比赛开始后不准换人，发球要轮换进行，发球时本方队员不准遮挡、干扰对方视线，防扣垫击时允许连击和捞球动作，但不允许全手掌的轻扣或吊球，每局暂停时间为 60 秒，只要两队不继续比赛就算暂停，暂停时间累积计算等等。

拓展阅读

沙滩排球球网的要求

沙滩排球比赛的球网设在场地中央中心线的垂直上空，高度为男子 2.43 米，女子 2.24 米。球网长 8.50 米，宽 1 米（±3 厘米），网眼直径 10 厘米。球网上有两条宽 5～8 厘米（与边线同宽）、长 1 米的彩色带子为标志带，分别系在球网的两端，垂直于边线。标志杆是有韧性的两根杆子，长 1.80 米，直径 10 毫米，由玻璃纤维或类似质料制成。两根标志杆分别设置在标志带的外沿、球网的两侧。

羽毛球运动是如何起源的

相传在 14 世纪末叶，日本出现了把樱桃插上美丽的羽毛当球，两人用木板来回对打的运动。这便是羽毛球运动的雏形。以后传到外国，19 世纪中叶，改为软木制成的球托和穿弦的球拍。1870 年，英国一位公爵在他的领地开游园会，天不作美，下起雨来，他为客人们不扫兴，就改在室内进行羽毛球游戏，结果与会者情趣横生。此后，这项运动便风靡英国。1893 年，英国 14 个羽毛球俱乐部组成了羽毛球协会。

1899 年第一届全英羽毛球锦标赛在伦敦举行，到 1989 年已举办了 78 届比赛。1934 年国际羽毛球联合会成立，于 1948 年开始举办第一届世界男子羽毛球锦标赛（汤姆斯杯赛），1956 年开始举办第一届世界女子羽毛球锦标赛（尤伯杯赛）。1978 年世界羽毛球联合会在香港成立。1981 年国际羽联和世界羽联在东京宣告立即实行联合。从 1981 年开始每年举办一次世界杯羽毛球赛，从 1983 年起每年都举办世界羽毛球系列大奖赛。比较著名的大奖赛有台北精英邀请赛、日本尤尼克斯公开赛、荷兰公开赛、全英锦标赛、香港公开

赛、泰国公开赛、马来西亚公开赛、印度尼西亚公开赛、丹麦公开赛和中国公开赛等。国际羽联根据运动员参加 19 个系列大奖赛的积分确定参加系列大奖赛总决赛的名单。

使用裁判最多的比赛项目是什么

羽毛球比赛恐怕是球类竞赛项目中，使用裁判最多的一个项目了。

一场羽毛球比赛，最多时竟要设 9 名裁判。其中主裁判 1 名，发球裁判 2 名，司线员 6 名。各管其事，各司其职。

在羽毛球比赛中，发球不是一抬手球过网就行了，发球要符合比赛规则。例如，发球时脚不得移动或离开地面，球和球拍的接触点不得高于腰部等。比赛时发球裁判员对发球员发球动作的全部事实，有最后裁决权。司线员对所看管的界线负全责，有最后决定权。

网球是如何起源的

现代网球的前身是希腊、罗马流行的一种球类，传入法国后法国人称之为“球类游戏”。也有人认为网球起源于查理曼大帝时代之前的埃及、波斯和阿拉伯。

14 世纪的法国盛行网球运动，贵族尤其着迷，路易十世就是因为打网球受风寒而死。由于网球深受英法两国国王的喜爱，因此别名“贵族的运动”。亨利二世是当时全法国最佳网球选手，路易十四世曾雇人专门照料网球场地。

这种运动是在 1400 年正式定名为“网球”。1592 年亨利八世建的网球场至今仍可使用，1870 年网球自百慕大传入美国。“草地网球”是英网的温菲尔在 1874 年由网球发展而来的，不过现在世界各地多半把草地网球简称为网球。

乒乓球是如何起源的

乒乓球是我国最普及的球类运动，但是你知道是谁发明的这种有趣的运动项目吗？

19 世纪末的一天，伦敦异常闷热，两个刚看完温布尔顿网球赛的青年到一家上等饭馆吃饭，先拿雪茄烟盒当扇子，在讨论网球时，又捡起酒瓶上的软木塞代替网球，以餐桌代替网球场地，中间拉根细绳代网，用盒盖对打起来。在一旁观看的女店主脱口喊出“TABLETENNIS”，这种玩法就叫成了“桌上网球”。当时吸引了许多顾客来观看，伦敦的新闻界对此事也挺感兴趣，进行了大量的报道。

报道引起了体育用品商人的注意。他们在橡皮网球外包一层毛线，制成桌上网球大量出售，于是把网球移入了室内餐桌上。这一新颖的玩法先在大学生中流行，进而风靡英伦三岛。1894 年，英国工程师吉布用美国的赛璐珞制成了空心的球，球内装满压缩空气，受到外力撞击便产生了反弹力，它比包毛线的网球轻便，玩起来更有趣，还发出“乒”、“乓”的响声。英国一家体育用品公司用“乒乓”作为商标来登记，并进行了大量宣传，于是“乒乓球”这个新名逐渐被人们接受了。到了 1903 年，日本坪井教授到英国讲学，把乒乓球带回了东京。第二年，日本商人来华经商，又把这一新的运动商品传到了中国，后来，这项有趣的体育项目几乎传遍了世界各个角落。

拓展阅读

中国第一个世界冠军获得者：容国团

容国团（1937—1968 年），中国男子乒乓球运动员，生于香港，原籍广东省中山县南屏乡（今属广东省珠海市南屏镇）。他所研究出来的快速抽击，打破了当时主导欧洲和日本的花巧式打球方法。1959 年，夺得第 25 届世界乒乓球锦标赛男子单打冠军，这是中国有史以来的第一个世界冠军。

乒乓球拍是如何起源的

早先人们打乒乓球时，大都喜欢在木板球拍上贴一层皮革或软木。胶皮球拍是英国人古德首先发明并使用的。

一天，古德赛完球后，在回家途中到药店买药，当药店老板将找回的零钱扔给他时，钱币落在胶皮盘子上弹了起来。古德的眼睛顿时一亮，于是向药店老板买下了这块胶皮。回家后他将这块胶皮粘在了自己的球拍上，精心改革了自己原先的球拍。

后来，古德用这块世上第一个粘上胶皮的球拍参赛，并从容地战胜了所有的对手。自此，胶皮球拍便公开问世了。

打乒乓球有什么益处

乒乓球是国人引以为傲的“国球”，乒乓球能使人获益很多。

首先，乒乓球的运动速度很快，运动距离又短，这就要求运动员头脑灵敏，反应迅速，遇事当机立断。从对方击球开始，到决定自己的接球位置、击球手法、角度、出手的分量等，一切都要在一瞬间完成。因此，打乒乓球能提高神经系统的功能，使身手变得更加矫捷灵巧。

其次，由于乒乓球飞行速度很快，使得运动员的视觉器官得到很好的锻炼，变得眼明手快。

另外，打乒乓球能锻炼体质，增强耐力，步伐变得十分灵活。运动员不但要不停地移动脚步，还要不断地用力挥臂，这对上下肢耐力的锻炼有很大的作用。

趣味点击

邓亚萍与喊“杀”战术

乒乓球运动员邓亚萍每赢一个球，就要大喊一声“杀”，还举起拳头以示自己赢了，从心理和气势上压倒了对方，自己很提气。这一声“杀”和举拳头逐渐在国内乒乓球运动员内推广应用，后来国内的羽毛球运动员借用到赛场。

乒乓球运动史上三次突破指的是什么

三次突破是指乒乓球运动发展史上三次技术革命，每次突破都促进了乒乓球运动的迅速发展。

从 1926 年到 1952 年，共举行了 18 届世界乒乓球锦标赛，运动员普遍使用胶皮拍，以欧洲选手的削球防守打法统治整个乒坛。1952 年在第 19 届世乒赛上，日本队首次使用海绵拍和全新的直拍正手长抽的进攻打法，突破了欧洲选手的稳固防守，夺得4项冠军，结束了欧洲选手垄断乒坛的霸主地位。日本选手给乒乓球技术带来了第一次技术革命，从此，乒乓球技术向积极主动、以进攻为主的方向发展。

第二次突破是在20世纪50年代末60年代初，中国选手以独特的近台快攻称雄于世界乒坛。这期间，日本队在快速抽杀的基础上发明了弧圈球，采用海绵反胶球拍。中国队则采用直拍近台快攻和长胶拍削球挫败了日本队，在第26届至28届世乒赛上共夺得11项世界冠军。欧洲的削球防守打法明显落后了，乒乓球运动的优势转到了中国。

第三次突破是指欧洲选手在技术打法上的再次崛起。经过10多年的徘徊和摸索后，欧洲选手弃守为攻，将日本的弧圈球和中国的近台快攻糅合在一起，并结合欧洲的特点，形成了一种新型的既有速度又有旋转，两面进攻，正反弧圈，能拉能打，能快能慢，能近能远的新打法。这次突破，使欧洲乒乓球水平突飞猛进，给亚洲选手很大的威胁，世界乒坛渐呈欧亚对抗的态势。

基本小知识

弧圈球

日本乒乓球队发明了弧圈球打法，它是一种强烈的上旋球，特点是既有强大的攻击力，又有很强的稳定性。按击球的方位来划分，弧圈球可分为两种：正手弧圈球，反手弧圈球。在正手弧圈球中又分为加转弧圈，前冲弧圈，侧旋弧圈，直板正胶弧圈（俗称小上旋）和不转弧圈（俗称假弧圈）。

乒乓球裁判手势是什么意思

乒乓球风行世界，是世界体育运动竞技项目。同学们除了知道乒乓球比赛规则外，还要看得懂裁判员在比赛时所示的各种手势。现举例如下：

1. 转发球：裁判员平伸一只手，手心向上，手指向哪一方，即表示由哪一方运动员发球。如手指向左方，由左方发球；反之，则由右方发球。

2. 发球擦网：裁判员用一只手向前平伸，手心向下。即表示发球擦着网边落在对方台上，应重新发球。

3. 擦边球：裁判员用食指指向擦边方向时，即表示系擦边球，判为好球。

4. 出界：裁判员把手置于肩上，手心向下，微微动一下，即表示发球或击球者，未将球击落到对方台面上，属于出界。

5. 拦击：裁判员一手握拳，用另一只手掌碰一下握拳的手，即表示对方打过网的球，在尚未落到台面上时，另一方就击球，或者一方打出的球，已飞出台面，但在落地前，另一方用球拍、用手打球和接球，或者因身体触球，均作为拦击。

> 趣味点击　运动员擦汗方式有深意
>
> 乒乓球运动员擦汗有两种擦法，有两种含意。第一种擦法和含意，是头上的汗鬓角的汗实在影响比赛，用大胳膊上下左右地擦。第二种擦法和含意，是在规定的比分和可以走到自己放毛巾的地方，不管有汗没汗磨蹭地擦擦汗，清醒清醒大脑，考虑下一步如何打。两种擦汗方式各有用意。

6. 连击：在回击对方打来的球时，用球拍或手连续击球，或碰触球两次以上，裁判员就伸出食指和中指来表示，算作连击。

7. 得分：裁判员向上举拳，低于头部，手心向正前方，若举起右拳，表示右方运动员得分，举起左拳表示左方得分。

8. 交换位置：裁判员用双手在胸前做一个交叉动作，掌心朝胸，即表示一局比赛结束，或者表示决胜局中，一方先得10分时，双方运动员应交换比赛场地。

打乒乓球有哪些基本技术

在我国，乒乓球是普及率较高的运动项目之一。在学校里基本上都有乒乓球场地和设施，而有意愿学习打乒乓球的同学数量也相当多。要想打一手漂亮的好球，首先要掌握基本技术，以右手直握球拍为例：

1. 正手攻球：应稍靠近球台，左脚在前，右脚在后，两脚距离因人而异，一般以一步为佳，上体稍向右侧，重心落在右脚上；当球从台面弹起，前臂和手腕以肘部为中心向左前上方挥动球拍，在来球上升中或升至最高点时击球的中部偏上，不可等来球下降再击球，否则，会出现击球不准或漏球。在发力击球的一刹那，应同时蹬腿转腰，重心迅速转移至左脚，借助腰部力量击球，出击时要狠、准，而不能犹豫。球击出后，要立即还原成基本站位姿势，准备下一次击球。

2. 反手推挡：运动员稍微靠近球台，两脚平行，距离以一肩半宽为佳，挥拍动作不宜太大，持拍手上臂和肘关节稍内扣，前臂略内旋。击球时手臂快速迎上，手腕根据来球速度确定外旋的程度，食指压往球拍，其他手指协助握拍，最好在来球反弹的上升期击球。击球时应迅速有力，特别要掌握手腕的力度，触球中上部，身前稍向上发力，击球后臂要顺势前送，然后迅速还原，为下一轮击球做准备。

3. 正手侧旋弧圈球：近台站位，左脚在前，右脚在后，两膝微屈，重心应放在右脚上，当来球从台面上弹起时，球拍与台面成30度夹角，手臂自右外侧向左前上方引拍摩擦球的偏右面，在拉侧旋弧圈时，根据击球点不同，则拉出来的球旋转角度也将有所区别，如击球的右中部或右中上部，拉出的球是侧上旋，如果击球的中下部，以向内向前发力为主，则可拉出侧下旋弧圈球。运动员训练时应注意手法，用心体会。

4. 反手拉弧圈球：左脚退后一小步站立，两膝微屈重心略为下降，将球拍放在腹下方，肘部略向前凸，手腕下垂并稍微内收，拍与球面成75°角，当球从台面弹起时，以肘关节为轴，手腕迅速发力，前臂一起上挥，手腕向右前上方转动，在来球的下降期，用球拍的反面摩擦球的中上部，将球击出过网，击球后，重心放在两脚之间。

5. 正手前冲弧圈球：左脚向前，右脚在后，两膝微屈，重心靠近右腿，手臂握拍高出台面，球拍与地面形成75°~85°夹角。当来球从台面上弹起时，右脚发力，腰部转移带动手臂，当动量传递手腕时，触球瞬间，手腕向右前方稍微转动，然后猛然加速，在球上升后期或至最高点时球拍摩擦球的中上部将球击回。

高尔夫球是如何起源的

高尔夫球是一种以棒击球入穴的球类运动。“高尔夫”译成汉语，为“在绿地和新鲜空气中的美好生活”。高尔夫球最早起源于苏格兰，据说始于牧羊人之手，由牧羊人用驱羊棍击石子比远比准而形成高尔夫球运动。

事实上，在苏格兰人未玩高尔夫球之前，早就有了类似高尔夫球的球。在罗马时代有一种游戏叫巴根尼克，是用皮革缝一个球，在球里面填塞羽

高尔夫球

从前，高尔夫球是一种宫廷娱乐，在皇室里是一种受宠的游戏。如苏格兰的国王詹姆斯四世、詹姆斯五世以及玛利斯图特，他们不但喜欢高尔夫，而且技艺精湛。

高尔夫俱乐部的成立始于18世纪。1744年，爱丁堡成立了世界上第一所高尔夫球俱乐部。圣·安德鲁斯皇家俱乐部成立于1754年。美国人玩高尔夫球是从1799年开始的，并于1888年在美国纽约成立了第一家高尔夫俱乐部。

毛，用一根弯曲的棍子打。在14世纪，有证据表明，英格兰人已开始玩一种类似高尔夫球的游戏了。大英博物馆里有一幅16世纪的画，画面上是3个人，各拿着一根球杆，每人面前有一个球，准备把球打进地上的洞里。

15世纪，高尔夫球在苏格兰非常流行，有许多人因为醉心于打球而倾家荡产，于是苏格兰政府下令禁止人们打高尔夫球。

你知道吗

高尔夫球用什么材料做的

高尔夫球是用橡胶制成的实心球，表面包一层胶皮线，涂上一层白漆。球的直径为42.67毫米，重46克。高尔夫球从结构上可以分为单层球、双层球、三层球、多壳球；从硬度上可以分为90～105、80～90、70三种。球棍长约1米，棍的末端可以是木制的，也可以包一层铁皮。

高尔夫球上为何有洞

事实上高尔夫球并没有洞，那是些凹槽，如同其他运动一样，高尔夫球有一定规则，球的大小有一定的标准，通常是棒球或网球的一半大小。

在高尔夫球运动的早期，球由重铅制成，其内塞满兽毛，球是坚硬的橡胶状的合成物质。

高尔夫球运动的目标之一是把球准确地击到远处。球的表面通常有凹槽状的刻纹。专家说，当击得准时，这些凹状刻纹可以使球直向前飞，同时可以减少风的阻力，使球迅速前进。一个好手能把球击出 274 米之远。不过，实际上，能击得出 180~230 米就相当不错了。

橄榄球是如何起源的

橄榄球，因其形状酷似橄榄而得名，是现代体育项目之一，在英、美及澳大利亚等国甚为盛行。

1823 年，英国拉格比市一所大学里正在进行一场足球比赛。比分落后的一方猛攻对方球门，但久攻不下。这时，一名叫埃利斯的队员异常冲动，抱起足球就向对方的球门冲去。对方队员上前阻拦，都被他一一避开或甩掉。最后，埃利斯终于把球扔进了对方球门。这个球理所当然地被判为无效，但这一冲动之举却引发了人们的兴趣，启发人们创立一种新的体育运动。不久橄榄球运动便诞生了。橄榄球脱胎于足球，所以橄榄球场大小接近足球场。橄榄球赛分英式、美式，球场地、规则及计分方法有所不同。英式每队 15 人或 7 人，美式每队 11 人。比赛中可以踢、可以抱，争夺激烈，上场队员均佩头盔或护具。

橄榄球在美国大学是主要的运动项目，美国第一场橄榄球比赛是 1869 年 11 月 26 日在新布朗随克举行的。参加角逐的两个队是普林斯顿和路特格两所大学。橄榄球起初在东部几所大学流行，如耶鲁大学、哈佛大学和哥伦比亚大学，后来渐渐流行于全国。

曲棍球运动是如何起源的

曲棍球是一项历史悠久的运动项目，分为长曲棍球和草地曲棍球。

长曲棍球运动起源于美国印第安人，始于部落之间一种名叫“巴加塔汇”的民间游戏。后来这一运动于 1867 年被引进英国，1892 年创建了英国长曲棍球联合会。在 1928 年和 1948 年的奥运会上，长曲棍球被列为表演项目。

草地曲棍球则起源于公元前 2050 年左右，即埃及的鼎盛时期。在尼罗河流域的贝尼·合桑第 17 号墓壁上就刻有二人持棍争球的雕像。

英格兰也是这项运动的发祥地。1852 年出版了曲棍球的正式比赛规则，为今天的规则奠定了基础。1861 年英国创建了最早的曲棍球俱乐部——“黑石南”。1887 年在英国的萨里组成了最早的女子曲棍球俱乐部——“东莫尔西”俱乐部。

1908 年 7 月，在英国伦敦举行的第 4 届奥运会上，由于英国曲棍球协会的积极倡议，曲棍球被列为正式比赛项目，英格兰队一举夺魁。1924 年在巴黎举行的第 8 届奥运会上，成立了国际曲棍球联合会。

我国现代曲棍球运动是 1975 年从巴基斯坦学习考察后引进的。1980 年，我国加入国际曲棍球联合会。

台球是种怎样的运动

台球分落袋台球、彩色台球和四球台球三种，其中落袋台球是各种台球的基础。

台球以一方先达到约定成局的分数为胜方。比赛的方式很多，主要有单人对抗赛、双人对抗赛、团体对抗赛等。

台球比赛是一种健身游戏，也是一种颇有情趣的竞赛活动。一场球有时要打很长时间，为了战胜对方，既要使自己能多得分，又要想方设法给对方设置障碍，让对方失误丢分。因此，台球运动员不仅需要有良好的体力，而且要头脑清醒，机智灵活。台球运动技术战术的运用与力学原理密切相关。一个优秀的台球运动员在比赛时，总是对球杆击球的部位、发力、球的行进和反弹线路等等，根据力学原理做仔细、精确的计算，得心应手，打出魔术般的好球来。

广角镜

台球用球的发展历程

最早使用的台球，是用木材或黄铜做的，后来受印度象牙高级用具的启发，因此象牙也被选用做台球材料了。但因受产品合格率的影响，价格昂贵，严重地阻碍台球运动的普及与发展。直至 1868 年台球在西方国家广泛发展，球的需求也随之剧增，纽约一家台球公司自愿拿出一万美元赏金，征求象牙球的代用品。当时被誉为美国塑料工业之父的海亚特，用化学方法研制成功塑胶台球，这项发明促进了台球制造工业革命性的变化。

保龄球是怎样起源的

保龄球，又称地滚球，它是将一个球从木球道的一端，滚动至另一端已装置好的 10 个木瓶上，而将木瓶击倒的运动项目。

人类很早就想到用一个球状的物体将一组站立的东西击倒。史学家在具有 7000 年历史的埃及儿童墓里，发现一种玩具和现代人玩的保龄球十分相似。石器时代原始人也以大鹅卵石或岩石滚向尖石头，把石头击倒。根据历史记载，保龄球起源于 700 年前欧洲修道院的宗教仪式。当时修士用棒子代表魔鬼，要农民用石头或球把立在角落的棒子击倒。击中了，农民就受到嘉奖，如果没有就会受到告诫，后来贵族和乡绅都热衷此道。到了中世纪玩保龄球在德国已经蔚为风气了。这种游戏传入英国后大受欢迎，亨利八世甚至在皇宫里建了保龄球场。

现代保龄球运动是由中古时代的德国宗教仪式发展而成的。在 16 世纪时，是 9 个瓶的游戏，数年后，演变成 10 个木瓶，瓶的摆设形状也从钻石形变为三角形。1895 年，美国保龄球总会正式成立，而保龄球在美国也成为仅次于钓鱼的一项普及运动。目前，保龄球是世界上 60 多个国家和地区的普及运动项目之一，1000 多万人在打保龄球，1986 年的亚运会，保龄球也是正式比赛项目。1988 年的汉城（今首尔）奥运会，保龄球已列为表演项目。

保龄球怎样进行比赛

保龄球球场是用硬质木料铺成的平滑球道，长 18. 3 米，宽 1. 15 米，两侧有挡板。球用硬胶和塑料混合制成，直径 21. 6 厘米，重不得超过 7. 264 千克。球有 3 个小孔，以便于手指插入握球。比赛时在滑道终端置 10 个木桩，木柱高 38. 1 厘米，重 1. 419 ~ 1. 645 千克，木柱摆成三角形。保龄球比赛分个人和团体赛，参加比赛的运动员在投掷线后面，不得超越或触及起点线，违例则要失掉一次滚球机会。投掷线后面为助跑区，长 4. 572 米。滚球动作规定，用下手前送方式，若采用其他方式滚球则判为违例。每人轮流投掷两次为一轮，十轮一局，击倒木柱一根得一分，以此类推，一局终了，以得分多的一方为胜。

保龄球比赛设裁判员一人，负责检查运动员是否违例，并登记双方分数，如设有违例和得分显示器自动装置的场地可不设裁判员。

门球运动是如何起源的

门球，也叫椎球。在我国唐宋和金元时代，就已经有类似现代门球的记载，古称“捶丸”。这项运动17世纪流行于法国、英国、意大利等国，当时叫“克郎球”。它本来是为贵族妇女设计的一种温和而有乐趣的球类运动，以后逐渐流传，发展成今天的门球。

门球比赛是在长20米、宽15米的场地上进行。双方各出5名队员，在30分钟时间内依次用槌棒击球，按逆时针方向分别通过3个球门和门柱，最后，按各队的总积分来评定胜负。

马球是如何起源的

马球是一种古老的游戏，其英文是“Polo”，源于西藏语“Pulu”，意思是“球”。

曲棍球，甚至高尔夫球和板球，都是由马球演变而来。马球起源于波斯，后来传到君士坦丁堡，再传到土耳其、巴基斯坦、中国和日本。1859年，欧洲首次成立马球俱乐部，并拟定了一些规则。

早期玩这种游戏的时候，马的高度有所限制。但是今天没有，也不特别规定哪一种马。可是速度非常重要，所以通常用纯种马，而且至少要训练一年以上。

马球比赛分两队，每队4人。场地周围被围起来，有几条白线贯穿两边，球门柱插在白线上，球门柱之间隔7.3米，与周围距离相等。

拓展阅读

马球比赛的暂停规则

以下情况中，比赛铃声会示意暂停：1. 犯规。2. 人、马摔倒或者受伤。3. 马具设备断开，球员头盔撞落，以及球滚出边界。但是，球员在比赛中换马以及球杆折断更换时，比赛继续进行。

每场比赛分6局，每局7.5分钟。每匹马只可使用2局，所以每位球员每场比赛都需要3匹马。

为什么说棒球和垒球是兄妹

棒球和垒球可以说是一对兄妹。它们的比赛规则以及场地、器材都基本相同。所不同的只是垒球的球体比棒球要稍大一些，也软一些，球棒较细较短，场地也较小一些。垒球一般适合在女子和少年男子中开展，而棒球则多半是青年和成年男子的项目。

棒球运动起源于美国，世界上最早的一场棒球比赛就在美国纽约的古柏思镇举行，时间是1839年。此后，美国人成立了世界上第一个棒球俱乐部，制定了第一部竞赛规则。到1910年美国总统塔夫脱才正式批准棒球为美国“国球”。

棒球和垒球的球场均成直角扇形，设四个垒位：一、二、三垒和本垒。比赛时每队9人，攻队队员在本垒依次用棒击守队“投手”投来的球，并乘机跑垒。能依次踏过一、二、三垒安全返回本垒者得1分。守队队员散布在场内，戴手套接球，并将球传到垒上，迫使或触杀跑垒者出局。有3人出局，即攻守易位。两队轮攻1次为1局。棒球为9局制，垒球为7局制，以得分多者为胜。

你知道吗

棒球比赛中的进攻技术有哪些

1. 击球：有持棒挥击和持棒触击两种方法。击球员双手握棒，根据投手的投球动作和来球的路线采取相应的击球方式，力争将球击到守方队员接不到的远方或空当。2. 跑垒：击球员击出球后，在守方队员未接到球的瞬间，立即上垒，抢垒位。3. 滑垒：跑垒员身体贴地面滑动的占垒动作，有侧身倒地踏垒和俯冲倒地踏垒。

棒球、垒球是怎样进行比赛的

棒球、垒球运动是以棒子击球、跑垒得分、接球传杀为特点的一项球类

活动。因棒球与垒球场地、器材和比赛方法相似，所以我们一起介绍。

棒、垒球比赛是在直角扇形球场上进行的。扇形两边线以外为“界外地区”，以内为“界内地区”。扇形场内有一正方形，正方形之内为“内场”，之外为“外场”。正方形的四个尖角分别为：本垒、一垒、二垒和三垒。本垒是攻队击球进攻的起点，也是踏垒得分的终点。内场正中有个“投球区”，是守队投手投球的地点，也是守队防守的起点。

比赛时，双方各出9人，守方按投手、接手、一垒手、二垒手、三垒手、游击手、左外场手、中外场手、右外场手的位置各司其职。攻队按预先排定的顺序逐一上场击球，攻方击球员如三次未击好球，或击球未中，或击球出界，即被判“三击出局”，取消继续击球的权利。在本垒板上空有一好球区，投手4次未投入好球区，即为“四坏球”判击球员“安全上一垒”。击球员将投来的球击出后即成为击跑员，要迅速跑上垒，并力争跑回本垒得分。如击出高飞球被守方在空中接住，即为接杀判击球员“出局”，否则判为“安全上垒”。如击出地滚球，守方接球后传向一垒，如一垒手接球踩垒在先，则判击球员“出局”，否则判“安全上垒”。跑垒员如见守方传接球失败，可进至二垒、三垒乃至本垒。但随时有被守方传接杀出局的危险。

跑垒员可进可退，但一个垒位只许留一人，只有在垒位上才安全。在垒位上的跑垒员等攻方击球员击出安打，即可进垒或跑回本垒得分。攻队在“三人出局”前，能跑回本垒多少跑垒员就判得多少分。但是一到“三人出局”，就改攻为守，转换攻防。双方各攻守一次称为“一局”。棒球成年人每场9局，青少年每场7局，儿童每场5～7局。垒球每场7局。如赛完9局或7局场上仍为平分时，加赛延长3局，并在二垒直接放跑垒员，以加速得分。棒垒球比赛战术多变，技术要求很高，规则也很复杂。要求每个选手在场上对每个瞬间作

拓展阅读

中国女子垒球的发展

垒球运动20世纪初传入中国。1915年在上海举行的远东运动会上，菲律宾女子垒球队做了表演。此后，垒球逐渐在中国的上海、北京、天津等地的教会学校中开展，旧中国时期的几次全国运动中曾有垒球比赛。1977年中国青年女子垒球队首次出访日本。1979年11月中国正式加入世界垒球联合会。

出极为敏捷而正确的判断和反应，所以棒、垒球不但要求运动员有速度、力量，而且要求运动员有很强的战术意识，有丰富的场上经验，它是一项勇敢、智慧、技术相结合的非常有趣的体育运动。

为什么说手球是球类运动的“小弟弟”

虽然手球的雏形在 1917 年就出现了，但形成正式比赛项目不过 50 多年历史。1972 年和 1976 年，男女 7 人制手球赛先后被列为奥运会竞赛项目。

手球是融足球和篮球的某些特点于一体的运动。其场地呈长方形，很像缩小了的足球场。比赛最早是 11 人制，60 年代末改为 7 人制。比赛时，双方队员各通过一定的技术战术配合，在对方球门区外将球掷入对方球门，即为得分。在规定时间内（男子为 60 分钟、女子为 50 分钟）以射进球多的一队为胜。

世界手球水平最高的地区是欧洲，历届世界手球锦标赛的冠军都被欧洲国家夺得。这与手球发源于欧洲有关。我国手球运动开展较迟，到 19 世纪 50 年代中期才首先在解放军内兴起。以后逐步推广到地方，现在在亚洲已处于领先地位。

体育知识

田径运动知识问答

TIYU ZHISHI

田径运动是径赛、田赛和全能比赛的全称。以高度和距离长度计算成绩的跳跃、投掷项目叫“田赛”；以时间计算成绩的竞走和跑的项目叫“径赛”。

田径是世界上最为普及的体育运动之一，也是历史最悠久的运动项目，是人类长期社会实践发展起来的。经常系统地从事田径运动，能促进人体的新陈代谢、协调神经系统与运动器官之间的联系，提高心血管系统、呼吸系统及其他内脏器官的机能；能全面发展力量、速度、耐力、灵敏、协调等身体素质，促进正常发育，提高健康水平。

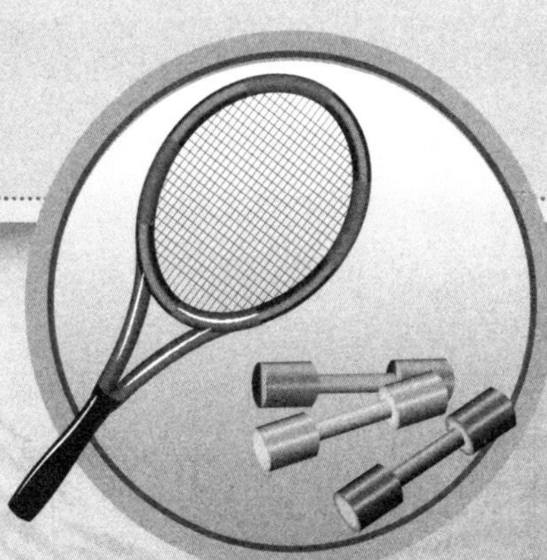

为什么说“得田径者得天下”

人类的绝大多数体育项目都离不开跑、跳、投这些基本的运动形式，所以参加体育运动大多把田径作为各项运动的基础。田径运动历史悠久，是奥运会、洲际运动会、区域性运动会和各国运动会的主体项目。田径在奥运会上共有41个单项，是金牌数最多的项目，约占20多个大项目金牌总数的五分之一，因而田径运动成了各国体育重点发展的头号项目，被誉为“体育的正宗”，是衡量一个国家体育运动水平高低的标志。

实践证明，田径上去了，往往能促进各项运动的发展。要想成为一个优秀的运动员，往往也是从田径等基本项目练起的。比如古巴著名女子排球运动员路易斯虽然身高只有1.74米，但弹跳能力惊人，摸高竟达3.35米，因而在场上击球点高、力量大，令对手防不胜防。再如棒垒球运动，击球员击出安打后，短跑速度快的就能跑回本垒得分，而慢一步就会被对方防守队员传回球封杀或触杀。这些情况也说明，田径运动水平往往是运动员身体素质的标志，没有良好的跑、跳、投基础，在运动场上任何良好的技能战术都无从发挥。因此，在大型的赛事中，有“得田径者得天下”的说法。

跳远是如何起源并发展的

远古时代，我们的祖先在追击野兽的奔跑途中，有时会遇到拦路的石块、倒下的树干或不太宽的水流，他们自然地纵身跳越而过，这种动作可以说就是人类最原始的跳远活动。

据考证，第一次正式的跳远比赛是在公元前708年。当时的设施非常简单，只是把地面刨松，然后在前面放上一块木板充当起跳板。为避免落地时产生伤害事故，以后又发明了沙坑。有趣的是，当时运动员在比赛时两手各握一个重物，起跳落地前，

你知道吗

跳远世界纪录是多少

男子是美国的迈克·鲍威尔在第三届世界田径锦标赛创造的8.95米。

女子是苏联的加琳娜·奇斯佳科娃1988年创造的7.52米。

要尽力向后将重物抛远。

有记载的第一个男子跳远世界纪录是英国运动员麦切尔于1864年创造的，成绩是5.48米。女子跳远是20世纪初才出现的。1928年，日本选手人见绢枝以5.98米创造了这个项目的第一个正式世界纪录。

怎样进行跳远

跳远是一个跳越远度的田赛项目。它是由快速的助跑、有力的踏跳、平稳的空中动作和有效的落地方法所组成的完整技术，要注意掌握各个动作的要领才能够发挥自己跳远的潜能。

1. 助跑：最大的水平速度

助跑是为了获得强有力的踏跳基础。一般是16～22步，最后几步的后蹬力要强有力，步频更要快。

2. 踏跳：是跳远的关键。要求助跑的最后一步用摆动腿支撑时，上体要保持正直，踏跳腿屈膝并用大腿带动向前摆。在摆动腿刚离地面时，踏跳腿努力下压大腿，以全脚掌着板。当身体重心移至踏跳腿支撑点上方的一刹那，就要全力伸踏跳腿，使其踝、膝、髋关节充分向前伸展，摆动腿、双肩带动两臂协调配合做向前上方摆动。

跳　远

3. 腾空：踏跳蹬离地面后，仍保持踏跳动作，使能在空中成腾空步并得到身体在空中的平衡，是完善落地的基础。其主要有三种方式：

①蹲踞式：在腾空步至最高点时，踏跳腿迅速提起与摆动腿靠拢，双臂下摆，上体前倾向前飞进。借收大腿使之靠近胸部的惯性，把小腿向前伸出。

②挺身式：在腾空步后，踏跳腿在体后自然放松，摆动腿下落，双臂向侧下摆动，同时挺身。然后用力收腹，上体前倾，双腿迅速充分前伸，双臂由侧后经上方向前回环。

③跨步式：在腾空步后，下落摆动腿时，踏跳腿屈膝向前上方摆起。身体重心移到最高点，在空中换步，形成另一个腾空步。摆动腿屈膝前提与踏跳腿并拢，双臂做协调动作，前伸小腿。

4. 落地：正确的落地能获得好成绩和防止受伤。落地前，两腿要同时向前伸直，上体略前倾。当脚跟触地后马上向前，向下压脚掌，同时向前屈膝缓冲，双臂迅速向前，使身体重心移过支撑点。

三级跳远是怎样起源的

三级跳远是跳远的变种，远古人在有凸于水面上的石块的河流中连续跨跳踏石而过的动作被认为是三级跳远的雏形。

公元前3世纪，克尔特人运动会上就有三级跳远比赛，当时三跳都用一条腿。最早的成绩记载是1873年爱尔兰人达利跳出13.81米。有趣的是，1896年6月5日首届奥运会的第一个冠军就是在三级跳远比赛中产生的。美国哈佛大学当时不允许康诺利去希腊比赛，康诺利宁愿被取消学籍坚持前往，结果以13.71米获得三级跳远冠军，同时获得跳高亚军和跳远第三名。53年后，哈佛大学在康诺利81岁时，授予他名誉博士学位，以挽回不良影响。

怎样进行三级跳远

三级跳远也要先经过一段快速的助跑，然后用有力的脚踏上起跳板起跳，并沿着直线向前跳三次。三级跳远与跳远很相似，只是有三级跳和三个腾空阶段。规则中规定，第一跳与第二跳必须用同一只脚起跳，第三跳用相反的一只脚起跳，也就是右脚——右脚——左脚（或左脚——左脚——右脚）。因此，第一跳叫单脚跳，第二跳叫跨步跳，第三跳叫跳跃。在技术上与跳远基本相同，同样是借助于助跑的速度与向上跳起的力量，来争取跳跃的距离。

学会跳远的同学学习三级跳远会容易得多，三级跳远是在助跑后沿直线连续做三次跳跃的动作，它由助跑、第一跳（单足跳）、第二跳（跨步跳）和第三跳（跳跃）四个部分组成一个完整的动作：

1. 助跑：助跑的距离、方法和标记线的设置基本与跳远相似，只是最后几步助跑时上体不如跳远时抬得高。

2. 第一跳（单足跳）：它不能像跳远那样向上跳，要尽量加快踏跳速度以得到水平速度，使身体重心迅速向前移动。踏跳腿踏跳腾空后大腿迅速带动小腿前摆，与摆动腿交换，并屈膝向前上方摆动至大腿与地面平行而开始下压，同时摆动腿向下后摆动。两臂由前向后侧摆动。

3. 第二跳（跨步跳）：第一跳落地后使身体后面的摆动腿向前上方摆起，两臂也配合从后侧向前上方摆动，开始第二跳。摆动腿向上腾空摆动至与地面平行做到地式落地。

4. 第三跳（跳跃）：尽最大力量跳得高些，增加垂直速度而完成动作。

拓展阅读

目前我国三级跳运动员等级

目前我国三级跳运动员等级——12.00 米：国家三级运动员；13.50 米：国家二级运动员；15.25 米：国家一级运动员；16.00 米：国家健将级运动员；16.80 米：国际健将级运动员。

跳高姿势是如何发展的

跳高是人类向地心引力的挑战。相传在中世纪的欧洲，跳高便被骑士们列为必修的技能。男子跳高于 1896 年首届奥运会上被列为正式比赛项目。女子跳高于 1928 年开始正式列入奥运会项目，是田赛项目之一。

跳高刚出现时，人们是双脚起跳，1774 年德国培斯道学校曾用跳高来训练学生，英国人用正面助跑、双腿屈着跳过两个木柱拉紧的绳子，后来人们发现单腿起跳的好处。

1864 年，在第一次牛津—剑桥运动会上，英国的古茨第一次用跨越式的跳高方法越过 1.70 米，取得冠军。跨越式是用远离杆的一条腿起跳，腾空后，摆动腿跨越横杆后内转下压，使臀部过杆，起跳腿高抬外展过杆。这种姿势身体重心离横杆较高，所以利用腾空高度的效果较差。这种姿势是 19 世纪最流行的姿势。

1892 年，美国选手斯韦尼发明了剪式。这种姿势侧面助跑，腾空后摆动腿上杆，然后内旋下压，同时上体倾转，使臀部弓起，起跳腿外转绕过横杆下落着地。斯韦尼身高只有 1.74 米，他用剪式创造了 1.97 米的世界纪录。

1912 年，美国人霍林首创滚式跳高技术，成为世界上第一个越过 2 米的选手，成绩是 2.007 米。这种姿势侧面助跑，用靠近横杆的腿起跳，腾空后摆动腿内旋，起跳腿弯曲，髋和膝两个关节上引，大腿靠近胸部，小腿靠近摆动腿膝后，成团身姿势，侧卧滚过横杆。过杆时身体重心离杆较近。从 1920 年到 1950 年，滚式技术是世界优秀选手的主要跳高方法。

1936 年 7 月，美国的约翰逊和奥尔布里顿用俯卧式同创 2.07 米的世界跳高纪录，同年又分获奥运会的冠、亚军，使这一新技术得以迅速推广。俯卧式也是侧面助跑，用靠近杆的腿起跳，腾空后，摆动腿沿横杆前伸内旋，使身体转变为俯卧杆上姿势，随即转头潜肩，起跳腿后伸外翻后入沙坑。

1967 年有人开始用背越式跳高，在 1968 年奥运会上，美国的福斯贝里用背越式跳高跳过了 2.24 米，获得了金牌，从此背越式风行各国。这种姿势一般助跑前段用直线，后段用弧线，用离杆较远的脚起跳，腾空后使身体转成背对横杆，并由垂直转为水平状态依次过杆，又在杆上挺髋成桥，使过杆时重心始终靠近横杆。目前绝大多数优秀运动员采用的都是背越式跳高。

你知道吗

跳高世界历史纪录为多少

男子世界纪录：古巴的索托马约尔保持室外世界跳高纪录 2.45 米和室内世界跳高纪录 2.43 米。

女子世界纪录：保加利亚的科斯塔迪诺娃保持室外世界跳高纪录 2.09 米，德国的亨克尔保持室内世界跳高纪录 2.07 米。

跳高的助跑和起跳时应注意什么

助跑距离一般为 7 ~ 9 步（或 8 ~ 10 步），根据运动员的习惯而定。助跑应自然、轻松而富于弹性，不可太紧张，前三四步身体向前倾，在跑动过程中，上体逐步挺直，频率逐步加快，步长增加，注意身体平衡和重心稍下移，由脚跟先着地过渡到前脚掌。倒数第二步步幅稍大，最后一步幅度降低，速度更快，两臂强力摆动，为下一个动作——起跳做好准备。

起跳时，接助跑姿势，两臂向前向上尽力摆，摆动腿着地后，用力蹬地，屈膝送髋，起跳腿以大腿带小腿沿横杆向前上伸展，髋、膝关节伸展，同时摆动腿以髋带动大腿向前上方摆出，起跳腿屈膝缓冲，这时以前脚掌着地。摆动腿摆过起跳腿膝关节时，起跳腿快速蹬直，当摆动腿摆至最高点时，起

跳腿脚尖最后腾起离地，完成起跳动作。

怎样进行跨越式跳高

起跳动作同前。起跳点距横杆投影面 50～80 厘米，腾空后，双臂剧烈向上摆动，髋部带动腿摆过横杆稍向里下内压，起跳腿积极蹬地上抬，身体略向起跳腿一侧转移。臀部积极上提，同时起跳腿膝上抬，大腿带动小腿越杆，摆动腿先着垫，注意起跳腿小腿在过杆时尽力上抬避免挂杆，重心在过杆一刹那稍向后转。

怎样进行俯卧式跳高

运动员在做好起跳准备后，距横杆投影面 60～70 厘米处起跳。腾空时，当摆动腿上升至横杆上方时，摆动腿与侧臂向前内转，肩部同时内转，头随着摆动，上肢用力向内摆动，同时起跳腿屈膝向上提拉，在横杆成俯卧式，接着头向下伸，摆动腿与同侧臂继续向前内转，起跳腿带髋外展翻转过杆，完成过杆动作。平时训练时，可在海绵垫上做模仿练习，体会动作要领。

怎样进行背越式跳高

采用背越式跳高的运动员完成助跑后起跳时应该注意，起跳腿迅速蹬地，摆动腿向前上方摆动略微内扣，头后倾，摆动腿同侧手臂高抬过杆，背对横杆，起跳腿膝关节伸直，摆动腿膝关节与身体平行。当肩、背高于横杆时，利用两肩后引，髋带动腿，小腿自然内扣，整个臀部移过横杆后收腹，当膝关节靠近横杆时，小腿上甩，两腿伸直，整个身体成反“L”形自然下落。

在训练时，应加强助跑和起跑训练，体会背越过杆的技术动作要领，可模仿越杆动作。同时协调手部动作。落地时，下颌内收低头，以肩背先着地，起到缓冲作用。

怎样进行撑竿跳高

撑竿跳高是借助竿子的支撑，并在竿子上完成一系列动作后跃过横杆的运动。竿子可用竹竿、金属竿、尼龙竿。用不同质地的竿子撑竿跳的技术也不同。现以金属竿的撑竿跳高为例，以左脚起跳的步骤是：

1. 持竿助跑：右手握在竿的上端，大拇指在竿的外侧，其余四指在竿的内侧，以虎口轻轻压住竿子，左手握在右手下端 50～70 厘米处，大拇指在下，其余四指在上，以拇指托住竿子。以全速助跑，胸部正对前方，尽量减小竿子的晃动。

2. 插穴起跳：助跑到最后三四步时，在跑速不减的情况下，把竿头降到水平，到最后两步时把竿子举向前上方，靠近右肩上方时，用右腿支撑，通过垂直部位将竿子前移，左手向右手滑动至两手间距离 10～15 厘米时，右脚用力蹬地，双臂举竿。左脚落地时，双手举至头的前上方。竿头插穴，蹬地挺胸，身体成反弓形。

3. 悬垂摆体：起跳离地后，转入竿上悬体和摆体动作了。身体随竿子摆起，胸部靠近竿子，腿放下，臀部前送，收腹举腿，臀部迅速上升。然后上体后倒，再收腹举腿，肩部离竿，竿子靠近身体左侧。

4. 引身转体：竿子置于最大弯度后开始伸直还原。利用摆体和竿子反弹力，使身体继续向上摆起，完成后倒举腿动作。当臀部举到与肩并齐时，借助摆速向上拉臂引体，同时转体，在竿上已成屈臂倒立支撑姿势。

5. 越杆和落地：小腿已举过横杆，两臂向下推竿，利用被压弯竿子的反弹力将身体腾起到更高高度。两臂向上举，使头和臂过杆。下落时，小腿放下，当脚落地时要屈踝、膝、髋关节以缓冲。如落地失去平衡，要顺势做柔和滚动。

撑竿影响撑竿跳高的成绩吗

撑竿跳高早在两千多年前的古希腊就有了，那时人们遇到水沟、断墙、裂壑等障碍，往往借助一根长杆，撑越而过。

撑竿跳高成绩的好坏，与运动员所使用的撑竿有很大关系。撑竿的发展革新，促进了这项运动成绩的不断提高。最早使用的是木杆，重 6 ~ 8 千克，一直使用到 1906 年，当时撑竿跳高的最好成绩是美国人萨姆萨创造的 3.78 米。

1905 年，欧洲人从中国和日本进口了竹竿，竹竿比木杆轻，弹性又好，使得撑竿跳高的成绩有了突飞猛进的发展。1912 年，美国人赖特用竹竿跳过了 4.02 米，成为国际田联正式承认的第一个世界纪录。之后，先后有 10 人 16 次用竹竿创世界纪录，其中最后一次是在 1942 年，成绩为 4.77 米，竹竿的黄金时代也到此结束。

1930 年后，先后出现了钢杆和铝合金杆。但使用金属杆的时间并不长，而且成绩提高缓慢，仅刷新过两次世界纪录：一次为 4.78 米，一次为 4.80 米。进入 20 世纪 60 年代后，又出现了一种新型的玻璃纤维杆，这就是目前使用最广的尼龙杆。这种杆重量仅约 2 千克，弹性特别好，所以又称“弹性杆”。从此以后，撑竿跳高的成绩有了大幅度的提高。

基本小知识

尼 龙

尼龙是美国杰出的科学家卡罗瑟斯（Carothers）及其领导下的一个科研小组研制出来的，是世界上出现的第一种合成纤维。尼龙的出现使纺织品的面貌焕然一新，它的合成是合成纤维工业的重大突破，同时也是高分子化学的一个重要里程碑。

为什么说撑竿跳高的技术复杂

远古时代的人们，为了生活和生产的需要，在没有交通设备的情况下，就曾用木棍和竹竿做工具，越过河沟和不高的障碍物。骑士们在马鞍、马镫发明之前，利用手中的矛和枪，撑跳上马。撑竿跳高就是这样慢慢地演变而来的。

撑竿跳是田径比赛中技术最复杂的运动项目。它包括持竿、助跑、插穴、腾空、越高、下垫等一系列动作。许多因素，如持竿点、助跑速度、踏跳时的水平及垂直速度、起飞角、越杆动作等都直接影响成绩。

撑竿跳高世界纪录的不断提高，还伴随着撑竿用具的不断改进。最早的撑竿是木杆，最高纪录是 3.78 米。由于木杆质硬、量重、弹性差，影响成绩的提高，人们改用竹竿，最高纪录是 4.77 米。以后还用过金属杆。1962 年，国际田联正式批准使用尼龙杆，使成绩又提高一步。

所以说，撑竿跳高成绩的提高，受运动员技术水平、身体素质、撑竿用具的影响。

铅球运动是如何起源的

现代铅球运动产生的渊源可以追溯到 14 世纪 40 年代，当时，我国的火药传入了欧洲，欧洲有了炮兵。当时的炮弹是呈圆形的铁球，依靠点燃炮筒内的火药将炮弹射出。炮兵们为在作战时装填炮弹迅速、敏捷，平时就用炮弹或石球推来推去比远，这种炮弹的重量为 16 磅，合 7.257 千克，这一重量就一直沿袭成为男子铅球比赛的重量标准。后来人们往空心的铁壳里灌铅，就成了一直沿用到现在的铅球。1975 年，为铸造方便，将 7.257 千克改为 7.26 千克，作为男子铅球的标准重量。女子铅球的重量为 4 千克。至今，在英语中“铅球”（shot）一词仍与“炮弹”一词相同。

最初，推铅球比赛像举重一样，按体重分级别进行。后来发现有的运动员虽然体重较轻，但由于技术高超，成绩反而超过重量级选手，所以便取消了这个制度。在推铅球的比赛初期，比赛规则比较简单，只规定一条直线作为限制线，可采用原地或任何形式的助跑推。后来又限制在一个方形区域内推球。到了 19 世纪中叶，英国人为了更合理地丈量投掷远度，规定了直径为 7 英尺（合 2.13 米）的投掷圈和 90 度的扇形铅球落地有效区。近代，对铅球规格、场地设施和比赛规则等有了详尽的规定。

1896 年第 1 届奥运会上，铅球就被列为男子比赛项目。女子铅球是从 1948 年的第 14 届奥运会才正式列入比赛项目的。

如何推铅球

推铅球，看似简单，可是，要推得远，却要掌握一定的技巧。推铅球比赛时，必须在直径 2.135 米的圆圈内进行。球一定要落在 40 度扇形区内。运动员开始试掷后，身体不能触到投掷圈上或圆圈外的地面。在球出手后，再从投掷圈的后半部走出。推铅球的步骤是：

1. 握球：手指自然分开，把铅球放在食指、中指和无名指的指根上，将大拇指和小指扶在球的两侧，把球放在肩上锁骨窝处，贴着颈部。

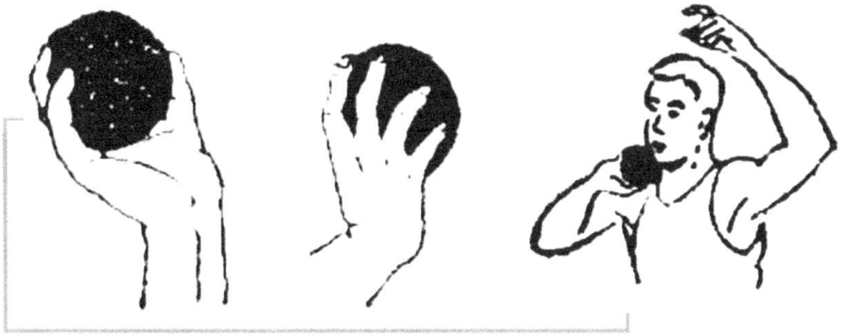

推铅球 1

2. 预备：握好球，背对投掷方向，与握球同侧的脚尖抵住圆圈后沿，重心落在此腿上。另一条腿在后面用脚尖点地，这条腿同侧的上臂上举，上体正直，眼看前下方，准备就绪。

推铅球 2

3. 滑步：为使推球用力获得速度。

4. 最后用力：滑步至最后一步是握球手的异侧腿，用力蹬伸，臂和肩向投掷方向牵引，上体抬起，重心也随之移到此腿上，形成支撑点。这时抬头、挺胸、转肩、推臂，全力将球推出。

球一出手，为了防止身体冲出圆圈造成犯规，右脚应迅速迈到前面，左脚向后举起做个交换步。接着上体前倒，头抬起，消除向前的惯性。

基本小知识

惯　性

任何物体在不受外力时，总保持静止或匀速直线运动状态，这就是物体的惯性。例如当你踢到球时，球就开始运动，这时，因为这个球自身具有惯性，它将不停地滚动，直到被外力所制止。

链球运动是如何起源的

链球和铅球一样，是田径项目中器械最重的项目之一。链球的英文原意是“锤”，它的起源与锤有关。早在中世纪，苏格兰矿工们工余经常在一起比扔大铁锤，看谁投得远。1873 年，英国牛津大学和剑桥大学又首先把“掷铁锤”列为比赛项目。1900 年，链球的第一个世界纪录诞生，成绩为 51 米。

链球运动使用的投掷器械，球体用铁或铜制成，上面安有链子和把手。运动员两手握着链球的把手，人和球同时旋转，最后加力使球脱手而出。投掷链球须在直径 2. 135 米圆圈内进行。运动员双手握住柄环，站在投掷圈后缘，经过预摆和 3 ~4 圈连续加速旋转及最后用力，将链球掷出。球落在规定的落地区内，成绩方为有效。比赛的规则要求与铅球基本相同。链球运动属于一种可增长力量型运动，要求运动员有高协调性和在高速度的旋转中维持身体平衡的能力。

铁饼运动是如何起源的

铁饼运动是在投掷圈内通过旋转，用单手将铁饼掷出，比赛投掷距离的比赛项目。掷铁饼是一项古老的体育运动，起源于公元前 12—前 8 世纪希腊人投掷石片的活动，英文“discus”。在公元前 776—前 393 年的希腊五项运动中，已经设有投掷铁饼比赛。希腊雕刻家米隆于公元前 5 世纪创作的“掷铁饼者”雕像，是铁饼运动早期发展的历史见证。

当时的饼是用石头和青铜制作的，在石头台座上正面站立进行投掷。后来又出现过铜饼和铝饼。现在按国际统一标准，男子铁饼为 2 千克，女子铁饼为 1 千克。随着实践经验的积累和器械、场地、规则等方面的改变以及科学的不断发展，投掷的技术有了很大的改进，由过去的正面站立、侧向站立和换步旋转投掷等方式，发展成为背向旋转投掷的技术，现在又出现了宽站立、低姿势、背向大幅度旋转投掷的技术，成绩因此也提高很快。

1896 年第一届奥运会，男子铁饼即被列为比赛项目；1897 年首次出现了旋转掷法；1912 年国际田联统一了铁饼的重量和规格；1928 年第 9 届奥运会上，女子铁饼也被列为比赛项目。

如何掷铁饼

正式比赛中铁饼的重量男子为 2 千克，女子为 1 千克。内圈直径为 2. 50 米，有效区角度为 40 度。掷铁饼的技术动作分为握法、预备姿势和预摆、旋转、最后用力和维持身体平衡四个技术环节。

握法：五指自然分开，拇指和手掌平靠铁饼，其余四指的最末指节扣住铁饼边沿，铁饼的重心在食指和中指之间，手腕微屈，铁饼的上沿靠在前臂上，持饼臂自然下垂于体侧。

预备姿势：背对投掷方向，两脚左右开立约一肩半，站于圈内靠后沿处的投掷中线两侧。两脚平行开立或左脚稍后，持饼臂自然下垂于体侧，眼平视。

预摆：预摆是为了获得预先速度，为旋转创造有利条件。目前常见的预摆有两种。

（1）左上右后摆饼法：开始时，持饼臂在体侧前后自然摆动，当铁饼摆到体后时，体重靠近右腿，接着以躯干带动持饼臂向左上方摆起，当铁饼摆到左上方时，左手在下托饼，体重靠近左腿，上体稍左转。回摆时，躯干带动持饼臂将铁饼摆到身体右后方，身体向右扭紧，体重处于右腿上，上体稍前倾，左臂自然微屈于胸前，眼平视，头随上体的转动而转动。

（2）身体前后摆饼法：开始时，持饼臂在体侧前后自然摆动，当铁饼摆向体前左方时，手掌逐渐向上翻转，右肩稍前倾，体重靠近左腿。当铁饼回摆到体后时，手掌逐渐翻转向下，体重由左向右移动，上体向右后方充分转动，使身体扭转拉紧。这种方法动作放松、幅度大。目前大多数优秀选手都采用它。

旋转：预摆结束后，弯曲的右腿蹬地，上体向左转动，同时左膝外展，体重由右脚向边屈边转的左腿移动。接着两腿积极转动，并以左脚前脚掌为轴向投掷方向转动，身体向投掷方向倾斜，投掷臂在身后放松牵引铁饼。当左膝、左肩和头即将转向投掷方向时，右膝自然弯曲，以大腿发力带动整个腿绕左腿向投掷方向转扣（右脚离地不能过高），这时左髋低于右髋，身体成左侧单腿支撑旋转，接着以左脚蹬地的力量推动身体向投掷圈的中心移动，右腿、右髋继续转扣。当左脚蹬离地面，右腿带动右髋快速内转下压，左腿屈膝迅速向右腿靠拢，左肩内扣，上体收腹稍前倾。接着，左脚积极后摆，以脚掌的内侧着地，落在投掷圈中线左侧，圆圈前沿稍后的地方，身体处于最大限度的扭转拉紧状态，铁饼远远留在右后方，左臂自然微屈于胸前，为最后用力做好准备。

最后用力：当左脚着地时，右脚继续蹬转，使右髋积极向投掷方向转动和前送。接着，头向投掷方向转动，左臂微屈于胸前，胸部开始向前挺出，体重逐渐移向左腿。当体重移向左腿时，右腿继续蹬伸用力，以爆发式的快速用力向前挺胸挥饼。与此同时，左腿迅速用力蹬伸，左肩制动，成左侧支撑，使身体右侧迅速向前转动，将全身的力量集中在铁饼上，当铁饼挥至右肩同高并稍前时，用小指到食指依次用力拨饼出手，使铁饼顺时针方向转动向前飞行。

广角镜

中国铁饼运动的发展

现代铁饼运动于20世纪初传入中国；1914年，男子铁饼首先成为全国运动会正式比赛项目；1933年，女子铁饼也被列入。新中国成立后，铁饼运动，尤其是女子掷铁饼运动有了很大发展，中国选手在国际大赛上屡创佳绩。

维持身体平衡：铁饼出手后，应及时交换两腿，身体顺惯性左转，同时降低身体重心，维持身体平衡。

标枪运动是如何起源的

标枪，作为一种田径项目，是一个比较复杂的多轴性旋转项目，它的完整技术，是由肩上持枪经过一段预先助跑连接投掷步获得动量，通过爆发式的最后用力作用于标枪的纵轴上，将标枪经肩上投出去。

掷标枪运动具有悠久的历史。在古代，人们就用类似标枪的器具做武器去猎取野兽，后来成为战争的武器。我们可以把它称为“投枪”。公元前 708 年的第 18 届古代奥运会，投掷标枪成为古代奥运会的正式比赛项目，并属于古代“五项竞技”之一。古代标枪在比赛方式上除了投远度外，还有投准比赛。

标枪的前身是竹制的长矛，把石块磨尖装在竹竿或木杆的一端作为枪头，后又发展为金属枪头。虽说标枪历史悠久，但前三届现代奥运会上都没有这个项目，直到 1906 年才将男子标枪、1932 年将女子标枪列入奥运会。

如何掷标枪

掷标枪要求具有高度的速度力量、柔韧性以及大幅度协调用力的能力。因此，标枪运动员必须具有强有力的躯干、腰、髋及上下肢肌肉收缩力量和收缩速度。投掷标枪的技术动作是在幅度大、协调性和灵活性高的情况下完成的。所以，对标枪运动员的手腕、肘、肩关节、胸、腰、髋的柔韧和灵活性提出较高的要求。由于项目的特点，在日常的训练中标枪运动员的肘、肩关节也成了容易损伤的部位。

握法：握枪方法是将标枪斜放在掌心上，大拇指和中指握在标枪把手末端第一圈上沿，食指自然弯曲斜握在标枪上，无名指和小指握在把手上。也可将拇指和食指握在标枪把手末端第一圈上沿，其余手指按顺序握在把手上。这种握法可加长投掷半径，便于控制标枪出手角度和飞行的稳定性，为多数运动员所采用。

持枪：持枪于右肩上方，稍高于头，枪尖稍低于枪尾。这种持枪法手腕放松，便于向后引枪。

助跑：助跑的目的，是为了在最后用力前获得预先速度，并在助跑中做

好引枪动作，为最后用力创造条件。助跑的距离应根据投掷者发挥速度的快慢而定，一般在 25 ~ 35 米，助跑分为两个阶段。

（1）预跑阶段：从第一标志线到第二标志线，为预跑段，16 ~ 20 米。跑双数步 8 ~ 12 步，跑单数步 9 ~ 13 步。预跑时动作要自然，上体微前倾，逐渐加速，用前脚掌着地，持枪臂随跑的节奏自然前后摆动，从容地进入投掷步。

（2）投掷步阶段：从第二标志线到起掷弧线为助跑的第二阶段。投掷步一般采用五步，也有采用六步或七步的。五步投掷步的前四步一般步长是：第一步大，第二步小，第三步大，第四步小。

第一步：左脚踏上第二标志线，右脚积极向前迈步，脚掌落地部位稍偏右，右肩向右转动并开始向后引枪，左肩向标枪靠近，左臂在胸前自然摆动，眼前视。髋部正对投掷方向，持枪臂尚未伸直。

第二步：当右脚落地，左脚离地前迈，开始了投掷步的第二步。左脚前迈时，髋稍向右转，右肩继续后撤并完成引枪动作，右手接近于肩的高度，枪身与前臂夹角较小，枪尖靠近右眉，保证标枪纵轴和投掷方向一致。

第三步：投掷步第二步左脚落地时，右腿自然弯曲，大腿带动小腿积极向前迈步，左腿猛蹬伸，使右大腿加速前迈，成交叉步，左臂自然摆至胸前，投掷臂伸直充分后引，右脚尖与投掷方向成 45 度角左右，躯干与右腿成一条直线。

第四步：从助跑过渡到最后用力地衔接步。交叉步结束前，左腿积极迈第四步，用脚掌内侧落地。

最后用力：投掷步第四步落地后，右腿积极蹬地转髋，肩轴向投掷方向转动，投掷臂上臂向上转动，带动前臂和手腕向上翻转。当上体转到正对投掷方向时，投掷臂翻到肩上，左肩内，成“满弓”姿势。然后，上臂带动前臂向前做爆发式的“鞭打”动作，使标枪向前飞出。在标枪离手的一刹那，甩腕指，使标枪沿纵轴顺时针方向转动。

趣味点击　倒霉的标枪裁判

2006 年 9 月 24 日，巴西国家田径赛上，疾飞的标枪不偏不倚地扎进了裁判的脚，她马上尖叫着倒在地上。巴西某媒体记录了这个瞬间并获得运动瞬间特写组第二名，题目就是“中了！痛”。

缓冲：标枪出手后，运动员随着向前的惯性，继续向前运动，为了防止犯规，应及时向前跨一至两步，身体稍向左转，并降低身体重心，维持平衡。

竞走是如何起源的

一个正常的人每天都要走路，步行不仅是日常生活的必需，而且也是健身的方法之一。从普通走步发展起来的竞走是田径运动径赛项目之一。普通人每分钟的步频为 80 ~ 120 步，一个单步的步长为 75 ~ 85 厘米，而竞走时步频每分钟可达 180 ~ 210 步以上，优秀的运动员甚至每分钟走 230 步仍能保持正确动作不犯规。竞走时步长一般在 90 ~ 120 厘米，可见竞走是步幅大、频率密、前进速度快的走步比赛。

竞走发源于英国，1867 年在英国举行了第一次竞走锦标赛。国际田联承认的第一个竞走世界纪录是 1870 年英国托马斯创造的 2 小时 47 分 55 秒的 20 英里（约合 32 千米）场地竞走世界纪录。直到 1908 年竞走才列入奥运会的正式比赛。比赛项目是男子 3500 米和 10 英里（约合 16 千米）竞走。女子世界性竞走比赛于 1979 年开始，国际田联从 1981 年承认女子 5 千米和 10 千米的竞走世界纪录。男子竞走的世界杯赛叫“卢加诺杯”，女子叫“埃斯博恩怀”。

自 1908 年竞走被列为正式比赛项目之后的 60 多年间，各项比赛的冠军几乎都被欧洲人囊括。尤其是 20 世纪 70 年代联邦德国的坎宁贝格，竟一人独占竞走的全部 4 个世界纪录，在田径运动史上创下了奇迹。1976 年，墨西哥运动员包蒂斯塔在 20 千米竞走比赛中，第一次从欧洲人手中夺得世界冠军，从那时起到现在，墨西哥一直是世界竞走的第一强国。女子竞走目前以东欧、澳大利亚和中国为最强。

竞走比赛由于项目众多，场地条件多变，各种纪录、最好成绩繁多，一般人难以分清，但最重要的世界纪录只有 4 项，也就是奥运会所设的 4 个项目：男子 20 千米、50 千米，女子 5 千米、10 千米。

赛跑运动起自何时

跑步是世界各项体育运动中最普及最常见的一项运动，而且绝大多数体育项目都离不开跑步这个基础。那么，跑步、赛跑起自何时呢？考古学家的发现，原始人为了捕获野兽，必须每天跑很远的路程，在发现野兽时又必须以最快的速度追上野兽。我们不仅从埃及的壁画上可以看到赛跑，就是在非洲、拉丁美洲和大洋洲的一些原始部落的纪录片里仍能看到他们追逐野兽时飞奔的景象。

随着阶级的产生和战争的出现，跑步成了军事行动的必要技能，长途奔袭的急行军需要平时就对士兵进行跑步和赛跑训练，这又进一步推动了人类的赛跑活动。有文字记载的最早的跑步正式比赛是公元前 776 年希腊举行的第一届古奥运会。当时只有短跑一项比赛，距离为一个“斯他德”，相当于 192.27 米。据说，这个距离是希腊神话传说中的英雄格拉克尔屏气跑下的长度。当时的运动员都是裸体光着脚跑，上体前倾较大，大腿抬得较低，因而步幅也不大。

广角镜

名震体坛的“马家军”

“马家军”指马俊仁在辽宁省田径队女子中长跑组训练的一批女子中长跑运动员，包括王军霞、曲云霞、马丽艳、刘东、张林丽等人。1993 年，斯图加特世界田径锦标赛，王军霞、曲云霞、刘冬分别获得 10000 米、3000 米和 1500 米冠军，马家军开始由于在国际比赛上屡得奖牌而被媒体关注，翌年 10 月，西班牙世界马拉松赛中，马家军夺下团体冠军，一举包揽了女子前 4 名。

到公元前 6 世纪，竞技会又增加了武装赛跑和火炬赛跑。1862 年 5 月 14 日，瑞士人尼科勒发明了跑表，从而解决了赛跑的计时问题，当时跑表的最小计量单位是半秒。1864 年牛津大学的达比塞尔以 10 秒 5 跑完 100 码（即 91.44 米），被认为是最早的短跑成绩记载。

竞走和赛跑有什么区别

竞走和赛跑虽都属径赛项目，但有着明显的区别。赛跑时，运动员双脚可以同时离地，而且脚从着地到离地的过程中膝关节是弯曲的。而竞走时，运动员的脚跟应先与地面接触，单脚支撑与双脚支撑相互交替，即在竞走的过程中不许两脚同时腾空；同时，不论单脚支撑和双脚支撑，或脚从着地到离地时，膝关节都不许弯曲，看起来似跑非跑。

竞走与赛跑的区别就在于竞走运动员的脚必须不断地与地面接触，前摆脚脚跟触地必须在右脚离地之前，而且每走一步，膝部应出现一个短暂地伸直瞬间。否则不能保证总有一只脚支撑而出现腾空现象变成了跑而被视作犯规。

由于竞走既不同于普通走，又不同于跑步，它的规则非常严格，大型国际竞走比赛的裁判员，必须由国际田联提名，理事会指派，由 6 ~ 8 人担任。当裁判员发现运动员第一次犯规时，裁判员立即到犯规运动员前面，右手高举白旗或白牌，左手高举“符号牌”表示提出警告。符号牌上表明了是出现了“腾空犯规”，还是“屈腿犯规”。

当裁判员发现某运动员犯规，符合取消比赛资格的规定时，立即填写“红色犯规记录卡片”送交主裁判，当主裁判接到三名不同单位裁判员交来的对同一名犯规运动员的三张“红色卡片”后，即出示红旗或红牌和符号牌，表示取消犯规运动员的比赛资格，并令其立即退出比赛。

跨栏跑是怎样起源的

跨栏跑起源于 17—18 世纪的英国。那时英国畜牧业非常发达，年轻好动的牧羊人经常从羊栏上跳进跳出，互相追逐、嬉戏。后来这项游戏逐渐发展成为现代的跨栏运动。

1864 年，英国人首先把跨栏跑列为田径项目。最初跨栏跑并不讲究姿势，速度比较慢。1897 年，美籍德国人克伦茨莱因创造了先进的“跨栏步”，首先采用直腿跨栏技术。1907 年，美国人史密森又在过栏时采用了上体半屈的姿势，在 1908 年的第 4 届奥运会上创造了 110 米高栏（高 106. 7 厘米）15 秒整的第一个世界纪录。

怎样进行跨栏跑

跨栏跑是指在快速跑动过程中依次跨过规定数量栏架的一种特殊田径运动项目。它大致分为起跨、腾空过栏、下栏着地三个阶段。

起跨点应离栏 1. 8 ~ 2. 2 米，起跨前身体重心偏离，显得稳健，髋部向前移，腰挺直，上体稍向前，直跨腿脚掌外侧应靠近身体重心投影处，起跨时，起跨腿用力着地，摆动腿充分折叠前摆，高抬大腿，起跨腿应与栏架平行。

腾空时，起跨腿用力蹬地，髋、膝、踝关节应尽量舒展，蹬地结束时上体与起跨腿成一条直线，与地面约成60度夹角。摆动腿的异侧臂应快速伸向栏架，上体更加前倾，起跨暂留在栏架后，身体形成大幅度的交叉。当摆动腿移过栏架时，起跨腿屈膝外展，膝高于踝，向前提拉，起跨腿的同侧臂用力向前伸，增加过栏力度。同时摆动腿积极下压，与起跨腿形成一个剪绞动作。

下栏着地后，摆动腿积极下压，起跨腿仍向前上方提拉，同时起跨腿直腿着地，利用踝关节缓冲，起跨腿向前上方提拉，迈出栏前第一步，距离栏架1.4米左右，在男子110米栏、女子100米栏和男女400米栏中跨栏技术大致相同，但因人略有不同。在训练时，应注意动作的协调性和节奏感，用心体会动作技术要领和动作的到位，切不可急功近利，否则将欲速而不达。

你知道吗

什么是跨栏步

跨栏跑动作术语。跨栏步是指跨栏跑中越栏的一步。从起跨腿脚掌着地准备起跨，到摆动腿腾起过栏着地为止。动作过程包括起跨攻栏、腾空过栏、下栏着地三部分。起跨攻栏指起跨腿脚掌踏上起跨点到攻栏结束；腾空过栏指起跨结束，身体进入无支撑腾空阶段；下栏着地指身体腾空阶段到摆动腿脚掌着地支撑结束。

障碍跑是怎样起源的

障碍跑是长跑与跨越障碍相结合的运动项目，最早起源于英国。19世纪初，英国有人设想把越野跑搬到运动场上来。于是，运动场上出现了篱笆、栅栏、水坑等人工障碍物。1900年第2届奥运会上，障碍跑被列为正式比赛项目，但直到1954年才确定跑道上设置五个障碍架和一个水池，全程为3000米的规则。

障碍跑体力消耗很大，为了节省体力，跨栏方法一般都采用踏上跳下法，这种方法的缺点是速度较慢。体力好的运动员，为了节省时间，一般是前程采用跨栏跑的方法跨越障碍栏架，后程采用踏上跳下法。

为什么赛跑时是向左转圈

田径比赛项目中，赛跑运动员为什么都是向左转圈呢？因为人的心脏位于左侧，所以重心容易偏左。再有，人跳跃等动作的起跳脚多是左脚，这是因为重心偏向左脚，所以，向左转圈容易跑。

有的外国学者解释：人类的脚，其左右各有各的作用，左脚分担支持作用（支撑重心），右脚分担运动作用（掌握方向的速度）。因重心偏左，所以用右脚蹬地面来增加速度和掌握方向，由此得出左转圈顺利的结论。

1913 年，国际田径联盟成立之际，把赛跑的方向统一定为“以左手为内侧”即左转圈，并列入田径规则，沿用至今。

起跑的姿势有哪些

开始采用的是“站立式”起跑，运动员听到发令员喊“跑”后开始起跑。后来又先后用过“分手起跑”法、“双方同意起跑”法、“卧倒起跑式”。1887 年美国教练墨尔菲在澳大利亚看到袋鼠在跑之前后腿弯曲，把身体俯得低低的，向前冲力很大，而且跑得飞快，由此得到了启发，发明了现在实行的“蹲踞式”起跑，开始还被人笑话过，直到 1936 年才被正式采用。

1896 年第一届奥运会时，径赛只有 100 米、400 米、800 米、1500 米、马拉松、110 米栏 6 个项目。在 100 米比赛时，5 个运动员采用了 5 种不同的起跑姿势，结果采用蹲踞式的美国选手布克以 12 秒获得了第一名。蹲踞式从此被越来越多的运动员所采用。现在，短跑运动员多采用蹲踞式起跑姿势，中长跑运动员多采用站立式起跑姿势。

怎样运用站立式起跑姿势

在裁判发出“各就位”口令时，运动员自然走到或跑到起跑线后，两脚自然开立，两臂自然下垂，身体稍向前倾，身体重心落在前面一只脚上。

听到“预备”口令后，两脚同时以前脚掌着地，两腿自然弯曲。上体前

倾，重心再向前移，前腿的同侧臂屈向后，异侧臂自然弯曲于体前。

听到枪声或“跑”的口令后，两脚迅速用力后蹬，后臂用力前摆，利用惯性向前移动身体，然后两臂用力前后摆动向前冲。

怎样运用蹲踞式起跑姿势

在裁判发出“各就位”时，运动员自然走或跑到起跑器前屈体，双手触地，两脚顺势踏上起跑器。单脚跪地，双手拇指相对，其余四指并拢，虎口向前成“八”字形撑地，与起跑线平齐，两手间距离比肩稍宽。

听到“预备”口令后，后膝迅速离地微屈，臀部向上抬起，略比肩高，重心前移。两脚压在起跑器上，静听枪声。

听到枪声或“跑”的口令后，双脚同时蹬起跑器，手同时离地，上身向上快速上升，左右摆臂向前冲。

怎样提高短跑的速度

短跑是田径运动的基础，它包括男子 100 米、200 米、400 米，女子 100 米、200 米，但对中小学生来说，一般为 60 米。

1. 起跑：一般采用蹲踞式起跑，为两脚能牢固地支撑，可使用起跑器。听到“各就位”后做几次深呼吸，两脚分别踏上前后的起跑器，后膝跪地，四指并拢与拇指构成八字形，双手拇指相对，虎口向前，除小指外其余各指用第一指节触地，双臂伸直，两手距离与肩同宽或稍宽，重心前移。听到“预备”口令后，抬起臀部，集中注意听枪声。听到枪声后，两手离地，两腿几乎同时蹬起跑器，双腿摆动要有力，再配合双臂的协调有力的摆动，用力把身体往前送，逐渐使充分后蹬的腿向前上方移，用前脚掌着地。这时，两臂摆幅增大且有力，步长也要不断加大，步频也渐加快，自然地向途中跑过渡。

2. 途中跑：它相对起跑而言是最长的距离，是跑出成绩的关键距离。要进一步提高起跑时所得的速度，并尽可能地用最快速度跑到终点。跑的时候，头要正对前方，两眼向前平视，上身保持正直或略向前倾。两臂要以肩关节为轴，轻松有力地前后摆动，腿的摆动也要大，和两臂的摆互相配合协调就能增大摆动幅度，步长也能加大，自然而然得到步频的提高，最后得到了速度的提高。

3. 弯道跑：在跑200米和400米的时候，就有一半的距离是要在弯道上跑的，所以跑好弯道也是至关重要的。如今的跑道一般是环形的，运动员要沿着跑道逆时针方向跑。据说，现实生活中的右撇子占绝对多数，右手灵活，把活动量大的右手置于外侧，左脚为“轴”进行运动、转弯、右脚就成了主要运动的脚，在转弯时，身体自然向左倾斜，使左脚成了主要支撑身体的重量，帮助了左转弯，这时人的右肩高于左肩，右臂摆幅大于左臂的摆幅。在快离开弯道时，身体要逐渐过渡到正常姿势，但不要突然改变，否则会影响速度。

4. 终点冲线：在快要到达终点前，要有一段终点冲线跑。要以全身的力量，顽强的毅力冲向终点。在离终点最后一步时，上身迅速前倾，以胸部或肩部接触终点带。

为什么说100米赛跑是“飞人”的竞赛

人们将100米短跑看作是人类跑步速度的测定。100米跑的世界纪录创造者也被视作是世界上跑得最快的人，是人类中的“飞人”。

100米短跑可以说是争分夺秒的时间竞赛。必须竭尽全力拼命地跑，绝不允许有哪怕是微小的迟缓失误。运动员强劲的爆发力，特快的步伐，犹如出膛的子弹，旋风般地冲过终线。哪里是跑，简直是在飞。所以，100米赛跑是冲击人类能力极限的运动，表达了人类飞的梦想，被称为“飞人竞赛”。

跨　栏

中长跑是如何起源的

中长跑是中距离跑和长距离跑的合称。800 米和 1500 米属于中距离跑；从 3000 米到 10000 米属于长距离跑。中长跑运动最先兴起于希腊。早在 2500 多年前，希腊的山崖上就刻着这样三句话：“如果你想健壮，跑步吧！如果你想健美，跑步吧！如果你想聪明，跑步吧！”

公元前 776 年，第一届古代奥运会上的赛跑距离是 192. 27 米，以后赛跑的距离开始成倍加长，逐渐发展成为中长跑比赛。近代中长跑运动起源于英国。18 世纪初，英国有些穷人为了挣钱糊口，经常在一些重大的节日里为观众表演赛跑，距离越长，收费越多。这种职业性长跑引起了群众的极大兴趣，后来，许多人并不为了赚钱，也加入了长跑者行列。1896 年第一届现代奥运会上，中长跑被列为正式比赛项目。

距离最长的赛跑为啥叫“马拉松”

马拉松原是希腊首都雅典近郊一座小城的名称。公元前 490 年，1 万多雅典人在这里与波斯帝国的 10 万大军展开决战，结果大败波斯侵略者。为了尽快把这一振奋人心的喜讯报告给雅典城内忧心忡忡的居民，军队指挥官就派了一位名叫菲迪皮茨的战士去报喜。菲迪皮茨从马拉松一直跑到雅典城，当抵达雅典时，他已精疲力竭，面对盼望已久的人群，他高呼：“欢乐吧，我们胜利了！”随后便倒地而死。为了纪念这位爱国战士，在雅典举行的第一届现代奥运会上，特地安排了一个长跑比赛，并定名为马拉松，以菲迪皮茨跑过的路程为比赛距离，全长约 42 千米。1920 年，重新测量了这段距离，确定为 42195 米。从此，世界各地的马拉松比赛都采用这个长度。

当今世界上马拉松比赛名目繁多。我国自 19 世纪 80 年代起举办的北京国际马拉松赛，已被列为世界十大马拉松赛之一。

马拉松赛由于受比赛场地、气候的影响较大，所以只有世界最佳成绩，没有正式的世界纪录。

知识小链接

波斯帝国简介

波斯帝国又称阿契美尼德王朝，从美索不达米亚横跨到印度，由里海伸展到波斯湾，势力扩及今天的伊拉克、伊朗和阿富汗，首都苏萨。公元前550年，居鲁士二世建立了波斯帝国。在国王大流士一世（公元前522—前486年）统治时期，波斯帝国达到鼎盛时期，在公元前492年希（腊）波（斯）战争后逐渐由鼎盛走向衰落。公元前334年，马其顿国王亚历山大三世东侵，征服波斯全境。

中长跑有哪些窍门

中长跑是田径运动中，锻炼耐久力的主要项目，是中距离跑和长距离跑的简称。但是，儿童练长跑所产生的持续冲击震动，会使骨骼受到损害，不利健康；同时，儿童的耐热、耐寒能力也较差：热天容易出汗过多，冷天容易受凉感冒。所以，12岁以下的儿童，每次跑程不得超过1000米，跑的速度也不能太快。在儿童期只能适当地安排一些耐心训练，并要循序渐进。每次练时，不宜过多、过重。

同学们要根据自己的年龄、体质和训练基础，适当选择跑程的距离。以下介绍一些中长跑的窍门，供参考。

1. 起跑：一般采用站立式（只有女子400米采用蹲踞式）。800米以上的起跑方法：发令前，运动员站在起跑线附近。听到“各就位”口令后，做两次深呼吸，慢跑到起跑线后面。把有力的一只脚放在前面，后脚的前脚掌放在离前脚跟约20厘米的地方。上身前倾，两脚弯曲，重心在前脚上，后脚同侧的臂在身前自然弯曲，前脚同侧臂放在身后，眼看前方。当听到起跑枪声命令时，后脚迅速蹬地并用力朝前摆动。同时前脚用力蹬直，两臂要协调有力地配合下肢动作前后摆动，上身渐挺起向前冲出，占据一个有利位置。

2. 途中跑：其强度小于短跑，脚着地柔和而有弹性，两脚要落在一条直线上。由于距离长，体力消耗大，人体对氧气的需要量不断增加。因此必须要掌握正确的呼吸方法。一般都采用口、鼻同时进行呼吸，有节奏地两步一

呼、两步一吸或三步一呼、三步一吸的方法。

3. 终点冲刺跑：是指临近终点的一段快速跑。一般情况下，800 米跑可在距终点 150 ~ 200 米时开始冲跑，3000 米以上跑可在离终点 300 ~ 400 米时开始冲跑。冲刺跑对取得好成绩是重要的，它要运动员有顽强的意志，集中身体的全部力量冲向终点。

中长跑有哪些战术

所谓战术就是运动员在比赛时所采用的方法，这要根据运动员的体力情况来决定。一般有以下几种：

匀速跑：速度均匀，跑的节奏和呼吸频率平稳。适宜有良好的速度知觉和自我控制能力的人。

变速跑：匀速和突然加速交替进行的跑法。每段距离的跑速快慢的变换具有相对的稳定性和规律性。这种跑法能量消耗大，步伐和呼吸节奏多变，适宜具有一定的训练水平和体质良好的人。它常被用来破坏“匀速跑”和“跟随跑”对手的战术。

跟随跑：在比赛中紧跟特定的对手，最后以较快的冲刺跑战胜对手。适宜冲刺能力较强的人。

领先跑：起跑开始就占据有利位置，全力奔跑，坚持一路领先到最后冲刺。适宜于耐力好的人。

领先跑和跟随跑交替进行：这是一种时而领先、时而跟随的跑法。在对手用力加速时，改为跟随跑；对手放慢速度时就超越领先。

如何安排练习长跑的时间

参加长跑是一种耐力性练习。长跑时，人体的代谢加快，呼吸系统和循环系统发生适应性变化，大部分血液流向下肢，以供应给肌肉活动的能量。这样供给脑部的血液相应减少，更主要的是长跑后体内的肌糖原及血糖大幅度下降，跑的距离越长，体内能量的消耗量越大。一般来说，要消除长跑所产生的生理性疲劳，约需 8 小时的休息时间。由于早晨练长跑，耗氧量太多，大脑能量供应不足，如果同学们在长跑后投入学习，会出现精力不集中、记

忆力下降、反应迟钝等现象。同时还会过早出现饥饿感，从而影响学习效率。

所以，长跑可安排在下午课外活动中进行。经过一天的学习，大脑已经很疲劳了，这时练练长跑，可以促进新陈代谢，改善身体各部位机能，使整个身心得到积极休息。

中小学生不宜做距离太长的长跑。在早晨可做一些慢跑。此外，还可做些柔韧性、协调性的活动，做早操等轻松愉快的运动。有的同学在早晨锻炼后不进早餐，就去上学，这是不行的。早操之后，人体血糖值处于低潮，不吃早饭大脑得不到充分的营养供应，坐在教室里打不起精神。

拓展阅读

血糖与人体健康

血液中的糖称为血糖，绝大多数情况下都是葡萄糖。体内各组织细胞活动所需的能量大部分来自葡萄糖，所以血糖必须保持一定的水平才能维持体内各器官和组织的需要。正常人在清晨空腹血糖浓度为 3.9 ~ 6.4mmoi/L，空腹血糖浓度超过 10.1mmoi/L 称为高血糖，血糖浓度低于 2.8mmoi/L 称为低血糖。

空腹跑步对身体有害吗

长跑锻炼要消耗热能，热能消耗的多少与长跑的距离长短成正比。例如跑 1 万米时，运动热能消耗可达到 750 卡左右，马拉松全程跑时热能消耗可达到2500 卡。人体内糖的贮存量总共约 300 ~ 400 克，全部氧化后的发热量仅为 1200 ~ 1600 卡，因此在空腹参加一些长时间剧烈运动时，有可能使体内贮存的糖大量消耗，发生低血糖反应，并出现头晕和无力等症状。一般长跑爱好者是清晨长跑，由于还要留出跑后洗漱和早餐时间，跑的时间不宜长，一般跑的距离在 1000、2000、3000 或 5000 米左右，这样的距离热能消耗量小，体内的贮存足以满足使用，不会引起低血糖反应。所以这样的空腹长跑是不会引起什么“病”来的。

至于一般跑步前是否可以进食，例如喝些稀粥或牛奶等，可依个人习惯而定。有些人习惯起床后肚子空着去跑步，跑完并无不适感觉，不吃也可，但有些人感到少量进食后跑起来有劲，那么也可以在跑前少吃一点。但是一定要注意，运动前进食不宜过多，不要喝大量的水，因为，吃多了就跑，会

使肠胃道胀满，横膈上顶，影响长跑时的呼吸，而且，不但食物的消化吸收差，食物在胃内振荡，还可以引起恶心腹痛，甚至呕吐等，一般跑前少量的进食总量不要超过500立方厘米左右。

晨跑应如何进行

早晨空气清新，喜爱晨跑的青少年为数不少。但有人晨跑后整个上午都有疲劳感，影响了学习和工作。怎样做到锻炼与学习相互促进呢?

第一，跑的量要适当。晨跑不是大运动量训练，因此跑步距离不应过长，以跑毕有轻度的疲劳感、早饭后疲劳感消失为度。如果跑得过量，就会影响上午的学习。

第二，跑的速度不宜过快，以中等或较慢的匀速跑为好。因为，这两种速度对心肺功能有良好的作用，同时又不会使人很疲劳。如果跑得太快或做大强度的变速跑，就容易产生疲劳。

第三，晨跑与上课（班）的间隔要长些。起床后即可进行晨跑，然后有一段放松恢复的时间。如果跑毕匆匆用餐，饭后又没有休息，上午就容易发困。

第四，早晨应坚持不懈，形成良好的习惯。刚开始晨跑时，由于身体不太适应会引起疲劳。坚持一段时间后，一旦身体对这一生活节律及运动量逐渐适应了，就不会影响上午的学习和工作了。

接力赛跑是如何起源的

接力赛跑是田径比赛中唯一的集体项目，是由4个人分跑相同的距离，通过接力棒的传递，把集体的努力引向胜利。

接力赛跑起源于非洲土人搬运货物的游戏，传入欧洲后，人们把几十千克重的货物简化成一根小木棍，这便是今天比赛中使用的接力棒。接力成绩的好坏，不仅仅取决于每个队员的奔跑速度，更取决于队员之间密切的配合和传接棒的技术。

接力赛跑的项目繁多，除正式比赛设置的4×100米和4×400米外，还包括群众体育活动中常见的团体接力、迎面接力和异程接力等。

1977 年 10 月，世界上人数最多、距离最长的接力赛跑，在挪威的特隆赫姆举行，有 1607 人参加，全程近 1 万千米。

接力赛跑怎样进行

同学们可能在很小的时候就会组织起来“接力跑”了，比如几个同学排成人数相等的两个队，两队的排首拿着接力棒（也可以用别的物品）在“裁判”的“预备”令后的鸣哨声响开始后奔向同样距离的地方马上折回，迅速把棒交给第二位。这样，两队各将所有的同学都跑完，看哪一队先跑完的为优胜队。这是在同学当中当作游戏玩的。当你渐渐长大，去参加运动会时，那就要求严格了，接力跑也是个重要项目，男子有 4 × 100 米、4 × 400 米，女子有 4 × 100 米。现举 4 × 100 米不换手接力跑为例：

接力赛跑全程是由 4 个人组成，根据每个人的特长分配位置，让起跑好、善于跑弯道的人跑第一棒。灵敏、速度好、善于跑直道和传接棒的人跑第二棒。速度耐力好、传接棒好、善于跑弯道的人跑第三棒。速度最好、意志顽强、冲线好的人跑第四棒。

第一棒在 400 米起点处起跑。在听到“各就位”口令时，运动员自然走到或跑到起跑线后，第一棒运动员右手握棒，用中指、无名指、小指握棒后半部分，拇指、食指成“八”字形撑到地面，注意避免接力棒触及起跑线前的地面。弯道起跑时，起跑器应正对弯道切点，听到“预备”口令后，后膝离地，臀抬起，两脚蹬压起跑器，当枪声响时，两脚蹬离起跑器，双臂用力前后摆向前冲。

你知道吗

接力棒是什么颜色的

接力棒颜色一般是红白相间，在正式比赛中也出现过绿、黄、红、黑等色。在赛场上这几种颜色比较突出、醒目。之所以用不同的颜色，是因为每个选手握在另一半的时候交到下一个选手的手上，很容易交棒，不会因为颜色一样而使棒掉落；如果接力棒掉落，则选手犯规。人在跑步冲刺的时候，不一定能看清物品的较淡颜色。

其他三个接棒人都站在各自的接力区后端或预跑线里。要密切注意接棒时机的到来，传接棒的动作要既

迅速又准确。传接棒时的配合非常重要，三个接棒人在传棒人距自己 40 ~ 50 米时，用站立式（与中、长跑站立式差不多，但头要向后看）或半蹲式（两腿一前一后开立，两膝半蹲，用一手支撑地面，头向侧转，眼从肩侧往后看）做好接棒准备，当传棒人跑到标记线时，接棒人立即沿跑道一侧向前跑出，当传棒人相距 1. 5 ~ 2 米时，传棒人发出信号，接棒人伸出手接住棒。传接棒的动作都是在高速度中进行，并在接力区里完成。

由于四个人传接棒是在不换手中进行，所以第一棒用右手传棒，沿跑道的里侧跑。第二棒用左手接棒，沿直道的外侧跑。第三棒同第一棒。第四棒同第二棒。

接力赛跑中怎样传接棒

接棒人应选好站立的位置，一般站在接力区后沿外 10 米处。掌握起动和接棒时机，当拿棒人跑至起动标志 5 ~ 7 米时，即刻起动。当距接棒人 1. 5 ~ 2 米，传棒人发出预定信号时，接棒人立即伸手接棒，之后应高速跑向前方。总之，传接棒应在跑动中进行，以免浪费时间。

接力赛

4 × 100 米接力跑传接棒一般分为三种方式：

1. 下压式：接棒手臂体侧后伸，四指并拢，虎口张开，掌心朝上。传棒人将棒前端由上往下压入接棒人掌中。第一棒右手持棒沿跑道内侧进行，第二棒左手接棒沿着道外侧跑，第三棒右手接棒沿跑道内侧跑，第四棒左手接棒跑完全程。

2. 上挑式：接棒手臂微屈伸向后面，虎口朝下，四指并拢，传棒人将棒端自下而上挑，送入接棒人手中。

3. 混合式：第一棒左手上挑式传给第二棒左手。第二棒用下压式传给第三棒右手，第三棒用上挑式传给第四棒左手，第四棒跑完全程。究竟采用何种方式视具体情况而定。

什么是五项全能比赛

在公元前776年的第一届希腊的古奥运会上只开设了一个项目，就是“斯泰德”（场地跑），到了公元前708年第18届古奥运会，增设了跳远、掷铁饼、掷标枪和角力等几个项目。为了将这几个项目综合起来，赛会的仲裁委员会又开设了五项全能运动。当时的五项全能运动，仍是由徒步赛跑（即“斯泰德”竞技）、跳远、掷铁饼、掷标枪和角力五个单项竞赛项目所组合成的运动项目，据说，由前四项成绩最好的选手在最后的角力中产生冠军。它是古代奥运会上最引人注目、用以确定希腊最佳全能运动员的一项最重要的竞赛项目。

不过，现代五项全能运动跟古代的有很大的不同，相传它起源于一名送信的军官。19世纪，一名年轻的法国骑兵军官受命飞骑传信。他踏破险阻，穿越敌阵，迎面遭遇一名挥舞利剑的敌兵。二人比剑决斗，军官获胜，但他胯下的坐骑却被另一名敌兵射杀。军官一枪击毙敌兵，徒步继续向前跑去。他泅渡过急流，终于将消息送到目的地。这就是传说中现代五项全能运动的起源。

广角镜

奥运会的现代五项比赛分类

奥运会的现代五项比赛分个人和团体两类：个人赛是以单项得分的总和计算个人成绩，得分多者名次列前，男子于1912年，女子于2000年被列为奥运会比赛项目；团体赛以各队4名成绩最好的运动员计算团体总分，总分多者名次列前，男子于1952年被列为奥运会比赛项目。

实际上，现代五项全能比赛是由现代奥运会的创始人顾拜旦根据那位历尽磨难的法国军官的传说创立的，包括射击、击剑、游泳、马术和越野跑，并成为1912年斯德哥尔摩奥运会的比赛项目。现代五项全能比赛考查的是运动员的耐力和综合素质。

什么是七项全能

七项全能是一种包括七项比赛的运动竞技，其英文名字“heptathlon”是从“hepta”（意思为七项）及“athlon”（意思为竞技）而得来。而在专门的角度来说，这是一个包括了七个田径项目的一个运动项目。

七项全能分为两项，一个是由女子参加的室外赛，100 米跨栏、跳高、铅球、200 米四项比赛在第一天举行，跳远、掷标枪、800 米跑比赛在第二天举行；另一个是只限男子参加的室内项目，60 米、跳远、铅球、跳高四项赛事在第一天举行，600 米跨栏、撑竿跳高、1000 米跑在第二天举行。

比赛成绩是按照田径运动全能评分表，将各个单项成绩所得评分加起来计算的。总分多者为优胜。七项全能是一个高难度的项目，只有经过多年全面系统的训练，在所有项目全面提高的基础上，突出自己特长项才能取得优异成绩。短距离跑在全能训练中占有重要的位置。而熟练掌握 100 米栏、跳高、跳远、标枪技术则是成功的关键。

什么是十项全能

1912 年第五届奥运会开始，由瑞典人首创的、分两天举行的男子十项全能的比赛项目被正式列为奥运会项目。1924 年第八届奥运会取消男子五项全能，只保留男子十项全能的比赛，一直沿用至今。

参加十项全能比赛的运动员必须在两天内按顺序完成十项比赛。第一天：100 米跑、跳远、铅球、跳高、400 米跑；第二天：110 米跨栏、铁饼、撑竿跳高、标枪、1500 米跑。比赛成绩是按照国际业余田径联合会制定的专门田径运动全能评分表，将各个单项成绩所得的评分加起来计算的，总分多者为优胜。

体育知识

水上运动知识问答

TIYU ZHISHI

提及水上运动，我们一般都会想到游泳。事实上，水上运动是一个很广的概念，只要其全部过程或主要过程都在水下、水面或水上进行的运动我们都可以称之为水上运动，是为了区别于陆上和空中体育活动而命名的，跳水运动、船类运动、滑水运动、潜水运动等等全都在这个范围之内。而且为了追求新的带有刺激性和冒险性的运动，人们把许多陆上的运动项目移植到水中进行，创造出水上、水下形形色色的新项目。

感触水滑过肌肤的清爽，尝试驰骋水面的刺激，不管是帆船、滑水，还是龙舟、摩托艇，水上项目以其独特的运动魅力在普通人群中迅速普及开来。

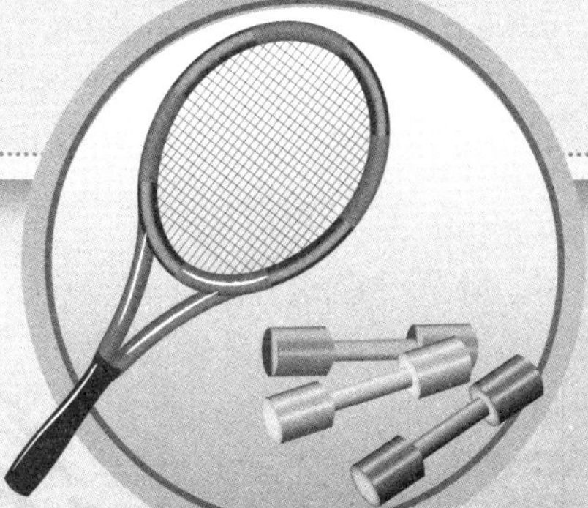

游泳是如何起源的

人类不是生来就会游泳的，必须通过学习和长期练习才行。最初，居住在江、河、湖、海一带的古代人，他们为了生存，必然要在水中捕捉水鸟和鱼类做食物，通过观察和模仿鱼类、青蛙等动物在水中游动的动作，逐渐学会了游泳。人们为了增强生存能力，通过观察动物的游泳姿态来学习。

开始，人们模仿狗的游泳姿势，发明了“狗爬泳”。后来，一只手伸出水面划水，提高了速度。在此基础上，1783 年，一个名叫鲁金的英国人又引入了两臂交叉划水，两脚剪式蹬水的游法，他以这种姿势打破了很多记录，因此，当时被广泛采用。

再后来，又出现一种姿势叫“自由泳”，这种叫法是由于游泳很像一个人在地上爬行。此法于 1902 年由喀维尔介绍到英国。自由泳被认为是目前最快的一种游泳姿势。

在希腊和罗马时代，人们非常重视游泳，游泳被列为士兵训练的一个重要科目。现在，游泳已经成为深受人们欢迎的一项体育运动。在 1896 年第 1 届奥运会上，游泳便被正式列为比赛项目。

拓展阅读

游泳奇才菲尔普斯

迈克尔·菲尔普斯，14 个奥运冠军得主，罕见的游泳奇才。他已经被一些人视为他所从事的运动历史上最伟大的全能运动员。在 2004 年的美国选拔赛中，菲尔普斯取得了 6 个单人游泳项目的雅典奥运会参赛资格，这些项目包括了每种可能的游泳姿势。他最终获得了 6 枚奥运会金牌，2 枚铜牌。在 2008 年北京奥运会上他又因破纪录地独揽 8 枚金牌而震惊世界。

什么是竞技游泳

现代竞技游泳始于 19 世纪，主要包括自由泳、蛙泳、蝶泳和仰泳四种姿势。1896 年第一届奥运会即将男子游泳列为比赛项目；1912 年第 5 届奥运会时，女子游泳也被正式加入了竞赛行列。

所谓自由泳，是指比赛时可采取任何一种泳姿。因爬泳在各种姿势中游速最快，所以自由泳比赛中一般都采用爬泳。

蛙泳因模仿青蛙的泳姿而得名，是一种最古老的游泳姿势。19 世纪初蛙泳是第一种在比赛中被采用的泳式，以后相继出现了侧泳、爬泳等泳式，蛙泳因速度慢而逐渐退出了比赛。1904 年第 3 届奥运会将蛙泳和其他泳式分开，从此蛙泳成为一种固定的比赛项目。

蝶泳是 1933 年才从蛙泳中分化出来的，由美国人亨利·米尔斯首先采用。在 1952 年第 15 届奥运会上独立成项。

仰泳是在蛙泳之后产生的，它经历了“反蛙式”和“爬式”两个阶段。

竞技游泳在奥运会上设置了 29 枚金牌，赛项仅次于田径，所以历来都是各家争夺的热点。在国际泳坛上，美国的男子项目、德国的女子项目占有绝对优势。

什么是花样游泳

花样游泳就是在水中做出各种优美动作的艺术性游泳。20 世纪 30 年代起源于德、英诸国，开始叫艺术游泳，以后传到加拿大、美国、日本等国，加上了装饰，又改叫装饰游泳。之后又配上了音乐，按韵律的节拍进行游泳表演。

1934 年在美国芝加哥的万国博览会上做了花样游泳公开的表演，第一次使用“花样游泳”一词，从此这一运动在世界各地推广开来。1946 年在美国举行了全美花样游泳锦标赛，1956 年国际游联在墨尔本会议上确定花样游泳为正式竞技项目。1973 年在贝尔格莱德举行的世界游泳锦标赛上首次进行花样游泳比赛，从第 23 届奥运会开始增设花样游泳单人、双人两个项目。

花样游泳比赛分规定动作和自选动作两种。规定动作比赛没有音乐伴奏，是单人基本技术的比赛，共分 6 组，每组包括 6 个花样动作，每个动作均有难度系数，由抽签决定做哪组动作。自选动作比赛分单人、双人和集体（4 ~ 8 人）三个项目。动作可自由编创，比赛时间各有规定，包括陆上动作 20 秒钟在内，个人项目 3 分 30 秒；双人项目 4 分；集体项目 5 分，允许误差 ±15 秒。结束动作必须在水中结束。规定动作应穿深色泳衣，戴白色帽子。自选动作的服装没有明文规定，可戴头饰。整套动作可采用舞蹈动作、各种游泳方法的变化、艺术造型、水中跃起、转体、旋转等动作，要求动作连贯，衔接巧妙，运动员之间配合默契，动作协调一致，与乐曲节拍协调。

花样游泳在面积为 144（12 米×12 米）平方米，深 3 米的水池中比赛，自选动作比赛的池面还可扩大。池水必须清澈明亮，水温应符合游泳竞赛规则的规定。水下安装的扬声器与陆上的扩音器必须同步。裁判员由 5 人或 7 人组成裁判组，评分方法与跳水比赛相似。

你知道吗

水面停留有什么意义

在所有的动作中，运动员有 10 秒钟可以浮在水面上，如果运动员选择它的话。这个动作可以给裁判和观众一个好的印象。虽然这个动作不被列入打分范围内，但它可以造就一个好的第一印象。

为什么称花样游泳为“水上芭蕾”

花样游泳，是运动员在水中做出各种优美游泳动作的艺术性游泳，是一项只有女子参加的奥运会比赛项目。它融游泳、体操、舞蹈和音乐于一体，给人以高度的艺术享受。它在奥运会的历史并不长，在 1984 年第 23 届洛杉矶奥运会上才被正式列为比赛项目。

花样游泳是一项具有较大难度的运动，要求运动员除了具有扎实的游泳基本功外，还要具有良好的舞蹈素质、身体素质及较高的文化修养。这主要表现在运动员的造型和控制能力两大方面。比赛分为自选动作和规定动作。自选动作的比赛，运动员可在优美的音乐伴奏下，充分发挥自己的想象力和创造力，展示优美的动作和漂亮的图形组合。规定动作通常不用音乐伴奏。在国际比赛中规定有 100 个技术动作图案。每隔 4 年，国际游泳联合

广角镜

花样游泳中的新技术

现在，一些新技术被用在花样游泳的女选手身上。比如，鼻塞可以防止运动员在头朝下的情况下鼻子进水；凝胶为运动员稳定发型；而特殊的化妆品使女孩子看起来更美丽。更重要的是，水下扬声器的使用使运动员在水下也可以清楚地听到音乐，并借此跟着音乐节奏，与搭档保持同步。

会就会挑选其中 36 个图案供比赛使用。

花样游泳运动员们动作娴熟优美，一丝不苟，将划水、仰浮、下潜、变换图形等动作完成得天衣无缝、和谐无比，构成的画面也多姿多彩。那体现生命的力度、展示青春的韵律及女性独特妩媚的舞姿，无不表现得淋漓尽致，恰如碧波上一群翩翩起舞的天鹅。难怪它会受到众人的喜爱，并冠之以“水上芭蕾”的美称。

学生学习游泳有什么好处

游泳是一项很好的体育运动，非常受中小学生喜爱，特别是一到夏季，参加游泳的同学就更多了。游泳不但锻炼身体，使体型健美，而且消暑散热。游泳还能使人精神愉快，游泳池里找不到愁眉不展的人。

中小学生暑假期间经常游泳不仅增进健康，锻炼意志，而且还可用为医疗手段，医治食欲不振，胸廓不正，脊柱弯曲，腿形不正等疾病。由于水的导热性比空气大 20 倍，在 12℃水中停留 4 分钟，就能耗 100 千卡的热量，相当于在同温空气中 1 小时消耗的热量。大量热量消耗，有利于较胖的同学减肥。游泳时，身体长时间和水、日光及新鲜空气直接接触，有利于皮肤的健康，使肌肤光滑。从事游泳活动，特别是长距离游泳，与练长跑一样需要顽强的意志才能坚持到底，如在江河、湖、海中进行游泳，由于水急浪大，水面宽广，更可锻炼意志。不过，到野外游泳要特别注意安全，同学们可结伴同行或与父母同行，在安全的范围内游泳，以免发生意外事故。

游泳姿势有几种

潇洒地游泳是通过游泳姿势来体现的。游泳姿势有多种，现在介绍以下 4 种：

1. 自由泳：这是一种自由姿势的游法。但是，由于自由泳速度最快，长期以来，人们往往在自由泳中采取自由泳了。其姿势是身体俯卧在水中，几乎与水面平行，两臂轮流向后划水，两腿不停地上下向后方打水，侧面呼吸游进，由于两臂动作如爬行，所以俗称自由泳。

2. 仰泳：身体水平地仰卧在水中，头部后脑浸入水中，脸露出水面，用两腿不停地上下交替打水，两臂轮流向后划水而游进。由于脸部露出水面，呼吸就比较自然，采用腿踢水六次，臂划水两次，呼吸一次的配合方法。这样，可以使臂和腿有效地发挥作用，身体的平衡也可以处于较高的位置。

3. 蛙泳：身体俯卧水中，两臂对称向后划水，两腿向后蹬夹水而向前游进，采用臂划水一次，腿蹬水一次，呼吸一次的配合方法。两臂抱水和开始划水时，两腿伸直不动，划水将结束时，稍抬头，嘴露出水面，用力完成呼气动作，并立即用嘴进行强而深的快速吸气。这时两腿自然放松，收手时同时收腿，手臂开始前伸时收腿结束并翻好脚掌。手臂前伸时头放平同时闭气，开始用鼻和嘴慢慢呼气。手臂前伸将结束时用力蹬腿夹水。伸臂蹬腿后身体成一条直线，向前滑行，然后再开始第二次的循环动作。

4. 蝶泳：身体俯卧水中，将两臂经空中移臂入水后，向后划水，躯干随着两腿上下打水而呈波浪状游进，采用腿打水两次，两臂同时划水一次，呼吸一次的配合方法（也有用腿打水一次，两臂同时划水一次，呼吸一次的配合方法的）。当两臂完成空中移臂将入水的同时，提臀收腹向下迅速作双腿的第一次打水动作，两臂全部入水后，第一次打水结束时，开始用鼻和嘴慢呼气。两臂向后抱水时，稍挺腹；腿向上打水，稍仰起下颏，两臂在胸腹下加速向后推水的同时，提臀收腹做第二次打水动作。两臂推水至大腿两侧时抬头，嘴露出水面用力完成呼气动作，并接着迅速张嘴深吸气，同时第二次打水结束，腿伸直。臂出水后从空中移臂过肩时闭气，然后再开始第二次的循环动作。

初学蛙泳的人怎样才能游得快

初学蛙泳的人，在已经能漂浮游进的基础上，要想游得快，必须注意以下几个问题：

1. 长游是基础。只有经常练习游一定的距离，动作才会逐步协调，掌握正确的技术，才能游得快。长游能使人更好地熟悉和掌握水性，解除因怕水而造成的思想紧张。思想紧张往往引起全身肌肉紧张，以致影响技术发挥。练长游时，不要用力快游，要慢游，越慢越好，每个动作都不要用很大的力，在游进中，体会用力与放松，并要注意呼吸配合，最好一个动作呼吸一次，使体内总保持足够的氧。通过长游练习，既解除了怕水心理，熟悉了水性，又增强了体力，这是掌握正确的蛙泳技术、提高速度很重要的方面。

2. 划水不能太宽。很多人游蛙泳是直臂划水，划得很宽，也有人刚开始

划水就收夹肘，这都是错误动作。直臂划水的缺点是：消耗体力多，前进速度慢，而且收手时阻力很大，刚开始划分就收夹肘，根本就划不上水，整个划水过程手在摸水。这种划水只能达到抬头呼吸的作用，影响游进速度。

正确的划水动作应该是：一开始划水手“抓”住水后，就向内转动前臂，两肘抬高、撑起，小臂对准水，向后方用力划水。当手划到将与两肩同宽时（不要超过两肩），快速转动前臂收水，手在胸前收回并前伸，准备第二次划水。划水开始时要慢，越接近划水结束，动作越快。如果开始划得快，就“抓”不住水。

3. 不能只收大腿。一般游蛙泳的人对收腿、蹬水的概念是：只收大腿、两膝距离很宽，用力向两侧蹬水，然后再夹水。这种蛙泳蹬腿技术的缺点是，收腿时阻力大，蹬水时腿的对水面小，推进力小。

现代蛙泳的腿部动作是：收腿尽量收小腿，用臀、大腿带动小腿，使小腿向臀部收回，脚收至越接近臀部越好，边收小腿边翻开脚掌，腿收好后，脚掌也翻开了。然后用翻开的脚掌和小腿内侧向后下方用力蹬水。收腿过程先慢后快，越接近收腿结束就越快，腿收好后两膝的距离不能过宽，一般20厘米左右。

4. 手腿配合更重要。很多人正是因为手腿配合不好而游不快。正确的配合是：开始划水时，身体应保持平直，划水到最得力的时候开始收腿。划水将到结束阶段，身体位置最高，利用最高的身体位置吸气并收手，同时借助划水结束时的力量加速度，快速用臀、大腿带动小腿。腿收好后，划水也结束了，出手时正好蹬腿。腿收好后，划水也结束了，身体位置还应保持平直，然后做第二次划水动作，注意不能同时划水收腿，这样手腿力量相互抵消。如果划水已结束腿还没收好，形成手在胸前等收腿现象，会造成身体位置下沉，呼吸困难，影响游进速度。

自由泳有哪些基本技术

“自由泳”是目前速度最快的泳姿，所以有一定游泳基础又希望提高游泳速度的很多同学都可以学习自由泳。自由泳有以下基本技术：

1. 滑行：两脚在水中前后开立，双臂向前上举做深呼吸后，头部入水双脚蹬离池底（或池壁），利用蹬力使身体成流线型向前滑行1～2米，重复做8～10次。

2. 打水：①俯卧水中，手握池槽，髋关节展开，膝关节伸直，踝关节放松。用两直腿交替上下打水，每次 1～2 分钟，3～4 次；再练屈腿鞭状打水。②用力时腿部要放松，重复做8～10 次。

3. 划水：站在浅水区，两腿开立，上体前屈。①在水中用直臂做单、双臂交替划水动作，两臂各重复做 20～25 次。②在水中用屈臂划水，推水后在空中移臂时，肘要高于手，重复做 20～25 次。③水中行走做直、屈臂的划水动作，每次行走 20～30 米，2～3 次。④蹬池边滑行，做双臂水中划水动作 6～8 次。

4. 水中呼吸：游泳中的呼吸是非常重要的，不掌握正确的方法，会影响游距、引起恐水心理、使情绪紧张。要做好以下练习：

（1）呼吸练习：水中站立，在水面上深吸气后闭气，蹲入水中用嘴鼻同时吐气。慢慢起立，在嘴接近水面时吐完余气，并立即再吸气，再入水，这样做 5～6 次，站在水中，上身前倾，两手扶膝，脸部入水，做侧转头呼吸，侧转头时嘴鼻出水面吸气后闭气，头转入水中吐气，重复做 10～15 次。

（2）手臂部和呼吸的配合：水中站立，手臂部要“入水滑下屈划水，臂出水后快移臂”。左手臂入水时，并指提肘。随后吸气后转头入水，用嘴鼻徐徐呼气。手臂入水后与水平面成 50 度左右，进入最好的划水阶段了。手用力快速地划至肩下、腰腹时，头部侧转呼出余气。肩部带动肘、臂出水，张嘴吸气。移臂至一半时，吸气结束，开始又转头复原。右手臂入水后头部也转向前下方，又开始呼气。蹬边滑行时同样也可用上述方法练习。

（3）腿臂部和呼吸的完整配合：一般是 6 次打腿两次划臂的组合动作。两臂各划水一次的过程中做一次完整的呼吸（吸、闭、呼气）。选择从齐胸的深处向浅水做蹬池底的滑行游进为宜。

游泳时怎样保护鼻腔

初学游泳的同学，由于没有很好地掌握游泳时的呼吸要领，在水中做了吸气动作，使水从鼻腔或口腔进入呼吸道，发生呛水现象。水吸入呼吸道，可能阻塞呼吸道的某一部分，很快造成呼吸困难，如果喉头和气管受到水的刺激，发生反射性痉挛，会导致呼吸道梗阻引起窒息。呛水时如有泥土或其他异物随水进入呼吸道，情况就更加严重。所以，发生呛水时，应保持镇静，游泳的动作不能乱，防止连续呛水。只要不慌乱，一般的呛水现象会很快消除。

初学游泳的同学，要杜绝鼻腔里进水和不发生呛水现象是困难的。发生呛水时，水就可能侵入鼻腔，进入鼻窦。如果水不清洁，有病菌，就容易引起鼻膜炎或鼻窦炎。有慢性鼻窦炎的人游泳时鼻腔进了水，病情可能加重。

预防游泳后发生鼻窦炎，要掌握游泳的呼吸艺术——当头进入水中时，不要在水中吸气。跳水时，当头没入水中时要憋住气。

每次游完之后，用温水清洗一次鼻腔，如果鼻腔里有水或鼻涕，可向外擤一擤。擤鼻涕要得法，先按住一侧鼻孔，张口轻轻擤出另一侧鼻孔的鼻涕，然后交换，切不可用拇指食指紧紧捏住鼻子，吸口气，一松手使劲一“冲”，让鼻涕冲出去。这种方法在擤鼻涕时会使鼻内压力增强，很可能将脏水、鼻涕挤入耳咽管，流至中耳，造成中耳炎；也能压入鼻窦，造成鼻窦炎。游泳后可往鼻腔内点几滴氯霉素药水，或用热毛巾热敷鼻腔，促进鼻腔内血液循环，对消炎亦有好处。

基本小知识

鼻　窦

鼻窦又称鼻旁窦、副鼻窦。鼻腔周围多个含气的骨质腔。它们隐蔽在鼻腔旁边，上颌窦位于鼻腔两旁、眼眶上面的上颌骨内；额窦在额骨内；筛窦位于鼻腔上部的两侧，由筛管内许多含气小腔组成；蝶窦在鼻腔后方的喋骨内。鼻窦除参与湿润和温暖吸入的空气外，还对人的脸部造型、支撑头颅内部、减轻头颅重量等方面起重要作用。

游泳时怎样保护耳朵

游泳时很难避免水进入耳朵。一旦水流入耳朵，上岸之后只要把头偏向有水的一侧，单腿跳几下，或用手掌按住耳朵，随即松手，水会自动流出。必要时也可用消毒棉花签或柔软吸水纸轻轻伸进耳道，把水吸出来。有的人游泳之后感到耳底疼痛、耳聋、耳鸣，这是因为耳朵里的耳屎游泳时受到水的浸泡而胀大，堵塞耳道。这时不要自己用手指或火柴棍、挖耳勺等挖耳朵，以免耳道外伤，感染发炎，最好到医院诊治。

不少人当耳道发痒时，喜欢用火柴棍或挖耳勺伸入耳道挖痒，想挖出耳屎解痒。结果，耳痒依旧，反而招来嗓子也痒，甚至引起一阵咳嗽。所以游泳之后，挖耳习惯是不好的。保护耳朵的方法是：用蘸凡士林油的脱脂棉塞紧耳道，防止耳朵进水。实践证明，这个办法效果不错。

游泳时怎样保护眼睛

眼睛是人体最重要的器官之一。不少人游泳后眼睛有点发红，这是因为游泳时，眼结膜受到水、水中杂质和泳池内氯气的刺激造成的。

游泳后如果感到眼睛发红、发涩、发痒，不要用手去揉眼睛，更不要用不干净的毛巾、手帕、衣服等去擦眼睛，以免把脏东西带进眼内或把眼结膜碰伤引起眼病。可以滴点氯霉素或金霉素眼药水等，既能消痒去涩，又能防治由于细菌感染而引起的眼病。如果在郊外游泳，游完后最好用清水洗洗眼睛，或回到家中用冷开水（也可在水中放点盐）冲洗。

除此之外，还要爱护公共卫生，不要在池内吐痰、擤鼻涕、小便、保持池水的卫生清洁。有红眼病的人，不要下水。在江河中游泳，如遇水浑浊，应将头露出水面，防止泥沙进入眼内。如果河流附近的农田刚施过农药，又刚下过雨，农药往往随雨水流入河内，所以雨后几天内不宜去江河中游泳，以免伤害眼睛和皮肤。

游泳时怎样保护皮肤

游泳时，皮肤与空气、阳光直接接触，可以增进皮肤健康。但事物都是一分为二的。中小学生皮肤娇嫩，夏季日光强烈，露天游泳时，长时间受阳光照射，容易引起晒伤。皮肤较白的同学更容易被晒得发红、发烫和发痒。发红的部位甚至有烧灼、疼痛的感觉和脱皮现象。为了防止晒伤，初夏季节阳光还不很炽热时，每天在阳光下晒一晒皮肤，能使皮肤对阳光的适应性逐渐增强。反复晒太阳以后，皮肤形成黑色素并把它积聚起来，色素实际起到保护作用，使皮肤不容易被晒伤。

晒伤多发生在肩部和背部（有时面部和前臂）的皮肤。盛夏在露天游泳，在肩、背、前臂处擦上一层薄薄的油脂（如护肤脂、凡士林或防晒霜），对防止晒伤有一定作用，游泳上岸后披上毛巾或上衣，避免烈日直射，以保护肩、背皮肤。游完泳后，应立即将身上的水擦干，因为被水湿了的皮肤，对阳光的敏感度高，容易发生晒伤。对已晒伤皮肤可擦些有清凉止痛作用的油膏。

游泳时抽筋怎么办

游泳时常发生抽筋现象，这是肌肉发生了强直性收缩，如果不及时消除，会使肌体动弹不得，造成溺水事故。

造成抽筋有很多原因，如水前没有做准备活动，肌肉突然受冷水刺激而抽筋；或者在水里游泳时间过长，热量消耗过多，使身体过于疲劳，出现抽筋；而精神紧张，游泳动作不协调，部分肌肉突然用力过头，或肌肉过长时间处于紧张状态，得不到放松也会造成抽筋。此外，如果在陆上运动流汗过多，氯化钠减少，致使体内 pH 值失去平衡，破坏了正常的生理机能，这时下水游泳也容易抽筋。

发生抽筋时，首先要保持镇静，一面呼救，一面迅速自救，游向岸边浅水区。自救方法主要是牵引抽筋肌肉，使收缩的肌肉松弛和伸展开。

1. 小腿后的腓肠肌抽筋

先吸足一口气，仰浮水上，用抽筋肢体对侧的手捏住抽筋肢体的脚趾，用力向身体方向拉同时用抽筋肢体同侧的手掌将膝盖向下压，以帮助小腿伸直。也可以用手掐承山穴，它位于小腿后面正中央，腓肠肌两侧肌腹之间分界线的下端。

2. 大腿股回头肌抽筋

吸足一口气仰浮水面，弯曲抽筋的腿，然后用两手抱着小腿用力使它贴在大腿上，并不停地震颤，抽筋的现象就可以消除，同时也可使用穴位按摩法，用手掐抽筋腿膝盖上鹤顶穴。

3. 脚趾抽筋

将抽筋脚的前脚掌用力踩在地底，脚跟提起，脚趾抽筋即可消除。另外还可用穴位按摩法，即用手指掐抽筋脚底的涌泉穴，它在足心凹陷处。

4. 手指抽筋

将手指握成拳，然后用力突然张开，迅速交替做几次，直到抽筋消除为止。

预防抽筋应注意：入水前做好充分的准备活动，最好先用冷水淋湿全身，使身体适应冷水的刺激；陆上激烈运动后出汗过多，不要马上下水，应先喝些盐水再下水游泳；游泳时间不要太长，一般以半小时为宜，不要使身体过于疲劳。这样就可以防止游泳时抽筋的发生，保证安全。

你知道吗

鹤顶穴在什么位置

中医针灸穴位之一，隶属奇穴。在膝上部，屈膝，髌底的中点上方凹陷处。在内侧的称内膝眼，在外侧的称外膝眼。浅层有隐神经分支和股神经前皮支分布；深层有股神经关节支和膝关节动脉网分布。平常做适量的揉膝动作锻炼膝盖，肌肉会更加强壮，膝关节可以承受更多压力，避免膝盖酸疼、腿膝无力的情形出现。

学游泳时怎样注意安全

同学们学游泳，必须根据自己的身体状况和各自的能力来进行。为使每次游泳，既感到舒适，又能保证安全，一般应注意以下几点：

1. 患有某些疾病或病后体弱者，不宜游泳。如心脏病、中耳炎、癫痫、发烧等患者以及患有传染性疾病的人，都要暂停游泳，以防加重病情，或传染给别人。

2. 女同学在月经来潮时，切勿下水，防止感染妇科疾病。

3. 在剧烈的活动后，或满身大汗时，不要立即入水。要稍事休息，待体力恢复和汗水被揩干后，才可下水游泳。否则，因骤冷骤热，使皮肤的汗毛孔突然收缩，体温突然下降，容易引起抽筋和发病，很不安全。

4. 学游泳，一般消耗机体的能量较大，特别是学冬泳者，在初练时，游的次数与时间不宜长和多，一定要逐步加大运动量。

5. 饭前饿时、饭后饱时、睡前困时，都不宜下水游泳。这时游泳会影响消化和睡眠，有碍健康。

6. 游泳前，按教练要求，做好入水前准备动作。如先在空地上做做体操

活动，让头颈、腰背、四肢各个关节都经过充分的运动。将脚先入水，然后用水浇头、浇身，适应水温后，再全身下水。尤其在冬泳时，更应如此，以防发生意外。

冬泳出水后，不能立即进入高温室内，或近火烘烤，要立即用干毛巾揩干全身，及时穿好衣服，活动一下四肢和身体，以恢复体力。否则，容易引发关节炎、感冒和其他疾病。

另外，学冬泳，要在夏天时开始锻炼起，并坚持下去。到冬天时，早晚用冷水洗脸、擦身等，可增强抗寒能力。

7. 游泳前，要正确了解水池的地形和水情，切忌盲目下水，或去深水处，更不要随意潜水，避免出现意外事故。否则，是有危险的。

8. 为了保障安全，同学们不要到没有救护组织和设施的地方去学游泳，以免一旦发生事故，无人、无法进行急救处置。

基本小知识

冬　泳

冬泳严格的说是指冬季在室外水域（包括江、河、湖、海等自然水域与水库等人工水域）自然水温下的游泳。即以立冬、立春辅以气温10℃以下为冬季的标准定义冬泳；以水温为标志，全国冬泳可划分为四个层次区：气温以17℃作为冬泳的起点，水温以8℃作为冬泳的冷度标志。17℃以下的水温给人以冷感，低于8℃以下则有冷、麻、强冷刺激的感觉。

为什么女生在月经期不能游泳

女生在月经期内不应该去游泳。我们知道，子宫是女子的内生殖器官，位于小骨盆的正中，在膀胱和直肠之间，下连阴道与体外相通，两侧和输卵管相连与腹腔相通。女子在经期，子宫的内膜脱落、流血，子宫内壁形成创面，而且子宫口微微开着，易成为细菌繁殖的温床。如果这时去游泳，水中细菌可能从阴道进入子宫、输卵管或腹腔等处，引起这些部位的炎症，从而影响身体健康。

另外，经期游泳，由于水的温度较低，可使子宫及盆腔的血管收缩，可能引起经血过少甚至闭经。同时寒冷的水刺激了全身皮肤（尤其是小腹部），

在经期中身体抵抗力下降，会造成腹部疼痛及其他不良反应。总之，女生在月经期间，必须使身体不受寒冷，并注意经期卫生。

初学游泳时为什么会头晕

人们习惯于陆地上的生活，不论站立或跑跳，人体都处于直立的姿势。站立时，由于重力作用，心脏把血液挤压到头部和上肢，相对来说比较困难。而长期站立，腹腔和下肢的血管甚至会发生瘀血。为了避免大量的血液淤积在腹腔和下肢，同时又使头部和上肢得到充足的血液，人体“指挥”部——中枢神经系统就“指挥”头部血管舒张一下，下肢和腹腔血管收缩一下，使血液合理地分配到全身。

游泳时，身体处于水平姿势，血液循环基本上不受重力影响，血管都处于一定的舒张状态。可是，当我们上岸后，身体由水平转为直立，重力作用又影响了血液循环，大量血液暂时淤积在下肢和腹腔的血管里，这样减少了回心的血量，造成脑部血液供应不足，便产生头晕的感觉。

其次，由于人在动荡中游动，呼吸时头部又不断左右摇摆和上下起伏，使内耳里的前庭分析器受到很大刺激，也能使不常游泳的人产生头晕、恶心的感觉。另外，人体在水中散发的热量和消耗的营养物质，都比陆地上大许多倍，由于长时间游泳，能量消耗太大而导致血糖下降也会头晕。在游泳中或上岸后发生头晕是正常的生理反应，休息后会恢复正常。经常游泳，头晕的感觉会逐渐消失。

如果头晕不止，或者越加严重，就是不正常的生理现象，需找医生诊治。

知识小链接

中枢神经系统

中枢神经系统是神经系统的主要部分。其位置常在人体的中轴，由明显的脑神经节、神经索或脑和脊髓以及它们之间的连接成分组成。在中枢神经系统内大量神经细胞聚集在一起，有机地构成网络或回路。

为什么游泳使用的救生圈是橙黄色的

海洋里的鲨鱼异常凶猛，许多动物都逃不脱它的利齿，连遇难落水的人也往往受其伤害。

但是，鲨鱼最怕橙黄色，它一见到这种颜色，就调转尾巴远远逃去，宁可挨饿也不肯接近。人们根据鲨鱼这一特点，便把救生圈、救生衣涂上橙黄色，以便吓跑鲨鱼。

另外，橙黄色特别鲜艳，使营救遇难者的飞机或船只，能较快发现目标，以便及时抢救。

跳水是怎样发展的

人类学会游泳之后，不久就学会了跳水。但是直到 19 世纪末期才开始了花样跳水。

瑞典、德国和芬兰等国的体操运动员想要改进他们的技巧。在练习期间他们发现，水比土地或跳垫更柔软。于是，就把水当成跳垫，练习各种体操动作，这样就出现了花样跳水。后来，又发展成跳水比赛。

1904 年，跳水运动在国际上开始盛行。当年的奥林匹克运动会首次增设了几块跳水奖牌。当时的跳水比赛被称为高空跳水。自 1904 年第一次奥林匹克跳水比赛以来，跳水项目不断变化，各种新式跳水姿势层出不穷。

平台式跳水就是不用跳板，从高高的平台上跳入水中。跳板跳水借助一块有弹性的、容易弯曲的木板。跳板跳水是在平台跳水之后发展起来的，它比平台跳水更接近水面。

初学跳水有哪些注意事项

跳水是一项十分有益的健身运动，从事这项运动的人越来越多。但如果不注意安全卫生，特别是初学的人，其后果往往是严重的。因而跳水者应注意以下几点：

1. 健康检查。跳水前应先经体格检查。凡患有心脏病、高血压、肺病、肝炎、重感冒、眼病、传染病、中耳炎、大病初愈和妇女月经期都不宜跳水。

2. 饱食与空腹不宜跳水。跳水一般在饭后一小时左右进行为好。刚吃饱饭跳水，容易引起消化不良；空腹跳水，因血糖低，容易引起头昏等症，导致事故的发生。

3. 准备活动。跳水前的准备活动一定要充分，必须将四肢、腰背、头颈、关节充分活动开。

4. 预防胸腹受伤。初学跳水，尚未完全掌握入水的正确姿势和角度，会使胸膜部与水面往往发生拍击现象。轻则皮肤发红，重者可能导致胸膜部疼痛，甚至发生内脏震荡或小血管破裂。因此在练习跳水时，应从低处开始，逐步增高，并注意掌握好入水的姿势和角度。

5. 避免鼻腔呛水。如果入水后未能迅速改变头朝下的姿势，鼻咽腔中的空气逸出较快，这时水压相应增大，水就可能呛入鼻腔或鼻腔深处，会产生一种异常难受的冲击感觉，甚至能引起鼻疾。预防鼻腔深部呛水，入水后要迅速展开手掌压水并抬头，以改变头朝下的姿势。鼻腔如有少量呛水，应赶快上岸，并轻轻擤鼻涕，以排除鼻腔内的多余水分。

基本小知识

血　压

血压指血管内的血液对于单位面积血管壁的侧压力，即压强。由于血管分动脉、毛细血管和静脉，所以，也就有动脉血压、毛细血管压和静脉血压。通常所说的血压是指动脉血压。当血管扩张时，血压下降；当血管收缩时，血压升高。

什么是“压水花”

跳水运动员的腾空时间只有一秒多钟，在这样短暂的时间里，要完成各种各样复杂而优美的动作，运动员要辨别自己的方位，以便及时准确地入水。

在一系列的翻腾转体动作完成后，入水动作也是竞赛中很重要的一个环节。20 世纪 70 年代以来，跳水运动员广泛采用了“压水花”入水技术。当身体入水时，两臂用力伸直，将要入水的一瞬间，手掌上翻，掌心朝水，所

以又称“压水花”为“手翻掌”。由于身体笔直又加上手型的变化，使入水动作几乎没有水花溅起，响声也很小，“不见水花起，入水悄无声”真是绝妙，给人一种十分和谐优美的感受。

跳水比赛是怎样进行的

跳水是一秒钟之内的艺术，裁判员是怎样对这一秒钟的动作评定出优劣的呢?

原来，裁判员是根据比赛规则进行评判的。跳水分跳台跳水和跳板跳水。运动员的动作必须从跳水竞赛规则的“动作难度表”中挑选。每个动作都有起跳方式、组别号数、高度和姿势以及根据动作复杂程度而制定的难度系数。跳板跳水共分5组，跳台跳水共分6组：

第一组，面对池水向前跳水，动作号数101~116，难度系数1.2~3.0；

第二组，面对台板向后跳水，动作号数201~213，难度系数1.5~3.0；

第三组，面对池水反身跳水，动作号数301~313，难度系数1.4~3.0；

第四组，面对台板向内跳水，动作号数401~413，难度系数1.2~2.9；

第五组，转体跳水，动作号数5111~5434，难度系数1.6~3.0；

第六组，只有跳台跳水有的臂立跳水，也叫倒立跳水，动作号数610~634，难度系数1.3~2.5。

女子跳板比赛应做5个规定动作和5个自选动作；男子跳板比赛应做5个有难度系数限制的自选动作和6个自选动作。女子跳台比赛应做4个有难度系数限制的自选动作和4个自选动作；男子跳台比赛应做4个有难度系数的自选动作和6个自选动作。

跳水动作的姿势分为“直体”（用A表示）、“屈体”（B）、“抱膝”（C）、“转体兼翻腾”（D）。裁判员根据运动

趣味点击

我国古代的跳水

宋朝以前就出现了一种跳水运动，当时叫“水秋千”。表演者借着“秋千”使身体凌空而起，在空中完成各种动作之后，直接跳入水中。它动作惊险，姿态优美，类似现代的花样跳水。唐代赵璘的《因话录》记载：洪州（今南昌）曹赞能在“百丈樯上，不解衣投身而下，正坐水面，若在茵席”，或在水中“回旋出没，变化千状”。这可看作是我国早期的跳水运动。

员助跳、起跳、空中动作、入水等方面的优劣评分。要求助跳时勇敢、果断、平稳、有信心；起跳充分，有高度和角度正确；空中动作连接好，姿势优美；入水准确、垂直、水花不大。

得分的计算方法是：5 人裁判去掉一个最高分和一个最低分，以中间 3 个有效分的总和乘以这个动作的难度系数，得出的就是这个动作的实际得分。比如裁判分别打出 9.0、9.0、8.5、8.5、8.0，去掉一个 9.0 和一个 8.0，用 (9.0+8.5+8.5)×2.6（难度系数）=67.6（得分）。如果是 7 人裁判，就用中间 5 个有效分的总和乘以难度系数后，再除以 5 乘以 3。参加奥运会和世界锦标赛的跳水赛是从预赛中选出 12 名分数高的选手参加决赛，决赛时重复预赛时的全部动作，以决赛总分决定名次。参加世界杯跳水赛，用抽签分组进行一对一的淘汰赛，胜者进入下一轮比赛，最后从两组的第一名中决出冠亚军。

什么是赛艇运动

赛艇运动是桨手乘坐一种特制的小艇，背向前进方向划进的一项划船运动。这种小艇，艇身狭长，像织布梭子，艇内有可以前后滑动的活动座板，两侧有桨架。赛艇属于速度耐力项目。经常参加赛艇运动，能有效地增强人体心血管和呼吸系统功能，发展全身肌肉的力量和耐力，培养人们坚韧不拔的意志和集体主义精神。国际上把赛艇运动称为“肺部体操”。赛艇运动员的肺活量，男子一般可达 6000～7000 毫升。

赛艇有单人双桨艇和集体配合的双桨、四桨和八桨多人艇，还分有舵手和无舵手艇。奥运会的赛艇比赛，男子有 8 项，女子有 6 项。8 人有舵手赛艇在静水中最快的时速可达 20 千米以上。赛艇的比赛距离，一般男子为 2000 米，女子为 1000 米。

什么是皮划艇运动

划艇又称为独木舟，最早是用一根大树干将中间挖空，人坐在里面用一根木棍划动，做渔猎及运输之用。这种简易的独木舟，在人类原始时期就广泛应用了。最早制作皮艇的是因纽特人，他们用鲸皮、水獭皮及其他动物皮

包在木头架子上，用两面桨叶在水中划动前进，当时主要是用作游猎工具。这种原始皮艇最初在格陵兰岛使用。

现代皮划艇运动是桨手乘坐一种特制小艇，由一个或几个桨手面向前方向前划进的划船运动。皮划艇包括皮艇和划艇，都是两头尖小没有桨架的船艇。皮艇是桨手坐在艇内，使用一支两端桨叶互成约 90 度的桨，在艇的左右轮流划水；划艇则是桨手前腿成弓步，后腿跪着，两手握一支像铲子般的单面桨，在艇的一侧划水。皮艇有舵，由桨手两脚操纵；划艇无舵，全靠桨手的划桨动作控制方向。皮划艇运动属于速度耐力项目，经常参加皮划艇运动，能有效地增强人体心血管系统的功能，发展全身肌肉的力量和耐力。它还用于勘探、测量、侦察和旅游，有一定实用价值。

拓展阅读

现代皮划艇运动的发展

现代皮划艇运动产生于 1865 年，苏格兰人麦克格雷戈制造出的第一支皮划艇。1867 年他创建了英国皇家皮划艇俱乐部，并举办了第一次皮划艇比赛。到 19 世纪末，皮划艇运动已成为欧美各国广泛开展的一项体育活动。1924 年 1 月由丹麦等国发起，成立了“国际划艇联合会”。同年，第 8 届奥运会期间还进行了划艇表演赛。1936 年第 11 届奥运会，皮划艇开始被列为奥运会正式比赛项目。现在的奥运会共设有 12 个项目。

什么是水球运动

打水球，是一项饶有兴趣的活动，同时又是激烈的对抗性运动。在游泳池内，水球赛场长 30 米，宽 20 米，球门高出水面 0. 9 米，立柱内沿距离为 3 米。水深不得少于 1. 8 米。比赛场就像一个缩小了的足球场，它的禁区分为 2 米禁线和 4 米禁线，也有越位和罚点球的规定。比赛双方各有 7 名队员，其中有 1 名守门员。

打水球，不仅要有个人技术，而且还要集体配合。因为它是在水中进行的，所以又具有同其他球类不同的特点，即运动员要会游泳。在掌握游泳技术后还要具备仰、侧、踩水及弹跳等高超的水上技术，掌握运、传、接、射、起跳急接、转身等熟练的打球技术。除守门员可双手接球外，其他队员都要单手接、传球。打水球，对运动员来说不仅在耐力、体力、速度上要求较高，而且还要有默契的配合及战术。可以说，打水球是一项游泳和打球相结合的较全面的体育运动。由于运动员的技术、战术和训练水平的不断提高，水球的竞赛规则不断改进。

现在，每场比赛的时间已由原来的每场20分钟，改为28分钟，共分4节比赛，每节打7分钟，两节间休息2分钟。新的规则为运动员发挥技术水平创造了良好的条件，同时也对运动员提出了更高的要求，从而促进了水球的飞速发展。

知识小链接

水球动作之运球

水球运动基本动作之一：用两手交替划水游动，球位于头前借胸前激起的水浪控制球前进。多用抬头爬泳身体成反弓形，以便观察场上情况，待机进行配合。主要用于持球队员突破防守后，快速将球运向球门常与传球、射门动作连用。

水球运动是如何起源的

水球是19世纪60年代在英国诞生的。约在100多年前，英国就普遍开展了足球运动。在一个炎热的夏天，足球迷们偶然把足球掷入水中，在水里互相传递，觉得十分有趣。后来，在水中玩足球的人渐渐多起来了，而且还进行比赛，不过当时没有球门，也没有统一的规则。直到1911年国际游泳联合会才颁布了正式的水球竞赛规则。

1900年在巴黎的奥运会上举行了第一次水球比赛，但只有3个国家的4个俱乐部参加，英国的“阿斯波尔”俱乐部（曼彻斯特）获得冠军。这一时期，水球运动迅速传入西欧各国。同时俄国也有了水球运动，在圣彼得堡城外的“苏沃洛夫”竞技游泳学校里，水球成为教学的主要内容之一。

滑水运动是如何起源的

滑水也称“水橇运动”。运动员脚穿水橇由机动船牵引在水面滑行，并做旋转、跳跃等各种动作。

滑水运动是从滑雪运动中分化出来的。20 世纪初，欧洲滑雪运动员在训练中偶然滑过了冰雪融化的小河，这就是滑水的开始。1921 年法国人使用雪橇由机动船牵引在湖上成功地做了滑水表演，同年法国出现第一个滑水运动小组，活动逐步遍及欧美。

滑水运动在 20 世纪 20 年代初的欧美大陆得到了很好的传播和发展。1946 年成立国际滑水联合会，1949 年第一届世界滑水锦标赛举行。1972 年在第 20 届奥运会上，滑水运动被列为正式表演项目。1981 年被列为奥运会正式比赛项目。1986 年我国正式加入国际滑水联合会。

世界滑水赛分两种赛事，隔年举行。逢奇数年是集中在一起的世界锦标赛，逢偶数年是按洲际的分组赛，南、北美洲为第一组，欧洲为第二组，亚洲和大洋洲为第三组。

滑水有哪些类型

滑水分障碍滑水、花样滑水和跳跃滑水三项。

障碍滑水以牵引运动员的艇速、绳长和运动员绕标的多少综合计分。正式比赛的艇速共分 6 级，最小时速为 43 千米，最大时速男子为 58 千米，女子为 55 千米。运动员使用的拖绳长度也分 6 级，最大长度 18.25 米，最小长度为 11.25 米。时速越大，拖绳越短，运动员的成绩也就越好。运动员滑过 6 个障碍标后完

拓展阅读

艺术滑水

艺术滑水起源于 20 世纪 60 年代的美国。当时一些专业滑水运动员不满足于一般性的训练和比赛，创造了多人及多项目的滑水组合，并在一些公众场所进行表演，逐步演变成一个相对于竞技滑水独立的门类。美国于 20 世纪 70 年代初开始举行全国性的艺术滑水比赛。

成一个滑程，然后调速或缩短拖绳，逆向滑行，如此连续往返，直至运动员摔倒为止。

花样滑水是在为时 20 秒的一个滑程中完成一套预先编排好的花样动作，以其难度和质量计分。运动员可以自定船速，以正反方向两次通过竞赛场地，将两次比赛的成绩相加算分。

跳跃滑水是运动员在快艇牵引下滑向高台，凌空跃出。男子台高 1.60 ~ 1.80 米，牵引时速为 57 千米；女子台高为 1.50 米，牵引时速为 51 千米。运动员跃出落水后，能继续滑行 100 米才算成功。名次的先后以跳跃距离的远近为序。

潜水运动是如何起源的

潜水运动是在水下进行各种竞技活动的体育项目。它包括为掌握潜水基本技术而进行的各种潜泳、蹼泳以及水中定向、水下狩猎等内容。潜水运动能够锻炼人们的体质，增强内部器官和神经系统的功能，促进血液循环和增大肺活量，使身体全面发展；还可以深入海中探索水下世界的奥秘，开阔眼界，增长知识。

据历史记载，中国潜水已有 2000 多年的历史，但那时的潜水方法，还只是原始的“扎猛子”。到了明代，中国南海廉州（今广西合浦）、雷州（今广东海康）等地已盛行“没水采珠”的生产活动。当时的潜水者使用了设计较合理的呼吸管潜水。这种方法比赤体潜水有了一定的进步，但深度还是受到限制。1943 年法国潜水者库斯托和雅克制成压缩空气呼吸装具，给潜水运动创造了有利的条件。随着潜水运动的普遍兴起，出现了各种不同类别的竞赛活动。

帆船运动是如何起源的

帆船运动是利用风帆的力量推动船只在规定距离内比赛航速的运动。它的起源可追溯到石器时代，原始人用木棍在船上撑起一块兽皮，就成了最初的帆船。

现代帆船运动产生于 16—17 世纪的荷兰。1896 年现代奥运会开始时，就把帆船列为正式的竞赛项目，但当时因天气不好，第 1 届奥运会没有赛成。

到第2届奥运会才正式开始。目前拥有船只最多的是欧洲和北美，帆船运动在这些国家已成为人们度假、旅游、娱乐的一种形式。从运动水平看，欧洲沿海国家实力最强。

帆船运动主要分稳向板帆艇和龙骨帆艇两类。比赛项目主要有：暴风雨型、芬兰人型、飞行荷兰人型、470型、托纳多型和索林型等。除暴风雨型属龙骨帆艇外，其他5种都属稳向板帆艇。

冲浪运动是如何兴起的

冲浪是一种用长而宽的冲浪板在海浪上进行的体育运动。冲浪运动在全世界非常受欢迎。数百年前，它起源于太平洋岛屿。1788年，当杰姆·库克船长发现夏威夷岛时，发现4个印第安人骑在一个约5米长的树干上，海浪一会儿把树干提到峰顶，眨眼之后又将它掉入浪谷。库克起初以为他们是落难者，后来一问才知道，他们是在冲浪玩。冲浪运动是当时夏威夷十分流行的运动。夏威夷人还举行过冲浪比赛，人们为获奖者而欢呼喝彩。岛上所使用的冲浪板长4~5米，大约68千克重。

在1957年，冲浪运动发生了一次大的变化，这使得冲浪运动变得非常普及，即轻型冲浪板问世。这种冲浪板长约3米，重约10千克，使得妇女甚至儿童也可以进行冲浪运动了。这种新型冲浪板是由泡沫塑料涂上玻璃纤维和树脂层制成的。冲浪板是这项体育运动所需要的唯一器材。

冲浪时，冲浪者站在冲浪板上，敏捷灵活地操纵着。冲浪者首先将冲浪板置于冲浪线，在冲浪线上海浪开始形成。冲浪者跪或斜趴在冲浪板上，等候一组组海浪的到来。当海浪涌到冲浪者

拓展阅读

冲浪板的发展

最初使用的冲浪板长5米左右，重50~60千克。第二次世界大战后，出现了泡沫塑料板，板的形状也有所改进。现在用的冲浪板长1.5~2.7米、宽约60厘米、厚7~10厘米，板轻而平，前后两端稍窄小，后下方有一起稳定作用的尾鳍。为了增加摩擦力，在板面上还涂有一种蜡质的外膜。全部冲浪板的重量只有11~26千克。

身后时，冲浪者便飞快地踏上冲浪板。海浪涌到身下时，冲浪板就升起来，随后冲浪者又滑向前面没有散开的海浪。由于战胜了海浪，因此，冲浪者站立起来，一只脚朝前，驾驶着冲浪板滑离散开的海浪。

帆板运动是怎样兴起的

20世纪60年代后期，美国一位名叫吉姆·捷克的电脑技师，受帆船和冲浪板的启示，驾驶一块形态奇异的光秃秃的木板，出现在加利福尼亚的海域。3小时后，他安然返回岸边。这就是世界上第一次出现的帆板。吉姆的成功，引起了人们的极大兴趣。由于用材简单，场地简便，兼有很高的锻炼和娱乐价值，这项运动很快风行世界。1980年，帆板运动被列为奥运会正式比赛项目。

现在的帆板，是人站在形似“墨鱼骨”的玻璃钢板帆上，通过操纵帆杆，借助自然风力滑行前进的水上运动。1974年举行了首届世界帆板锦标赛，以后每年举行一次。比赛设三角绕标、长距离、障碍滑、自由滑4个项目，各分男女两组进行，其中三角绕标赛男子组按体重分4个级别，但奥运会规定只进行三角绕标赛，并且不分男女、不分级别。1987年我国第6届全运会的帆板比赛也只进行三角绕标项目，设男女两块金牌。

基本小知识

玻璃钢

玻璃钢即纤维强化塑料，一般指用玻璃纤维增强不饱和聚酯、环氧树脂与酚醛树脂基体。由于所使用的树脂品种不同，因此有“聚酯玻璃钢”、“环氧玻璃钢”、“酚醛玻璃钢”之称。质轻而硬，不导电，机械强度高，回收利用少，耐腐蚀。可以代替钢材制造机器零件和汽车、船舶外壳等。

体育知识

冰雪运动知识问答

TIYU ZHISHI

冰雪运动，也称为冬季运动，通常分为冰上运动和滑雪运动两大类。冰上运动包括速度滑冰、花样滑冰、冰球、冰壶。滑雪运动包括越野滑雪、高山滑雪、跳台滑雪、花样滑雪、雪橇等。

人类最早的冰上运动可追溯到远古新石器时代。据考证，当时荷兰人以木制的爬犁作为冰面上的运输工具，还将马骨磨成光滑的底面，制成人类最原始的冰上滑行工具——骨制冰刀。不但在荷兰，而且在瑞士、英国等一些国家也有关于将兽骨绑在脚上滑行于冰面的记载。虽然这些活动在当时只是一种游戏或简单的工作方式，但却为现代冰上运动的形成奠定了基础。随着社会的发展，冰上运动从娱乐到竞技不断发展而形成了项目繁多的现代冰上运动。

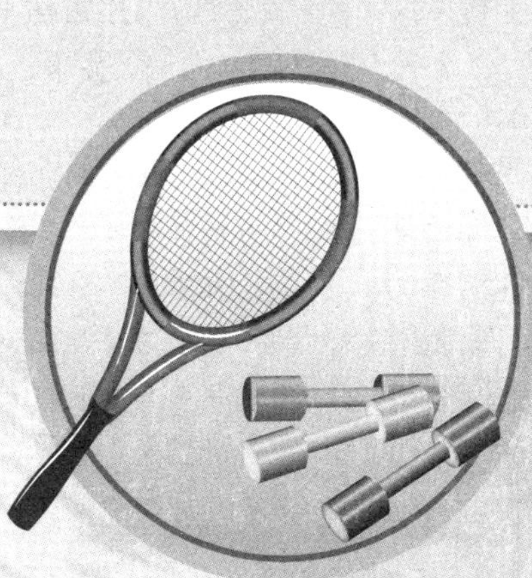

冰雪上运动的比赛项目有哪些

在我国北方的隆冬时节，小伙伴们都会相约着到冰上、雪上从事各式各样的游戏和比赛。你知道冰上运动和雪上运动有哪些比赛项目吗？

冰上运动包括速度滑冰、花样滑冰和冰球3种。速度滑冰穿跑刀，刀长刃窄。场地分标准场地和短距离跑道两种。国际比赛分短距离、中距离、长距离和全能4种，如500米、1000米、1500米、3000米、5000米、10000米等。花样滑冰穿的花样刀分图形刀和自由滑刀两种，刀身下面有弧形浅槽，两边刀刃锋利，便于做跳跃和旋转动作。比赛项目有单人、双人花样滑冰和冰上舞蹈3项。冰球比赛要穿防护装备，每队上场6人，每场比赛60分钟，分3局进行，以进球多者为胜。

雪上运动的项目比较多。从高高的跳台上惊险地飞翔而下的叫“跳台滑雪”。从山顶按规定线路穿过用旗插成的门形向下滑行的竞速滑雪比赛叫“滑降”。不断穿越门形和障碍物，连续转弯高速下滑的竞速滑雪比赛叫“回转”和“大回转”。上坡、下坡、平地各1/3的长距离滑雪比赛叫“越野滑雪”。

只有男子参加的越野滑雪和射击相结合的运动叫“现代冬季两项”。在音乐伴奏下，沿坡度较小的山坡下滑，表演一系列优美舞步、高难跳跃、旋转等动作的叫“雪上芭蕾”。

从险峻崎岖的山坡上快速降下的叫“技巧速降”。下滑中一个接一个地完成跳跃和空翻转体以及沿矢状轴旋转等高难动作的叫“空中特技”。还有军事滑雪、北欧两项、多项滑雪、有舵雪橇、无舵雪橇、宽雪橇、连橇等等。

拓展阅读

冰雪运动的最高赛事：冬奥会

冬季奥林匹克运动会，简称为冬季奥运会、冬奥会。国际奥林匹克委员会主办的世界性冬季项目运动会。冬季奥运会每隔4年举行一届，并与奥林匹克运动会隔两年举行。按实际举行次数计算届数。该赛事的主要特征是在冰上和雪地举行的冬季运动，如滑冰、滑雪等是适合在冬季举行的项目。

滑冰是谁发明的

人们用多种方式滑冰已经有 500 多年的历史了。用冰刀滑冰要比用滚轮滑旱冰早得多。

用冰刀在冰上滑行，是从 16 世纪开始的。起初是挪威人在脚上绑两根骨头，在冰上滑行，这种运动引起了许多人的好奇，人们对滑冰用具也做了很多改良。开始是把骨头改为铁条，铁条又改为钢条，后来把钢条绑在鞋子上。现在的冰鞋是特制的，冰刀和冰鞋固定在一起，不但滑起来省力，而且也安全多了。

花样滑冰运动是谁发明的

在晶莹洁白的冰面上，在优美和谐、节奏明快的音乐伴奏下，花样滑冰运动员表演着各种旋转、跳跃的动作，展现着优美的舞姿，或轻盈柔美，或欢快奔放。那独特新颖的编排，那高超完美的艺术表现力，与音乐融汇和谐成一体，达到视觉与听觉的完美统一，使人感到了一种超意境的魅力，产生飘飘欲仙的感觉，竟会忘却了置身何处。

趣味点击　我国古代的花样滑冰

滑冰在中国有悠久的历史，《宋史》已有关于“冰嬉”的记载。元朝以后，冰嬉更为盛行。明代《帝京岁时纪胜》中有“冰床、冰擦”的记载，都是指在冰冻的江河湖泊上做滑冰游戏。清乾隆年间，画家沈源的一幅《冰嬉赋》图中有大蝎子、金鸡独立、哪吒探海等姿势。清末，专为慈禧太后观赏的北京北海花样滑冰表演中，已有双飞燕、蝶恋花等双人动作和朝天蹬、童子拜佛等单人动作。

花样滑冰是一项将音乐、舞蹈、自由体操和滑冰技巧高度结合统一的体育运动。优秀的花样滑冰运动员，必须具有很高的艺术修养。它的诞生便注定了它的艺术价值。花样滑冰是由美国芭蕾舞演员杰克逊·海因斯发明的。当他第一次公

开在维也纳的冰场上，穿着冰鞋，跳起当时最流行的华尔兹舞时，那敏捷的步伐、令人眼花缭乱的旋转，立刻倾倒了所有的人。从此，花样滑冰风靡欧洲，传遍世界。很快，在 1908 年第 4 届伦敦奥运会就有了花样滑冰的比赛项目。

发展至今，花样滑冰的比赛项目已包括单人滑、双人滑和冰上舞蹈。

花样滑冰竞赛是如何发展的

花样滑冰的竞赛项目包括单人滑、双人滑和冰上舞蹈。男、女单人滑除了完成规定动作外，还可由运动员自选音乐，在规定时间内（男 5 分钟、女 4 分钟）完成一套自由滑动作。双人滑由一男一女组成，竞赛内容除单人滑动作外，还包括双人旋转、托举、跳跃和双人步法等。冰上舞蹈也由一男一女组成，在冰上做各种步法、姿态、舞蹈动作的表演，但不允许有典型双人滑动作和单人滑跳跃动作。

1872 年，奥地利人举行了世界上第一次花样滑冰比赛。1892 年，国际滑冰联盟成立，会址设在瑞士的达沃斯。1896 年在俄国彼得堡举行了第一次世界男子单人花样滑冰锦标赛。1906 年在瑞士达沃斯举行了第一次世界女子单人花样滑冰锦标赛。1908 年在英国伦敦举行的第 4 届夏季奥运会上，花样滑冰被列入正式比赛项目。同年在俄国彼得堡举行了第一次世界双人花样滑冰锦标赛。1952 年在法国巴黎举行了世界冰上舞蹈锦标赛。

什么是速度滑冰项目

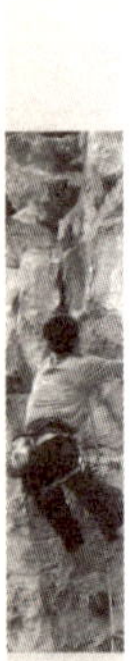

速度滑冰就是在冰场上作快速滑跑，比赛项目分短距离（男、女 500 米、1000 米）、中距离（男、女 1500 米）、长距离（男 5000 米、10000 米，女 3000 米）的单项比赛和全能比赛。

滑冰起源于欧洲。古时候，人们为适应在冰上行走，发明了滑冰。到了 17 世纪，滑冰从一种交通手段和游戏逐步演变成体育竞赛项目。1892 年国际滑冰联合会成立。1893 年在荷兰阿姆斯特丹举行了第一届世界男子速滑锦标赛，以后每年举行一次。1924 年第一届冬季奥运会，男子速滑即被列入正式比赛项目。女子速滑直至 1960 年才被列入冬季奥运会正式比赛项目。

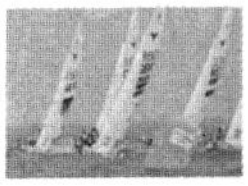

滑冰有哪些好处

滑冰是中小学生非常喜爱的运动，不管是旱冰还是真冰，青少年都能翩翩驰骋，神采飞扬。经常坚持滑冰锻炼，不仅能增强抗寒能力，预防伤风感冒及其他疾病，而且那种驰骋似飞的动作，还有助于练就健康的体魄，养成勇敢顽强的意志和坚韧不拔、克服困难的精神。

经常参加滑冰运动，能够提高身体的肌肉、骨和关节的工作能力。初次参加滑冰的人都会有这样的体会：在刚刚上冰时，没有滑多久，就感到腰酸腿疼，特别是小腿和脚脖子酸痛尤甚，几天也恢复不过来。但是随着锻炼时间的增长，滑跑技术的提高，这种酸疼的情况就没有了。这除了由于掌握了滑跑技术之外，主要是由于腰腿部的肌肉力量、骨骼支持力和关节灵活性提高了。

经常参加滑冰运动，还能增强心脏血管和呼吸系统的工作能力。因为滑冰运动的强度是比较大的，消耗的体力也就相当大，所以身体需要大量的营养物质和氧气。这时，血液循环加快，尽快地把身体急需的营养送去，并把大量的废物迅速排出体外。这样，就提高了体内新陈代谢的过程。日久天长，心血管和呼吸系统的工作能力就得到了增强。体育科学研究也证明了这一点：一般人在安静时每分钟心脏跳动次数是 72 次左右，而有些著名滑冰运动员在同样条件下，心脏跳动次数却减少到 40 多次。这说明滑冰运动员的心脏血管系统工作能力是相当高的。

> **你知道吗**
>
> **控制人平衡力是脑的哪一部分**
>
> 人脑中控制人平衡力的是小脑。小脑就是大脑后下方突起的结构，像大脑一样，小脑也由两个半球组成，它的最外层分布着灰质，称为“小脑皮层”。小脑与脊髓、脑干、大脑都有神经纤维相连，大脑向肌肉发放运动命令和执行运动是从脊髓传来的信息都传入小脑，由小脑对着两种信息进行比较，对运动进行调整，以达到动作协调准确的作用。

另外，经常滑冰还能养成很高的平衡力。因为滑冰要把整个身体的重量

放在 1～1.3 毫米的刀刃上，并且还要保持特殊的身体姿势滑行，这就对神经系统调节肌肉工作的能力提出了很高的要求。经常这样反复锻炼，就会大大提高人的平衡能力。

滑冰运动对中枢神经系统也有很好的作用，各器官相互配合和共济协调的能力也能得到改善。

滑冰时应注意什么

先要检查场地器材。看看冰刀和鞋连接得是否牢固，鞋带是否结实，冰面是否平滑，有无冰缝和沙石等。特别要检查固定冰刀的螺丝是否拧紧了。因为如果拧得不紧，人在冰场上奔驰时，冰刀容易脱落，发生危险。

要严格遵守冰场管理制度，如在指定的地区内练习，按逆时针方向滑行，严禁在冰场上打闹和追逐等，以免发生冲撞事故。

在天然冰场练习，一定要了解冰层的厚度，一般冰厚达 10 厘米以上才能使用。

要注意保暖，但不宜穿得太多，以免影响运动的灵活。练习完后要及时擦去汗水，穿好衣服，以防感冒。另外，袜子应干、轻暖。天气特别冷时，要戴手套和耳罩。

初学者还应注意休息，因为滑冰时下肢和踝部吃力，疲劳了就不容易保持平衡，容易摔倒，初学者可以每隔 15～30 分钟休息一次，休息时，应把鞋带解开，使脚上的血液循环畅通，使脚部疲劳更快地消除。

滑冰时怎样掌握冰鞋大小与鞋带松紧

一般说来，穿冰鞋同平时穿鞋要求一样，也要穿得舒适合脚，使脚跟、脚背、脚趾、脚腕能紧密地和鞋符合。如果冰鞋太小了，会夹脚，影响脚部血液流通，易使脚冻僵，以至发生擦伤；鞋太大了，脚在鞋内自由滑动，不易控制刀刃，不便滑行，而且容易发生踝关节韧带扭伤或骨折。

鞋带松紧，可以因人而异。对初学者来说还是系得紧点好，使脚便于控制刀刃，但又不至于因系得过紧而箍得脚痛。如果太紧了，会产生和穿鞋同样的害处。

滑冰需要做哪些准备活动

滑冰是一项有趣有益的体育运动。在冬天滑冰运动开展得更为普遍。滑冰时不易控制身体，加上气候寒冷，所以准备活动是必须做的。

冬天，人体各关节、韧带和肌肉都比较僵硬，而安静时的神经兴奋程度和内脏器官的机能水平都不能适应突然进行剧烈活动的要求等，因而往往会造成关节扭伤、肌肉拉伤或提早出现疲劳现象等。因此，在上冰前应该充分做好准备活动，使身体发暖，血液循环通畅，神经中枢兴奋提高，肌肉韧性和力量得到发挥，关节内分泌增多，关节的灵活性和韧带的柔韧性得到加强，以便使机体预先进入工作状态，保证更好地练习和运动。一般可以先轻轻地慢跑一会儿或原地跳一跳，然后做一套广播操、健身操，活动身体各部关节，特别是踝关节、上肢关节和韧带部位，觉得身体发暖，有点出汗，活动起来觉得轻松自如就可以了。

为什么初学滑冰时容易摔跤

初学滑冰一般容易摔跤，但不一定非得摔多少次跤才能学会滑行。如果能熟悉冰刀，了解冰的特点，明确人、冰刀和冰三者的关系，同时还有勇敢、不怕困难、不怕冷的精神，则在实践中就易于找到滑冰的规律了。这样，不但不会摔跤，还会很快掌握动作要领，学会滑行。

初学滑冰的人容易摔跤，主要是由于以下三种原因造成：

①有恐惧心理，精神过于紧张，神经系统“指挥”失灵，使全身肌肉处于过度紧张、僵硬状态，使得身体的重心不能恰好落在支撑脚的刀刃上。

②在冰上移动时，髋、膝、踝关节弯曲得不多，造成身体重心升高或后移。

③滑冰的特点主要是双脚利用很窄的刀刃来支撑身体的全部重量，在滑行中人体处于动的平衡状态。如果在双脚交替支撑身体向前滑行时，身体不能保持一定的前倾角度，膝、髋、腿关节就不能弯曲，因而产生许多妨碍滑行的多余动作，使身体活动失去了协调性，始终不能保持好平衡。

上述三种因素，使初学者有一种头重脚轻的感觉，总渴望向前或向后扶一下支撑物，甚至有干脆摔下去的想法。

要避免摔跤，首先要有不怕摔的勇敢精神，大胆向前滑，另外掌握正确的滑冰姿势。一般来说，初学者几天就可以学会滑行。

怎样才能在冰上滑得快

要滑得快，掌握正确的滑跑技术是关键。正确的滑跑姿势是，上体前倾，肩背稍高于臀部；背部放松，呈微弓形；两臂伸直放松置于背后，手指互握，两肘关节贴近上体；头微抬，目视前方 10 ~ 15 米处或更远一些。腿的姿势是：髋关节（大腿和上体之间）约为60 多度，膝关节（大腿和小腿之间）约为90 多度，踝关节（小腿和脚之间）约为50 多度。

为什么要取这种姿势呢？这是因为滑跑时上体前倾，能使腿更有力地蹬冰，取得正确的蹬冰方向，并减少身体正面所承受的空气阻力。背部放松变成弓形和两臂放在背后，能帮助参加运动的主要肌群发挥作用，减少肌群的力量消耗，有利于长时间运动；背部放松，对腹肌的收缩和伸展能起重要的作用，此外还能使腿部肌肉做最大的收缩和伸展，这样就大大有利于呼吸和血液循环等。

髋、膝、踝三个关节的弯曲以及所要求的弯曲角度，不仅使身体重心降低，便于更好地掌握平衡，还在很大的程度上有助于增加蹬冰的距离和延长蹬冰的时间，这些因素都是快速前进的动力。

但是，上体前倾过低，例如肩部和臀部成水平姿势，或肩部前倾低于臀部，会造成向前冲力过大，不易保持平衡；如果这样时间过长，会使头部的血液回心困难，产生头晕现象；特别是肝脏受到压抑，正常生理活动受到影响，肝糖原分解后不能充分地运出，血液就不能及时得到大量葡萄糖的补充，身体很快就会疲劳。总之，这是不正确的姿势，也不合乎人的生理要求。

拓展阅读

肝脏的功能

肝脏，人体脏器名，五脏之一，是脊椎动物身体内以代谢功能为主的一个器官，并在身体里面扮演着去氧化、储存肝糖、分泌性蛋白质合成等角色。肝脏也制造消化系统中的胆汁。

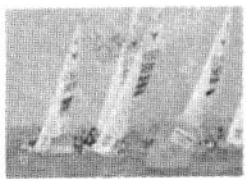

开始练习时，身体姿势可以高一些，因为身体重心高，易于滑动，便于控制平衡。随着技术的不断提高，要逐渐降低重心，上体前倾达到上述要求的姿势。如果能正确掌握滑跑姿势，对提高滑跑速度就能事半功倍了。

怎样防治滑冰创伤

初学滑行的人，掌握不好身体平衡，容易摔跤和撞人。如果皮肤擦伤，可以将伤处擦净，涂点红汞或紫药水，以免细菌侵入、感染；如果摔得很重，发生挫伤或骨折等，就应立刻固定好受伤部位，速送医院诊治。如果受伤处肿胀、疼痛，这可能是皮下出血，可用手巾或绷带，下垫棉花压紧伤处包扎；如果肿得轻，可将伤者抬到室内，在伤处用冷水敷，这样可消肿止痛。

为避免摔伤和扭伤，应循序渐进地掌握滑冰技术，先练站立、行走，然后慢慢滑跑。在练习过程中，应经常保持身体平衡和练习不熟悉动作，如弯膝伏前身，蹬冰时均匀而有力，轻松向前滑，或转弯时上身向转弯的方向倾斜等。同时，要注意往来的人，以免撞伤。

什么是冰球运动

冰球被认为是最快速的一种运动。每次比赛分两个队，每个队由六个人组成，替补队员坐在边线外等待接替。比赛时，各队要想办法把球射入对方球门，从而得分，同时还要阻止对方进球得分。

今天的冰球是由曲棍球演变而来的。冰上曲棍球，据说起源于波斯（也是马球的起源地）。希腊人打的一种曲棍球已被列为奥运会的比赛项目。在希腊雅典，有一道距今 2400 年的墙，

广角镜

冰球运动在中国的发展

冰球运动在中国已有 70 余年的历史。1935 年在北平第一次举行了冰球比赛。中华人民共和国建立后，冰球运动得到迅速发展。1953 年在哈尔滨举行了首届全国冰上运动会，有 5 个队参加冰球比赛。从 1955 年起每年举行一次全国冰球比赛。1956 年以后，中国冰球队开始参加国际比赛。1986 年在日本举行的第一届亚洲冬运会上，中国队获得金牌。

上面刻有青年人打曲棍球的雕像，情形非常类似于今天的场地曲棍球。

冰球在加拿大已有 100 多年的历史。也有人说，早在 1867 年，英国有几个军人就在金斯顿的昂泰奥湖冰面上打过冰球。

金斯顿队和蒙特里队都宣称是第一个有组织的冰球队。据记载，1885 年，在金斯顿确实有过一支冰球队；1890 年，由十个队组成了昂泰里奥冰球联合会；1914 年，加拿大业余冰球联合会成立，其会员有几千人。

美国是职业冰球的起源地。1904 年至 1905 年，在密歇根州的荷顿，组建了第一支职业冰球队。世界上著名的美国冰球联盟始建于 1910 年。

什么是冰壶运动

冰壶作为一项运动被称为掷冰壶，也称冰上溜石，是一种在冰上投掷石球的运动。这项运动从 16 世纪在苏格兰兴起，经久不衰，后流传至欧美各国。

掷冰壶的比赛场地为长方形冰场，长 42. 08 米，宽 4. 27 米。在两端距端线 3. 66 米处各画一个半径为 2 米的“垒圈”及 4 条限制线。冰壶为扁圆形石球，正中处装有小柄，一般重 18. 8 千克，直径不超过 91. 4 厘米。每队 4 人，比赛开始时两队队员分别站在本方“垒圈”中心线后方，按顺序交替向距离 36 米以外的对方“垒圈”投掷冰壶，根据冰壶掷进或接近“垒圈”的远近分别得分。每人可掷两个冰壶，双方全部掷完为 1 局。每场比赛进行 10 局或 12 局，以最后积分多者为胜队。比赛时，除掷冰壶的队员外，另外 3 名队友都拿着特制的扫帚，用力打扫冰壶前进的道路，以利本方冰壶滑行。

滑雪是如何起源的

也许你认为滑雪是一种时髦的运动，其实滑雪是最古老的旅行方式之一。有些历史学家说，滑雪起源于石器时代。他们发现在古代的雕刻上就有人滑雪。在公元前，斯堪的纳维亚人就盛行滑雪，甚至他们还有滑雪神，他穿着一只弯弯的滑雪鞋。

从记载上看，古代的雪屐是用动物的骨头，也就是动物的大骨头用绳子绑在脚上。有一幅 900 年前的石刻，画面是一场滑雪比赛。

滑 雪

把滑雪当作一种运动，起源于挪威的泰勒马克省。事实上，卫干省的摩尔干达镇才是滑雪运动的摇篮。因为这个地方雪季相当长。到了冬天，当地的居民去打猎，去附近的市镇，乃至寻亲访友，都是在雪上滑。雪是他们的主要道路，雪橇是他们最方便的交通工具。现代滑雪运动有越野滑雪、跳台滑雪和高山滑雪几种。

什么是越野滑雪

越野滑雪起源于北欧，故又称北欧滑雪。据记载，1226 年挪威内战时期，两名被称为“桦木腿”的侦察兵，怀藏两岁的国王哈康四世，滑雪翻越高山，摆脱了敌人。现在挪威还每年举行越野马拉松滑雪赛，距离 35 英里，与当年侦察兵所滑路程相同。

越野滑雪运动员借助滑雪板和雪杖，按规定线路和距离在山丘雪原上高速滑跑，以用时最短者为优胜。分男子 15 千米、30 千米、50 千米、4×10 千米接力等七个单项。越野滑雪最早应用于生活和军事中，1924 年第一届冬季奥运会被列为正式比赛项目。

什么是跳台滑雪

跳台滑雪简称跳雪，是运动员脚穿特制滑雪板（不持雪杖），借助跳台进行跳跃滑雪的一种运动项目。有 70 米级和 90 米级跳台两个单项。

跳台滑雪

相传这本是古时挪威统治者处罚犯人的一种酷刑，即在犯人脚上各缚一块雪板，从雪山上往下推，让他自行滑下，当通过断崖的凸处时，身体就会被抛向空中，再落在山下被摔死。如果犯人大难不死，即可获得释放。有些勇敢而又聪明的犯人在从断崖处腾空飞起后，在下落时巧妙地借助山坡下滑减震而免于一死。以后逐步演变成为现代跳台滑雪运动。1924 年第一届冬季奥运会跳台滑雪被列入正式比赛项目。1972 年首届世界跳台滑雪锦标赛在南斯拉夫举行。

你知道吗

申请授予跳台滑雪运动健将称号需要什么条件

1. 在冬季奥运会、世界锦标赛、世界杯赛中获任何一单项前 20 名者；2. 在全国锦标赛、全国冠军赛中获成年组个人项目（K90 米以上级）前两名者；3. 在全国锦标赛、全国冠军赛中获青年组个人项目（K90 米以上级）第一名者。

由于跳台助滑道的角度及起跳台端的仰起角度等不同，加上气温、湿度、风向、风力及雪质等自然条件的差异，因此，跳台滑雪比赛只有最好成绩，没有世界纪录。

什么是高山滑雪

高山滑雪是在越野滑雪基础上逐步形成的。1850 年挪威的泰勒马克郡出现改变方向和停止滑行的旋转动作。1868 年挪威滑雪运动奠基人诺德海姆等人在奥斯陆滑雪大会上表演了侧滑和 S 形快速降下技术。1890 年奥地利的茨达尔斯基发明了适合阿尔卑斯山地区特点的短滑雪板及滑行技术，1905 年他在维也纳南部的利林费尔德进行了高山滑雪史上第一次回转障碍降下表演。因此，高山滑雪又称阿尔卑斯滑雪。

基本小知识

阿尔卑斯山脉

阿尔卑斯山脉，是欧洲最高大的山脉，位于欧洲南部。西起法国尼斯附近的地中海岸，经意大利北部、瑞士南部、列支敦士登、德国南部，东至奥地利的维也纳盆地，呈弧形东西延伸，长约 1200 千米，宽 130 ~ 260 千米，西窄东宽。平均海拔 3000 米左右。总面积约 22 万平方千米。

高山滑雪的运动员在海拔 1000 米以上的雪山上借助滑雪板和雪杖，按照比赛规定的线路快速滑行，用时短者为优胜。有男、女快速滑降、回转和大回转 6 个项目。1936 年在德国举行的第 4 届冬季奥运会上被列入正式比赛项目。

什么是现代冬季两项

现代冬季两项是越野滑雪和射击结合进行的冬季雪上运动项目。运动员携带专用小口径步枪，每滑行一段距离进行一次射击，计时方法为从起点到终点的时间，加上根据射击中靶情况决定的加罚时间，为运动员的总时间。以总时间少者为优胜。

这项运动起源于狩猎人在茫茫雪原中追杀野兽。作为一项运动最早出现

在挪威。1767 年，守卫在挪威与瑞典边界的挪威边防巡逻队举办了第一次比赛。1877 年挪威成立了世界上第一个滑雪俱乐部。1924 年在法国举行的第一届冬季奥运会上，该项运动作为军事巡逻形式运动项目列入正式比赛。后因种种原因此运动在冬奥会上曾几度进出，直到 1960 年在美国举行的第 8 届冬奥会上重新列入正式比赛项目，并定名为现代冬季两项。1958 年在奥地利举办了第一届现代冬季两项世界锦标赛，以后除奥运年外每年举行一次。

雪橇运动是如何起源的

运动雪橇最早出现于 19 世纪末叶的瑞士阿尔卑斯山区，后来逐渐在中欧和斯堪的纳维亚国家开展。世界上第一次运动雪橇的国际比赛于 1883 年举行。当时，8 个国家的运动员乘双座木制雪橇，在达伏斯到克洛斯特之间 4000 米的距离上滑行比赛，最先到达终点者的成绩是 9 分 15 秒。这个崭新的运动项目，以其快速和情趣幽默赢得了所有观众的心。从此，人们开始喜爱它了。

1914 年，在捷克斯洛伐克举行了第一届欧洲锦标赛。第二次世界大战以后，运动雪橇在欧洲各国进一步开展起来。1955 年在挪威奥斯陆举行了第一届世界锦标赛。1957 年，国际运动雪橇联合会正式成立，有 20 个国家参加，此后其会员国不断有所增加，1964 年，运动雪橇才被列为冬季奥运会项目。

你知道吗

冬奥会有哪些项目

冬季奥运会的比赛项目目前有：冰球、冰壶、滑冰（速度滑冰、花样滑冰、短道速滑）、滑雪（高山滑雪、越野滑雪、跳台滑雪、自由式滑雪、单板滑雪、北欧两项）、现代冬季两项、雪车、钢架雪车、雪橇。

狗拉雪橇赛是怎样发展的

狗橇原为北美因纽特人用于狩猎和雪上运输的工具。

1920 年，美国为纪念一位独自驶狗橇行驶 1100 多英里，传递白喉病血清

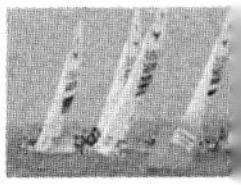

的邮递员举行了一次狗拉雪橇比赛。

如今这项运动已成为世界性的体育比赛，1985 年第 13 届阿拉斯加狗拉雪橇比赛时，就有 61 名男女选手参加了比赛。比赛起点设在阿拉斯加州的安克雷奇，终点是诺姆，全程 1135 英里，途中要翻过两座大山，越过育空河。由于路途遥远，天气恶劣，加上路上险关重重，因此组织者在沿途设立了 27 个中间站。参赛者可在中间站得到空投食品、通信器材和雪橇的维修。结果，一位名叫利比·里德斯的 28 岁女青年驾驭的 13 只狗拉雪橇，第一个冲过终点，成绩是 18 天 20 分 17 秒，成为该赛有始以来第一个赢得冠军的女子。

武术运动知识问答

TIYU ZHISHI

武术，打拳和使用兵器的技术，是中国传统的体育项目，其内容是把踢、打、摔、拿、跌、击、劈、刺等动作按照一定规律组成徒手的和器械的各种攻防格斗功夫、套路和单势练习。

武术的起源可以追溯到原始社会。那时候，人类即已开始用棍棒等原始的工具作武器同野兽进行斗争，一是为了自卫，二是为了猎取生活资料，后来人们为了互相争夺财富，进而制造了更具有杀伤力的武器。

武术的练习形式、内容的丰富多样，能陶冶人的情操，提高自身的修养和审美能力，具有极其广泛的群众基础。

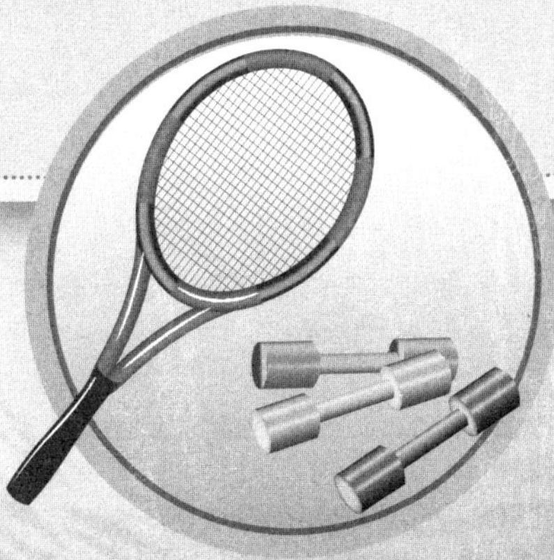

什么是武术

严格地说，武术是以中国传统文化为理论基础，以徒手和器械的攻防动作为主要锻炼内容，兼有功法运动、套路运动、格斗运动三种运动形式的体育项目。

“国术”是民国时对“中国武术”的简称，至今一些国家和地区仍用“国术”来称武术。“功夫”一词是近30多年来流行于世界的一个武术名词。它在欧美以至其他洲几乎成为中国武术的代名词。但是，严格地说“功夫”一词远远不能包括武术的内涵，因此在一些电影和书籍中，武术被称为“功夫”是不正确的。

青少年朋友在看一些书籍，尤其是历史书籍时，可能会遇到一些名词，如拳勇、手搏、角力、相搏、手战、武艺、角抵等，不知其含义是什么，其实这些名词都是历史上各朝代对武术的别称。所以青少年朋友今后再遇到这些名词时，都应将其看成“武术”。新中国成立后，正式确定为“武术”，其英文翻译为“wushu”。

武术产生于人与野兽和人与人搏斗之中，古代一直是军队训练士兵杀敌制胜的手段。后来火器代替了冷兵器，武术也逐渐退出了战场，逐渐发展成为一种能强身健体、防身自卫，并具有很高观赏价值的体育项目。

基本小知识

冷兵器

冷兵器一般指不利用火药、炸药等热能打击系统、热动力机械系统和现代技术杀伤手段，在战斗中直接杀伤敌人，保护自己的武器装备，广义的冷兵器则指冷兵器时代所有的作战装备。

武术名称是怎么来的

中国武术源远流长，有文字记载的可以追溯到春秋战国时期。主要为两大派，即“少林外家拳”和“武当内家拳”。

“武术”一词，最早出自《申报》上所发表的《冯婉贞》一文中。《申报》在辛亥革命后，特设一副刊名“自由谈”。1915 年 3 月，该刊上开辟了“爱国业谈”专栏，介绍一些近代爱国人物。同年 3 月 19 日，该栏刊出陆士谔所做的《冯婉贞》。陆文写道：“距圆明园十里，有村曰谢庄。环村居者皆猎户。中有鲁人冯三保者精技击。女婉贞，年十九，姿容妙曼，自幼好武术，冯之技，女无不习，习无不精。”以后，“武术”一词便流传下来。

我国武术是怎样分类的

我们中华民族的武术源远流长，其内容极为丰富，其理论博大精深，其流派名目繁多，仅查明的源流有序、拳理分明、风格独特、自成体系的拳种就有 129 个。过去，武术各成一派，分类的方法也有多种，有以名山大川为界划分的，如少林派、武当派、峨眉派、南派、北派等。也有按姓氏划分的，或以拳种的练习特点及风格划分的。

现在，经武术专家的研究，按技术特点分为五大类：

第一类是拳术类，包括长拳、南拳、太极拳、形意拳、通臂拳、翻子拳、地躺拳、劈挂拳、螳螂拳、八极拳、猴拳、醉拳、华拳、花拳、鹰爪拳、绵拳、六合拳、蛇拳、意拳、少林拳、查拳、炮拳、滑拳、秘踪拳、梅花拳、子母拳、八卦掌等。

第二类是器械类。器械类又分成四种，有刀、剑、匕首、峨眉刺等短器械；有枪、棍、大刀、朴刀等长器械；有双刀、双剑、双钩、双头枪、双戟等双器械；有九节鞭、梢子棍、三节棍、流星锤、绳镖等软器械。这些器械大都是从古代兵器中演化而来。

你知道吗

“十八般武艺”指哪些

中国古代有“十八般武艺”之说，其实是指十八种兵器。至于究竟是哪十八种，历来说法不一，一般是指弓、弩、枪、棍、刀、剑、矛、盾、斧、钺、戟、殳、鞭、锏、锤、叉、钯、戈。在这十八种兵器中，有的已被淘汰，像殳、戈；有的已经演变，像钺，原是古代的一种大斧，现在却变成一种小巧兵器，有刃有钩，双手可各持一个，如子午钺。

第三类是对练类，其一是徒手对练，包括对打拳、对擒拿等；其二为器械对练，如对劈刀、对刺剑、对扎枪、对打棍、单刀进枪、双刀进枪、朴刀进枪、三节棍进枪等；其三是徒手与器械对练，如空手夺枪、夺匕首、空手破双枪等。

第四类是集体项目，指 6 人以上各种拳术或器械的集体演练，可用音乐伴奏，如集体基本功、集体太极拳、集体九节鞭等。

第五类为对抗攻防项目，指各种由两人按照一定规则进行的搏击运动，如散手、太极推手、短兵、长兵等。这种对抗性极强的项目有一定的实战意义。

什么是散打运动

散打亦称“散手”、“白打”，国外称“搏击”，是两个人在一定的规则制约下，使用踢、打、摔、拿、格、闪、磕、截等技击方法所进行的徒手搏斗，为现代武术的对抗性运动项目。

比赛时，运动员穿戴规定的手套、护头、护胸、护裆，在高 60 厘米、长 800 厘米、宽 800 厘米的木结构的台（台面上铺有软垫，软垫上有帆布盖单，台中心画有直径 100 厘米的阴阳鱼图，台面边缘有 5 厘米宽的红色边线，台面四边在距边 90 厘米处画有 10 厘米宽的黄色警戒线）场地上进行。以击中有效部位的得分多少或击倒对手判定胜负。其进攻技术主要由踢、打、摔、拿四种形式组成。防守技术主要由格挡防守、阻截防守、闪躲防守和扭抱防守四种形式组成。反攻和综合技术则是踢、打、摔、拿等进攻技术和各种防守技术的综合运用。

你知道吗

散打有哪些技术犯规

1. 消极搂抱对方。2. 消极逃跑躲避对方攻击。3. 用手抓住围绳进攻对方或不正当地利用围绳或立柱。4. 处于不利状况时要求暂停。5. 比赛中对裁判员有不礼貌的行为、语言或有其他不服从裁判的行为。6. 有意拖延比赛时间。7. 上场不戴或吐落护齿，有意松脱护具。8. 教练员及助手严重违反规则。

什么是跆拳道运动

跆拳道是由中国武术流传演化而来的韩国民间较普遍流行的一项技击术，是一项运用手脚技术进行格斗的民族传统的体育项目。它由品势（特尔）、搏击、功力检验三部分内容组成。跆拳道是创新与发展起来的一门独特武术，具有较高的防身自卫及强壮体魄的实用价值。它通过竞赛、品势和功力检测等运动形式，使练习者增强体质，掌握技术，并培养坚韧不拔的意志品质。

拓展阅读

跆拳道比赛场地要求

跆拳道的比赛场地是长 8 米、宽 8 米的水平的、无障碍物的正方形场地。场地的地面应为有弹性的垫子。场地中央长 8 米、宽 8 米的区域为比赛区，其余部分为警戒区。警戒区和比赛区表面用两种不同颜色划分，同色时用 5 厘米宽的白线划分。

跆拳道，是以脚法为主的功夫，腿法占的比例高达 70%。跆拳道理论认为，在人体四肢中，脚力防守为强，因此跆拳道非常注重脚法。跆拳道有品势（拳套）24 套，还有摔掌、摔击、对拍、自卫术及兵器。将跆拳道的基本技击法综合运用，可谓千变万化，多姿多彩。

空手道运动是如何起源的

空手道是日本的一派拳术，形成的时间相当于中国明清年间，由于深受中国武术的影响，在很长一段时间里被人们称为“唐手”，日本昭和初年易名为“空手道”。它和柔道一起，并称为日本的“国术”，且已风行世界。

空手道起源于当时属于中国的琉球群岛一带。相传明清年间，一些官员、拳师相继去琉球，将当时各派武术传入该地区。加上当时琉球的统治者爱好武术，提倡人们学习，使当时的琉球民风尚武、武馆林立。许多琉球著名拳师还扬帆过海寻师深造。正是在这种情况下，琉球拳师们吸取了中国武术的精华和博采其他众武术之优长，加以提炼和创新，创立了空手道。

这种武技使用起来比较凶狠，强调“自由搏击”，不拘套路，灵活多变，

拳、指、脚、掌、肩、肘、膝、腕皆能伤人。空手道对武器的使用也很重视，主要武器有叉、棒、双节棍、木尺杖等。它具有精简易学、比较实用的特点，但训练时体力消耗很大，初习者每天要苦练10个小时以上。

原来，空手道不像柔道那样有广泛的影响。日本大正年以后，空手道与柔道经过多次较量，刚柔相峙，竞雄不下，从而奠定了它在日本武术界的地位。20世纪70年代初，空手道成为世界上的武术比赛项目。

什么是刀术

刀是武术器械中最常用的一种，位居十八般兵器之首。刀的种类很多，主要有长柄朴刀、长柄大刀、短刀、双刀等，还有一些特殊形状的刀如三尖两刃刀、麟角双刀等。

由于刀的形制不同，练法也各不相同，内容十分丰富，几乎一种拳法就有一种刀术。常见的有太极刀、六合刀、梅花刀、追风刀等。各种刀术虽然表现手法各异，但都具有果断有力、迅猛剽悍的特点。武术谚语中有“刀如猛虎”的说法。

什么是枪术

枪是从长矛演变而来的。枪使用灵活，变化多端，可与大多数器械对练，所以称“百器之王”。

枪的种类很多，有大枪、花枪、二头枪等。现在常见的枪长度相当于人站立手臂直举的高度，枪头菱形钢制。枪的技法以拦、拿、扎为主。拦枪和拿枪又称“圈枪”，是防御之法。运枪时迅速、准确、有力。扎枪是进攻之法，枪式平正，枪尖直出直入，所以武术谚语中有“枪扎一条线”之说。枪法还有点、穿、挑、拨、扫等，都有变幻迅疾、吞吐自如、刚柔相济、潇洒大方的特点。

什么是剑术

自古以来剑一直是武林中极常用的一种兵器，有“百刃之君”的美称。

汉高祖刘邦曾自诩：“我提三尺剑取天下。”

剑按种类有单剑、双剑、双手剑、反手剑、长穗剑、短穗剑之分；按剑法则有太极剑、武当剑、峨眉剑、少林剑、醉剑等。

剑术多为套路运动，以点、劈、刺、崩、撩、挂等剑法为主。剑术种类虽然繁多，但都有一个共同的特点，饱含潇洒、飘逸之态，素有“剑如飞风”的说法。

什么是棍术

棍又叫棒、杵、杆，是各种长兵器的基础。

棍以种类分有大棍、齐眉棍、三节棍、梢子棍等；以门派分有少林棍、青田棍、巴子棍、紫微棍、张家棍、腾蛇棍、东海边城棍等。各类各派棍风格各异，但技法大多以点、劈、崩、抡、扫、戳、撩、拦等为主，特点是快速刚劲、力贯棍端。套路练习时蹦跳轻捷、身械合一，手中之棍忽长忽短，时圆时直，变幻莫测。抡、扫、劈及舞花时呼呼生风，气势勇猛，所以有“棍打一大片”之说。

拓展阅读

中国铸剑大师欧冶子

欧冶子，春秋末期至战国初期越国人。中国古代铸剑鼻祖。据《越绝书》记载，他曾为越王勾践铸了五柄宝剑：湛卢、巨阙、胜邪、鱼肠、纯钧；为楚昭王铸了三柄名剑：龙渊、太阿、工布。

什么是长拳

长拳是武术中的主要拳种之一，通常在出手或出腿时以放长击远为特征。有时在出拳时还配合拧腰顺肩来加长击打点，以发挥“长一寸强一寸”的优势。

过去把查拳、华拳、炮拳、红拳等都列入长拳，也有称太极拳为长拳的。1949 年后，在吸收几种拳法风格的基础上形成了现代长拳的套路，它的特点是蹿蹦跳跃，节奏鲜明，力点明确，出手迅疾。

现代长拳在竞赛中有规定套路和自选套路两种。规定套路要求参赛选手做一套统一编排的动作。自选套路要求选手自己创编动作套路，套路必须包括三种手型、五种步型和其他一些平衡、跳跃等动作。

知识小链接

太祖长拳简介

太祖长拳属少林十八家中的一家。据传说“太祖拳”为第一家是因为宋太祖所传，共计十六节长拳。此套路演练起来拳打一条线，可以拳打卧牛之地，在近距离的交战中发挥它的威力，使用于近战肉搏，由于它的招势怪异，威力强大，往往使对手看不清它的招式，无所应对。

什么是南拳

南拳是武术中的主要拳种之一，因流行于中国南方各省而得名。南拳以步稳、拳刚、势烈、少跳跃、多短拳、擅剽手等特征而别于长拳（北拳），所以有“南拳北腿”之说。

南拳流派纷繁。仅广东就有洪家拳等五大家数百种套路。南拳讲究劲力，擅长用手。常常是“一步几变手”，令对手防不胜防。

什么是太极拳

太极拳是武术中的主要拳种之一，早期曾称“长拳”、“绵拳”。18 世纪末，山西民间武术家王宗岳用古代阴阳太极哲理解释拳义，写成《太极拳论》。这种拳术从此被定名为“太极拳”。

太极拳在漫长的发展过程中演变出众多的流派，主要有陈式、杨式、吴式、孙式、武式等。中华人民共和国成立后，新编了简化太极拳、十八式太极拳、四十八式太极拳等。太极拳虽然流派繁多，但风格和技术要求基本一致，即心静意专，呼吸自然，柔和缓慢，圆活完整，协调连贯，轻灵沉着，虚实分明。

太极拳不仅有健身作用，还具技击价值，有以静制动、以柔克刚、借力打力的攻防特点，能“牵动四两拨千斤”。太极拳的技击原则，集中体现在散打形式的太极推手上。

基本小知识

太极推手

太极推手也称打手、揉手、擖手，是太极拳的双人徒手对抗练习。太极推手是以上肢、躯干为攻击部位，运用“掤、捋、挤、按、采、挒、肘、靠”等技法以达到借力、发力，使对方身体失去平衡的一项具有对抗性、娱乐性、健身性、传统性的体育运动。它以四两拨千斤、发人如弹丸、弹指一挥跌丈外、身体微动彼落空的技艺被人所称道。

什么是对练

对练是武术运动项目之一。由两人或两人以上按照固定套路进行攻防练习。套路依据各类拳种或器械的各种动作编制，内容丰富，结构严密。

对练一般分徒手对练、器械对练、徒手和器械对练三种形式。

武术比赛是怎样发展的

武术是中国传统的体育项目，由踢、打、摔、拿、击、刺等攻防格斗技术，按照一定规律组成的运动，有套路和对抗两种形式。

人类在与兽类搏斗及部落战争中，以石、木等做兵器，积累了攻防格斗的技术。秦汉以后，舞棍弄剑等练武活动已在民间盛行。唐代设立了武举制，通过考试和比武选拔人才。宋代则设了打擂比武的内容和标准。明代在军队中通过比赛促进武艺的发展，清代民间盛行“打擂台”的武术竞赛活动。

20 世纪 20 年代，曾设立中央国术馆，并在部分省、市建立分馆。1932 年举办了全国武术运动会，以后几乎每年都举办全国武术竞赛，称为国术国考。1936 年中国曾派武术队赴柏林，参加第 11 届奥林匹克运动会武术表演，受到与会者热烈欢迎。

1949 年后，武术被列为全国正式比赛项目。1958 年成立了中国武术协会。1985 年国家体委建立了武术项目运动员等级制，分武英级、一级武士、二级武士、三级武士、武童级等五个等级。同年在西安举行了第一届国际武术邀请赛，有 14 个国家和地区的 89 名运动员参赛，期间成立了国际武术联合会筹委会，秘书处设在中国。

1987 年在日本横滨成立了亚洲武术联合会，并同时举行了第一届亚洲武术锦标赛。1988 年，武术经亚奥理事会确认列入 1990 年第 11 届亚运会正式比赛项目。目前，全世界已有 30 多个国家和地区建立了武术组织或开展武术活动。

武术竞赛内容大体可分为五大类：拳术（包括长拳、太极拳、南拳）；器械（包括刀、剑等短器械和枪棍等长器械）；对练（包括两人或两人以上的徒手对练、器械对练和徒手与器械对练等）；集体项目（指多人集体表演的武术）；对抗性比赛（包括太极推手、散手、短兵、长兵等）。

你知道吗

古代武举都考什么

唐代的武举主要考举重、骑射、步射、马枪等技术；此外对考生相貌亦有要求，要“躯干雄伟、可以为将帅者”。宋代时规定武举不能只有武力，要问孙吴兵法等。到了明朝时更改为“先之以谋略，次之以武艺”，如果在答策的笔试中不及格，不能参考武试。武试则最少要求骑射九矢中三，步射九矢中五。至清朝时，改为先试马步射，马射二回六矢，中三为合。步射九矢中五为合。之后比力气，包括拉硬弓、舞刀、举石。

棋牌运动知识问答

TIYU ZHISHI

棋牌运动是棋类和牌类娱乐项目的总称，包括中国象棋、围棋、国际象棋、蒙古象棋、五子棋、跳棋、国际跳棋（已列入首届世界智力运动会项目）、军棋、桥牌、扑克、麻将等等诸多传统或新兴娱乐项目。

棋牌运动集科学性、知识性、竞技性、趣味性于一体，以脑力运动为主，老少皆宜，可提高人的记忆力和大脑思维的能力，培养人们良好的品德修养和紧密协作、适应环境的团队精神。

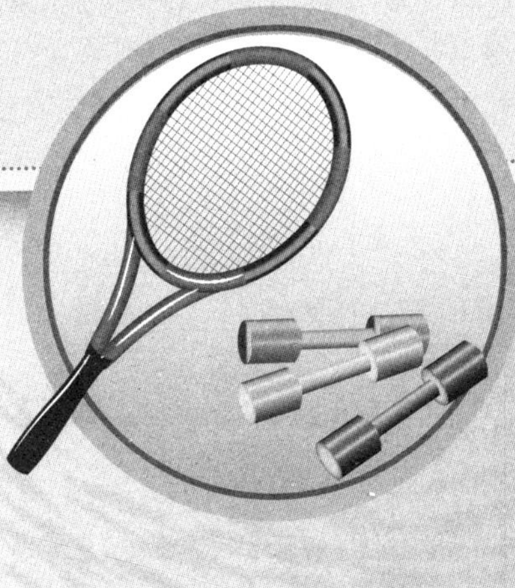

为什么棋类属于体育项目

棋类属于体育项目，有以下两个原因：

其一，棋类是高度脑力运动，也是很强的体力运动。一个棋类运动员，对每一步棋都必须经过深思熟虑，考虑局部和全局的关系，考虑得失取舍，考虑一般规律和特殊变化等。其他运动项目一场比赛不过几十分钟，而一盘棋需要几个小时乃至十几个小时。耐力与体力消耗有关，而耐力锻炼也会增强体质，因而棋类也是体育运动。

其二，棋类和其他运动项目同样有严格的竞赛规则，双方在同等条件下竞技，是一种比智力、比技巧、比体力的全面竞赛。

棋术是何时开始的

所有的棋弈，没有人能断定哪种历史最久。西洋棋又叫“皇家游戏”，被认为是所有游戏中最古老的一种，大约有5000年之久。

西洋棋是从波斯传入的，意思是为“王”。棋的来源，有多种说法，有人认为是由希腊、罗马、巴比伦、中国、阿拉伯发源而来。另一种却又认为是从印度佛教起源的。因为根据佛教的教义，任何杀人的行为皆是犯罪的，所以发明棋艺来取代战争。有许多权威人士，都认为是由印度传入波斯及阿拉伯，然后传入西欧。

棋术延续到现在，自然经过了各种改变，现代棋已在世界各地发展，而各地区也不断地举办棋赛，成千上万的棋迷分布在世界各地。

什么是中国象棋

中国象棋是以黑红子代表两军对垒的智力竞技，是科学与艺术相结合的运动。

中国象棋的棋盘为正方形，上面有90个交叉点，棋子摆在这些交叉点上，棋盘中间没有画通直线的地方叫“河界”，上方和下方画有交叉线的地方叫“九宫”。棋子共32枚，分为红黑两组，由对弈双方各执一组，各有一帅（将）、两仕（士）、两相（象）、两车、两马、两炮、五兵（卒）。着法是一方先走，然后轮流下子，以把对方“将死”、“困死”或对方认输者为胜，不分胜负为和棋。

中国象棋棋手划分为三个等级，从高到低依次为国际特级大师、国际大师、国内大师（有特级大师和大师之分）。等级的划分是根据棋手在正式比赛中所获成绩折算成等级分来确定。

中国象棋是怎样兴起的

早在唐朝宝应年间（762—763年）中国就流行象棋，与现行象棋体制相近。南宋时的象棋体制已与现行体制相同。古代士大夫们的修身四艺（琴、棋、书、画）中便有“棋”这一项。

中华人民共和国成立后，中国象棋被列入全国正式体育比赛项目。1956年第一届全国象棋比赛在北京举行。1962年成立了中国象棋协会，每年主办多种类型的全国性象棋比赛。进入20世纪70年代后，中国象棋开始走出亚洲，走向世界。1978年亚洲中国象棋联合会在马来西亚成立。1980年在澳门举行了第一届亚洲杯中国象棋赛。1984年，中国象棋协会、广东棋协联合举办了“七星杯”中国象棋国际邀请赛。1990年在新加坡举行了第一届世界象棋锦标赛。为促进中国象棋在世界范围内的普及和推广，2009年，国家体育总局同意将“中国象棋”更改为“象棋”，英译名采用“xiang qi”。

拓展阅读

“楚河汉界”今何在

在中国象棋的棋盘中间，常有一区空隙，上写有“楚河”、“汉界”字样，这是以下棋比况历史上的“楚汉战争”。据史料记载，“楚河汉界”在古代的荥阳、成皋一带，该地北临黄河，西依邙山，东连平原，南接嵩山，是历代兵家兴师动众的战场。公元前203年，刘邦出兵攻打楚国，项羽粮缺兵乏，被迫提出了“中分天下，割鸿沟以西为汉，以东为楚”的要求，从此就有了楚河汉界的说法。

什么是国际象棋

国际象棋是两人对弈的一项智力型运动。国外称象棋，在我国因区别于中国象棋而冠以“国际”二字。

国际象棋棋盘为一正方形盘，盘面有纵横各 8 格、深浅两色交错排列的 64 个方格。棋子是立体形状的，分黑白两组，每组 16 枚棋子，由一王、一后、双车、双象、双马和 8 个兵组成。着子规则比较简单，白棋先走，黑棋后走，双方轮流走子，一次走一步，棋子必须下在棋盘的方格上。比赛以将死对方的王为胜，双方都将不死对方的王为和棋。如一方连续不断地“将军”，而另一方的王又无法避开或走棋的一方王虽未被“将军”，但无路可走，同时己方其他棋子也无法活动时，也判为和棋。

国际象棋棋手划分为三个等级，从高到低依次为特级大师、国际大师和棋联大师。等级的划分是根据棋手在国际棋联规定的比赛中所获成绩折算成等级分来确定。

什么是五子棋

五子棋是一种两人对弈的纯策略型棋类游戏，是起源于中国古代的传统黑白棋种之一。它发展于日本，流行于欧美，容易上手，老少皆宜，而且趣味横生，引人入胜；不仅能增强思维能力，提高智力，而且富含哲理，有助于修身养性。

五子棋的棋子分为黑白两色，采用 19×19 棋盘，棋子放置于棋盘线交叉点上。两人对局，各执一色，轮流下一子，先将横、竖或斜线的 5 个或 5 个以上同色棋子连成不间断的一排者为胜。

因为五子棋在落子后不能移动或拿掉，所以也可以用纸和笔来进行游戏。

什么是围棋

围棋是一项两人对弈的智力型运动。棋盘面由纵横各 19 道线交叉组成，

由此产生 361 个交叉点。棋子就下在这些交叉点上。

围棋子分黑白两色，各 180 枚。着子规则为执黑子一方先下一子，执白一方继下一子，对弈双方轮流下子，每次限下一子。落子后就不能再移动。每个棋子上下左右以直线相连的交叉点，称为“气”。如果这些交叉点均被对方的棋子所占，交叉点里面的棋子就没了“气”，即为对方所“吃”。

围棋通常分布局、中盘和收官三个阶段，着法复杂多变，对局双方运用围、拦、断、逼、打劫、杀气、做眼、破眼等各种技术战术攻击对方的棋子并占领空地。终局时对局双方将各自盘面所占空地或棋子数相加计算，多者为胜。如对局一方未到终局便认输，另一方即为中盘获胜。由于黑子先走，有先行之利，规定先行一方必须在终局时贴子给后走方，为尽可能避免出现和棋，贴子数目定为$\frac{11}{4}$。

趣味点击　胜棋楼的故事

胜棋楼位于南京莫愁湖上。相传明太祖朱元璋与魏国公徐达在此下棋，二人杀得难解难分，朱连吃徐二子，以为胜券稳操。不料，细观徐已将棋子摆成“万岁”二字。朱叹服，遂将楼和湖赐给徐做“汤沐邑”，楼因此得名“胜棋楼”。

围棋是如何起源的

围棋源于我国，据有文字记载的历史可追溯到春秋时期。关于它的发明，说法颇多。有的说起源于古代部落会议，会议为商讨对敌战争，就地画图，并用两种不同颜色的小石子代表敌我，进行筹划，以后便演变成了游戏；有的说，舜因儿子愚钝而制造围棋以教诲之……

早期的围棋盘，有纵横各 11、15、17 道几种。今天所用的 19 道围棋盘，大约出现于南北朝。

围棋自古称“弈”，春秋战国时典籍《论语》、《左传》和《孟子》都有关于“弈”的记载。最早提到下围棋的书籍，是《孟子》，最早的棋谱是三国时期李逸民的《忘忧清乐集》。

围棋大约在西汉时传入印度，隋唐时传到朝鲜，再辗转传到日本，最后是由日本把围棋种子传播到欧美各国。今天，围棋作为国际体育比赛项目之

一，已为越来越多的人所喜爱。1982 年，国际围棋联盟宣告成立。

知识小链接

舜简介

舜，传说中的上古帝王，父系氏族社会后期部落联盟领袖。姚姓，有虞氏，名重华，史称虞舜。相传因四岳推举，尧命他摄政。他巡行四方，除去鲧、共工、谨兜和三苗等四人。尧去世后继位，又咨询四岳，挑选贤人治理民事，并选拔治水有功的禹为继承人。

围棋“九段制”是怎么来的

在我国古代，围棋棋手的等级称为“棋品”。因受人官、官品、书品“九品制”的影响，故棋品也设“九品制”。晋范汪撰有《棋九品序录》，南北朝王抗、褚思庄、柳恽都著有《棋品》，柳恽还将当时棋艺登格者共 278 人，第其优劣，分级排定。“九品”名称，最早见于北宋张拟的《棋经·品格篇》：“夫围棋之品有九，一曰入神，二曰坐照，三曰具体，四曰通幽，五曰用智，六曰小巧，七曰斗力，八曰若愚，九曰守拙。”明清两代“围棋等级分为国手、二手、三手、四手”，国手有大家、名家之分，其余各手又分先后，也近似于九等。

近代学者黄俊在他所著的《弈人传·例言》中说：“六朝品棋，褚思庄品于宋，王抗品于齐，柳恽品于梁，张拟著经，分为九品。明清以来，有国手、二手、三手、四手之分，每手又分先后，略近九等。日本效之，称为九段。”

围棋的变化究竟有多少种

围棋由 181 枚黑子和 180 枚白子组成，棋盘由纵横 19 道线形成的 361 个交叉点组成。每一个点都可能出现下黑子、下白子或空着不摆子三种情况。那么，361 个交叉点，就有 3 的 361 次方变化的可能，即围棋的着数变化是 10 的 172 次方。这可是一个大得惊人的天文数字。

实际的变化数比这还要多。因为围棋对局中如果出现“打劫”，就会在一个交叉点上反复出现黑、空、黑、空（或白、空、白、空）的情况。这样，每个点上的变化就不止三种可能，而是四种可能，即意味着全局变化数是10的252次方。

唐朝的冯贽说过：“人能尽数天星，则遍知棋势。”可见围棋的招数变化无穷。

“棋圣”称号是怎么来的

“碁”为棋的异体字，专指围棋。日本江户时代中期，第四代本因坊道策，对日本围棋的革新有重大贡献，被人誉为“碁圣”。

棋圣是由“碁圣”演化而来的。从1977年起，日本《读卖新闻》举办“棋圣战”，这一比赛包括“各段优胜战”、“全段争霸战”、“最高棋士决定战”三个阶段；参赛棋士多，时间长，波澜起伏，引人注目。藤泽秀行曾连获第一届至第六届棋圣称号。根据规定，“五连冠”者，即可取得终身名誉棋圣称号，所以藤泽秀行现在被称为“名誉棋圣”。

什么是跳棋

跳棋由于其规则简单，一玩就懂，一辈子都不会忘，所以几乎每个人从小到大都下过跳棋。

跳棋是1880年在英国创立，英文名称为“Halma”（希腊文“跳跃”的意思），最初的棋盘是正方形的，共有256格，开始时棋子分布在四个角落，以最快跳到对角为目标，规则和现在的中国跳棋类同。不久就有人改成星形棋盘，由一间德国公司Ravensburger取得专利，称为Stern – Halma。20世纪30年代起在美国开始流行，并改了Chinese Checkers（中国跳棋）的名字。

一局跳棋，可以分为开局、中盘、收官（借用围棋术语）三个阶段。开局：一般指的是从双方棋子的出动到棋子的初步相互接触为止的过程，一般在10步棋以内；中盘：是指双方的棋子力纠缠在一起，争夺出路，同时又给对方设置障碍的阶段；收官：是双方的棋子基本分开，各自按自己的方式尽快进入对面的阵地。

什么是国际跳棋

国际跳棋与跳棋并不相同，它的棋盘是由深浅两色间隔排列的 100 个小方格组成的正方形（即 10 个小方格 × 10 个小方格），深色的小方格里都有阿拉伯数字的号码叫作棋位，号码是作为棋局记录使用的。

国际跳棋的棋子是圆柱形的，黑白棋子各 20 枚，棋子表面上有螺纹，这种棋子叫“兵”。把兵翻过来（或两兵叠起来）就是“王”（兵跳到对方的底线升变为“王”或称为王棋）。

行棋前，把棋盘摆在对弈者中间，双方面对棋盘的左下角是黑格，黑兵摆在 1 ~ 20 的棋位上，白兵摆在 31 ~ 50 的棋位上，对局开始执白棋者先行。

什么是军棋

棋子以各种部队、兵种或军事武器为原型而命名，双方或多方通过明式或暗式进行来回行走或吃棋。

军棋，是根据当今世界陆、海、空多兵种、高科技、立体战争的实际军事布置及作战原理，吸取中国象棋和国际象棋等棋艺之精华，将代表各种战争武器或部队的棋子通过明式或暗式对弈，在两个或四个陆地及江河海洋之象征的棋盘上进行来回走动并吃棋，让不现实的纸上谈兵变成现实的——棋盘上练兵，是一种双方、三方或四方对阵的新的智力竞赛游戏和娱乐项目。

纸牌游戏起源于何地

玩纸牌是一种古老的游戏，大多数的专家们认为纸牌起源于亚洲，而后流传到欧洲，现在已遍及了全世界。

古代的印度人和伊斯兰教教徒有一种习惯，几个人围在一起玩纸牌，作为一种娱乐。欧洲人玩纸牌开始于 1120 年。据传说纸牌是中国宋代皇帝宋徽宗发明的，当时只是在皇宫里作为一种茶余饭后的娱乐。

14 世纪的时候，玩纸牌曾在法国非常流行，甚至影响了工作，于是法国政府下令，禁止工人在工作时玩纸牌。

纸牌有正方形或长方形的，后来也流行过圆纸牌。早期的纸牌是一副 86 张，85 张上编有号码，另外一张没有号码的牌叫“愚人”。在印刷术发明之前，纸牌都是人工画的，所以售价非常昂贵，除了有钱的人以外，一般人玩不起。15 世纪印刷术的出现，才使纸牌才成了大众的娱乐工具。

16 世纪，法国人把纸牌加以改良，一副纸牌分为 4 组，每组 13 张，图案为红心、梅花、黑桃、方块，加上大小王，共 54 张牌，将这种纸牌命名为扑克，并一直沿用到今天。

扑克牌是怎样起源的

扑克牌作为西方纸牌的一种，已有几百年的变迁史。据国外辞书介绍，最早的西方纸牌是在 13 世纪十字军战争时期从亚洲流入欧洲的，而当时在亚洲只有中国的纸牌，因此，西方纸牌的发展与中国的马吊牌向外传播有一定的关系。从形式上看，西方纸牌与中国的马吊牌也有相似之处，如马吊牌是由文钱、索子、十字、万字四门组成，扑克牌也是由四门组成的，即铲、心、金刚石、棒（黑桃、红心、方片、梅花）：马吊牌尊者的牌面绘有人像，扑克牌尊者的牌面也绘有人像。

16 世纪西方流行一种称为胜牌的纸牌，它在 17 世纪初演变为类似桥牌的惠斯特牌戏，流行于英国伦敦及荷兰，到了 1894 年在英国伦敦俱乐部中产生了桥牌，这种桥牌再经演变就是现在的扑克牌。另外，由于基督教忌讳 13，美国还曾制作过每门自 1 ~ 14 的扑克牌。

基本小知识

十字军东征

十字军东征是罗马教廷、西欧封建主和意大利城市对近东各国发动的侵略战争，他们借口反对异教徒，打着圣战的旗号，对东部地中海各国进行长达两个世纪之久的侵略战争。罗马教廷称这场战争是宗教战争，每个参加出征的人，包括骑士、农民、小手工业者在内，胸前和臂上都佩有“十”字标志，故称“十字军”。

扑克牌是怎样设计的

扑克牌是按历法设计的，在某种意义上，可以说扑克也是历法的缩影。众所周知，一副扑克共有54张牌。其中的52张是正牌，是表示一年中有52个星期；2张是副牌，大王表示太阳，小王代表月亮。因一年有春、夏、秋、冬4个季度，故又分别用黑桃、红桃、草花、方块4种花色表示。其中红色的红桃、方块又表示白昼；黑色的黑桃、草花则代表黑夜。每一季共有13个星期，因而每种花色是13张牌；每一季度一般为91天，而把13张牌的点数加起来正好是91。倘若将四种花色的52张牌之点数都加起来，再加上小王的一点（大、小王各作一点，K作13，Q作12、J作11），是一年的天数365；假如再加上大王的一点，则恰好为闰年的天数。扑克牌中K、Q、J共有12张，既表示有12个月，又表示太阳在一年中经过12颗星座。

扑克牌面上为何选用黑桃、红桃、草花、方块4种花色呢？原来这4种花色乃是古代占卦用的符号，其含义如下：“黑桃”，溯源于橄榄叶，即和平鸽嘴中含的那种树叶，这种花色象征和平与安宁。“红桃”出典于人的心，象征着智慧，也表示爱情。“草花”，原型出自三叶草，一叶共有三瓣，间或有四瓣的。欧洲人有个风俗，谁要是发现了四瓣的三叶草，预兆谁会走红运，故它象征幸福。“方块”，原意是昂贵的钻石，象征财富。

什么是桥牌

桥牌是一种数字性概念很强的体育运动项目。四人分两组进行对抗竞赛，或以四人组成一队，进行队际复式比赛。比赛由叫牌与打牌两个阶段组成。在叫牌阶段，双方各自运用数字加上牌的花色（或无将）的简单方式，互通信息，以期达到一个与己方有利而对对方不利的定约，作为第二阶段的目标；继而再在打牌阶段中，各自发挥熟练的打牌技巧，努力完成己方的定约或者击败对方的定约，为己方赢得最多的分数，争取竞赛的胜利。

桥牌的前身为17世纪英格兰民间的惠斯特纸牌游戏。这种牌戏18世纪开始在英国上层社会盛行，后来逐步演变发展为现代桥牌。20世纪30年代，美国的卡柏逊创制了一套桥牌国际比赛规则，被美、英、法等国桥牌界公认。自此桥牌变成一项体育运动项目。1958年，世界桥牌联合会在挪威奥斯陆成立，定期主办“百慕大杯”桥牌锦标赛、奥林匹克桥牌锦标赛和“威尼斯杯”桥牌锦标赛（女子），并根据桥牌手在重要国际比赛中的成绩，分别授予特级大师、世界大师和国际大师的等级称号。

拓展阅读

叫牌盒与帘幕的用途

锦标赛中常使用“叫牌盒”。叫牌盒是一个装着卡片的方盒，每张卡片上各写着一个桥牌规则中的叫品。想叫牌的玩家可以拿出写着叫品的卡片，而不需以言语表示，可以因此防止由语调变化传递的非法信息。

在高等级的国内竞赛，以及国际竞赛中，也常使用“帘幕”，放于对角横跨桌面的隔板，能使玩家在比赛进行中看不见他的同伴。

民间运动知识问答

TIYU ZHISHI

自古以来，体育在民间一直自由自在，自生自灭。它不拘形式，不拘场地，不拘人数，也不拘组织形态，天然地与百姓日常生活密切相连。有鲜明的民族风格和地方特色的传统性的身体锻炼活动。内容丰富，形式多样，具有娱乐性、趣味性、民俗性、游戏性、表演性、节庆性的特点。

民间体育活动历史久远，内容丰富。追溯起来，它们或许起源于先民的渔猎与采集，或许起源于早期的迁徙与争战，又或许起源于原始的体能训练以及由此而派生的舞蹈、竞技、游戏等，还可能起源于精神性的祭祀仪式……

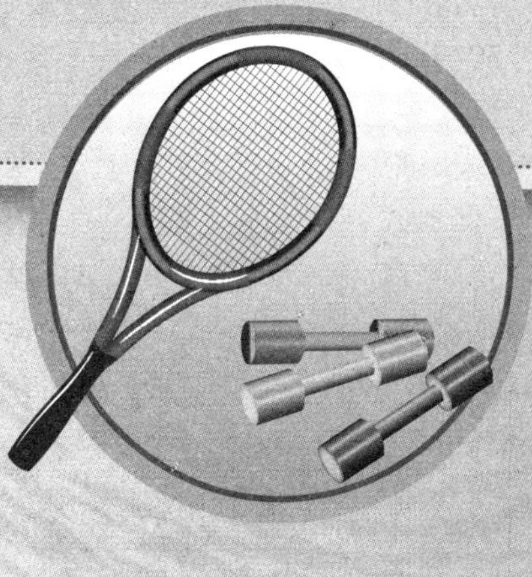

什么是滑草运动

滑草运动于20世纪60年代在前联邦德国应运而生。这项运动最初是用来补充滑雪训练的，后来就慢慢变成了一种新兴的独立运动项目。

滑草运动是在草原斜坡上凌空滑下，由于草比雪摩擦力大，完全靠滑动就不那么顺利。因此人们为滑草运动专门设置了一种新式用具——草雪橇。它的底部是一种类似履带式拖拉机的塑料链带，围绕着一块硬金属棒在滚珠轴承上滚动。把这种履带固定在金属框架上，再与靴子固定起来就成了草雪橇。因此，滑草既不像滑雪那样在雪上完全滑，也不像轮滑那样纯粹是四个轮子在滚动，而是除了靠草皮的滑力运动之外，主要还像坦克履带转动那样向前滑动。由于草的滑溜度远不如雪，再加上草雪橇自重达5千克，滑动时双脚承受的负担较大，所以，有些动作如旋转、横滑等都比较困难，身体也难保持平衡。

在通常情况下，滑草运动用以练习或比赛的场地全长400米，最大坡度为26度，平均坡度为16度。比赛时，沿途设有15个旗门，比赛规则与滑雪大致一样。如果熟练地掌握了滑草技术，时速也可以达到50千米以上。现在，喜欢滑草运动的人越来越多。这种运动一年四季都可以进行，而且可以享受到类似滑雪的乐趣。一些国家都有滑草运动的专门组织，还定期举办小型的比赛。

拓展阅读

目前滑草运动盛行在哪些国家

目前滑草运动盛行的国家及地区有：奥地利、瑞士、意大利、法国、英国、德国、比利时、匈牙利、土耳其、澳大利亚、美国、加拿大、巴西、南非以及亚洲的日本、韩国、中国台湾地区等。

什么是“龙舟”竞渡

“龙舟”即把船装扮成龙形，有龙头龙尾，饰颜华丽，故称“龙舟”。

“龙舟”出现在两汉时期，龙舟竞渡是在隋唐以后。它作为我国传统的民族体育项目，多在喜庆日子举行。

汉族龙舟竞渡赛，多在每年的端午节进行，是为纪念伟大爱国诗人屈原而举行的。龙舟长20～30米，每艘船上30名水手。竞赛时水手们按一定节奏划桨前进，均以在规定距离内，先到达终点者为优胜。

苗族的龙舟竞渡赛多在每年5月24日～27日的“龙船节”举行。龙舟长20米，宽1米，由三根直而粗的杉树挖成槽形捆绑而成。中间是母舟，两边为子舟，每艘坐38名水手，另有一名长者任鼓头，一名男扮女装的小孩任锣手。竞赛时，炮声响处，各船手即按锣鼓声节奏，划桨前进，以先渡过规定距离者为优胜。

基本小知识

泼水节

泼水节是傣族最隆重的节日，也是云南少数民族中影响面最大，参加人数最多的节日。泼水节是傣族的新年，相当于公历的四月中旬，一般持续3～7天。第一天傣语叫“麦日”，与农历的除夕相似；第二天傣语叫“恼日”（空日）；第三天是新年，叫“叭网玛”，意为“岁首”，人们把这一天视为最美好、最吉祥的日子。

傣族龙舟竞渡赛多在每年的“泼水节”（清明后10天左右）进行。龙舟较长，每舟有60～70名水手，4名舵手和4名引道手。竞赛时，由一名锣鼓手指挥，水手按锣声节奏划桨前进，以先到达终点者为优胜。

拔河是如何起源的

拔河，是现代一项比较普及的体育运动。早在春秋战国时期，这种活动首先在军队中兴起。楚国为了强化部队的身体素质，为攻打吴国做准备，用一种一端带有钩子的拖绳，来训练士兵“退则钩之，进者牵之”。这种“牵钩”在战时可以拉住敌人的战车和战船，这就是拔河运动的最早形式。

到了唐代，拔河运动进入了兴盛时期。大绳中立大旗为界。竞相牵引，以把绳拉过界这边者为胜，反之为输。拔河时，叫喊声不绝于耳。唐玄宗很喜欢拔河，他举办的拔河比赛，据称挽者至千人，喧呼动地，蕃客庶士，观

者莫不震惊。为此，进士薛胜曾写了一篇《拔河赋》，描述了拔河的盛况。这种运动被沿用下来。

跳绳是如何起源的

跳绳，是孩子们非常喜欢的一项游戏活动。这种活动在我国由来已久，盛行于清代。

据清人潘荣陛《帝京岁时纪胜》中记录，在清代北京元宵节民间娱乐时，称跳绳为“跳百索”。济南府《府志》中载：“每年孟春正月元旦……儿女子以绳跳为戏，名曰‘跳百索’。”《松风阁诗抄》中也有诗记载：“太平鼓，声咚咚，白光如轮舞索童；一童舞索一童唱，一童跳入光轮中。”当时这种跳绳加伴唱的游戏，娱乐性很强。跳绳有单脚跳、单脚换跳、双脚并跳、双脚空中前后、左右分跳等多种方法，对促进少年儿童发展灵敏、速度、弹跳及耐立等身体素质，皆有好处。因此，跳绳运动一直流传至今。

荡秋千是如何起源的

荡秋千在我国是一项非常普及的群众性体育运动。

秋千的起源，可追溯到几十万年前的上古时代。那时，我们的祖先为了谋生，不得不上树采摘野果或猎取野兽。在攀缘和奔跑中，他们往往抓住粗壮的野藤，依靠身体的摇荡摆动，上树或跨越沟涧，这是秋千最原始的雏形。至于后来用绳索悬挂于木架，下拴踏板的秋千，春秋时期在我国北方就有了。《艺文类聚》中就有“北方山戎，寒食日用秋千为戏”的记载。当时拴秋千的绳索为结实起见，通常多

趣味点击

李清照《点绛唇·蹴罢秋千》赏析

蹴罢秋千，起来慵整纤纤手。露浓花瘦，薄汗轻衣透。

见客入来，袜刬金钗溜，和羞走。倚门回首，却把青梅嗅。

李清照的《点绛唇·蹴罢秋千》描写的是一个天真烂漫而又情窦初开的贵族少女形象。表现了词人李清照对爱情的强烈追求和对自由的渴望。

以兽皮制成，故“秋千”两字繁体字（鞦韆）均以“革”字为偏旁。

古代荡秋千，只不过是一种单纯的游戏活动，只是在清明寒食节前后才有所见；而且仅仅局限于豪门贵戚家的红男绿女。新中国成立后，国家在各个体育场所和学校，普遍安置了秋千设备，荡秋千便成为一种广泛的群众性体育锻炼活动。

“飞碟”是如何起源的

飞碟在美国叫“弗里斯比”，是由面包盘演变而来。20 世纪 40 年代后期，美国耶鲁大学学生经常在一家名叫 Frisbee 的面包店用餐，年轻学生们好动，常把面包盘掷来掷去玩耍，从中取乐。富于想象力的学生逐渐将它发展为一种游戏，并以这家面包店的称呼命名。

后来有人觉得面包盘过于笨重，难以掷远，而且易碎，便参照流体力学的原理，改用塑胶做原料制成新型的圆碟。敏锐的美国商人很快感觉到这项游戏的巨大潜在市场，于 1957 年公开出售圆碟，并与当时世界上关于星外来人以及不明飞行体的传说联系起来，取名“飞碟”。

陀螺是如何起源的

抽陀螺是中国传统民间体育活动。各地对陀螺有不同的称呼，如“地黄牛”、“老牛”、“牛牛儿”、“菱角”等。由于抽陀螺的趣味性强，尤其在中国北方各地，一到冬天河湖湾坑冻上厚冰之后，更吸引着众多的少年儿童到冰上去参加这一活动。早在 10 世纪以前，中国的这一古老民间体育活动就传到了朝鲜、日本等国，以后又流传到马来西亚、印度尼西亚等东南亚国家。

拓展阅读

陀螺的保存

陀螺宜存放在阴凉通风处，避免日晒龟裂及潮湿发霉，必要时宜运用冷气机或除湿机将存放场所除湿；铁制部分则要适时给予上油保养（不宜太多，以免缠绳不易）；绳子感觉变硬时，则应泡水搓洗、甩打一番（以除去沙粒尘土）后阴干。

陀螺比赛在马来西亚也已有几百年的历史，每逢节假日都要举行，每年还要举行一次全国性比赛。马来西亚人使用的陀螺直径有25厘米，重6千克。马来西亚的陀螺比赛有两种：一种是旋转赛，参赛者在地上猛抽陀螺使其旋转，然后用木板托住，再移到顶部装有锡盘的木柱上旋转，以旋转时间长短定胜负；另一种是攻击式比赛，每场比赛有两队参加，每队3～5人，比赛开始后，甲队先抽转陀螺，然后由乙队掷击。掷击时以时间长短、陀螺间不得相互碰撞等规则作为计分标准。

踢毽子有什么好处

踢毽子是我国民间传统体育活动，历史悠久，深受中小学生喜欢。

别看毽子重量轻，但锻炼价值可不小。踢毽子时，通过举腿抬脚，屈体弯腰等活动，毽飞人舞，矫健多姿。尤其是脚下变化无穷，使踢毽子者的下肢关节、肌肉与韧带都得到很好的锻炼，有效提高身体的灵活性和柔韧性。此外，踢毽子的动作，除了使用腿脚，还必须与腰背、上肢及全身协调配合，如果连续踢毽子数十次，心跳次数每分钟增至100多次，呼吸次数也随之增加。因此，经常练习踢毽子可以舒筋活血，强身壮骨，抗老防衰。特别是对中小学生，其增进健康和促进生长发育的锻炼价值就更为显著。

怎样挑选毽子

好的毽子踢起来得心应手，富有乐趣。那么，如何挑选一只好毽子呢？首先应挑选毽子的羽毛，一般长度约12～15厘米为宜。这是因为羽毛过短踢起来不容易控制，羽毛过长则踢来不容易翻转，不容易踢好，同时，要看几个羽毛扎结得是否对称。另外，再看看毽托，一般以直径2.8～3厘米为正好，倘若毽托过小往往不容易垂直升降，不易控制及踢出花样。但如果毽托过大，则毽子弹性差，且笨拙不好使用。

此外，羽毛的光滑程度，颜色也应有选择。购买毽子时最好踢几下试试，一般踢起的毽子能垂直升降，并在空中顺利翻转而落的毽子较为合适。

为什么说上下楼梯是最好的运动

有些人害怕爬楼梯，其实适当爬楼梯对身体很有好处，特别是它能促进身体能量代谢，增强心脏功能，还能起到预防冠心病和减肥的作用。

据生理学家测定，一个体重为40千克的人，爬10分钟楼梯要消耗202卡热量，下楼梯消耗的热量为上楼梯的1/3。在同样时间内爬楼梯消耗的热量比游泳多2.5倍，比散步多4倍，比跑步多23%，比打羽毛球多94%。因此，国外称爬楼梯为“运动之王”。

做广播操有哪些好处

广播操是根据不同年龄青少年的生理特点进行编排的，经常做广播操的好处很多。

1. 可以提高神经系统的调节功能。青少年每天要进行6~8个小时的紧张学习，用脑时间长了容易产生疲劳，这时反应渐渐迟钝，记忆力也下降了，学习效率不高。做广播操时，肌肉的活动会把刺激信号传向大脑皮质，使大脑的兴奋点进行转移，负责学习和记忆的神经中枢通过抑制得到休息。做操后再学习，就会感到头脑清醒，精神饱满，反应灵敏，记忆力增强，学习效果大为提高。

2. 可以帮助人体得到更多的氧气。做广播操可使全身肌肉进行活动，促进血液循环和氧气的供给，使人体新陈代谢加快，功能得到提高。同时，户外的阳光照射，冷暖空气的刺激，提高了人体对气温变化的适应能力，使体质得到加强。

3. 能够培养身体的良好姿态。长时间伏桌读书写字，如不注意容易使脊柱变形，头颈前屈。广播操可使颈部肌肉得到调节，可使各部分肌肉得到锻炼，避免出现头部前屈、肩带前倾、驼背、凹胸和鸡胸等不良体态，使青少年的身材发育更加匀称，更加健美结实。

4. 对呼吸系统和心血管系统有良好的影响。做广播操可使呼吸深度加大，使呼吸肌得以加强，使肺的弹性和肺活量得到提高，还可使心肌力量得到加强。

跳皮筋有什么好处

跳皮筋是小学生喜爱的一项活动。跳皮筋既不需要多大的场地，又用不着什么特别的器材设备，是一项富有民族特点的体育游戏，有利于少年儿童身心健康发展。

跳皮筋，有各种不同的跳式和技巧。首先在跳的过程中，前后就分有七级，每“级”跳一套，跳完一套才算完成一次比赛。所谓“级”，就是高低的意思。第一级将皮筋放在膝部，第二级放到腿部，如此由低而高，由下而上，逐级上移，从腰间、腋下、肩上、头顶，一直开到双手举起为止，就叫七级。所谓“套”，就是做几个固定的跳式。跳式有正绞花、反绞花和大绞花等多种名称，跳起来动作自如，姿势优美，可以做到随心所欲。

跳皮筋是以四肢肌肉活动，特别是以下肢肌肉活动为主的全身性运动。少年儿童正处于生长发育期，经常跳皮筋能使肌肉丰满结实，弹力增大。由于跳皮筋是全身活动，因此能使身体肌肉发育均匀，特别是能改善下肢肌肉发育迟缓的现象。

跳皮筋花式多样，有单跳、双人跳、花样跳等，而且是随着一定的音乐或歌曲边跳边唱，所以需要一定的灵活性和协调性，对提高小学生神经系统的协调性、节奏感和反应能力有好处。跳皮筋还可提高人体新陈代谢能力，加强机体对营养物质的消化和吸收，保证身体的正常发育。

但由于少年儿童生理特点不同于成年人，如心脏体积和容量小，血压较低、脉搏较快、肺活量较小、力量和耐力较差，跳皮筋时间不宜过长，以免过于疲劳，不利于健康。

基本小知识

肺活量

肺活量是指在不限时间的情况下，一次最大吸气后再尽最大能力所呼出的气体量，这代表肺一次最大的机能活动量，是反映人体生长发育水平的重要机能指标之一。成年男子肺活量约为 3500 毫升，女子约为 2500 毫升。

风筝运动是怎样发展的

中国是风筝的故乡。早在春秋战国时期，就传说我国出现了用竹、木制成的风筝。据传第一只风筝是墨翟受到鹞鹰盘旋而飞的启迪，“削竹为鹞，成而飞之”。另一传说风筝是鲁班发明的。唐赵昕《息灯鹞文》称：“我闻淮阴巧风筝，古今相传是韩信所作。高祖之征陈豨也，信谋从中起，故作纸鸢，放之以理未央远近，欲以穿地坠入宫中也。”若从这两个时间算起，我国风筝已有2100—2400多年的历史了。唐以前的风筝是军用的。后来在风筝上加以彩绘、灯烛，演变成一种娱乐玩具。

你知道吗

“世界风筝之都”在哪里

潍坊市被各国推崇为“世界风筝之都”，国际风筝联合会的总部就设在潍坊风筝博物馆。潍坊也是中国的风筝之乡，制作历史悠久，属中国三大风筝派系之一，与京、津风筝齐名鼎立，享誉中外。潍坊风筝题材多样，具有浓郁的乡土风味和民间生活气息。每年4月20日至25日举行，每年都有来自30个国家和地区的代表团参赛。

我国风筝大约于8世纪至16世纪先后传入朝鲜、日本、泰国、马来西亚、印度，而后通过阿拉伯国家传到欧洲，再传到美洲。20世纪以来，世界上对风筝感兴趣的国家越来越多，许多国家不断掀起一股股“风筝热”，体育运动的色彩越来越浓，有些国家每年都要举行全国性或国际性的比赛。

放风筝有什么好处

放风筝不仅是一种艺术欣赏活动，同时也是一项男女老少皆宜的有益的健身活动。中小学同学更是喜欢放风筝。晴和有风的天气，公园里、广场上到处不乏放风筝的中小学生。一根银线遥控着在空中飞舞的风筝，伙伴们追逐戏闹，蓝天、白云，一切都是那么令人心旷神怡。放风筝对人体健康至少有三益：

1. 益智力。在制作和放飞风筝时，涉及飞行力学、材料学、手工工艺、美术等多种知识和技巧，有利于中小学生智力的开发，增强动手能力，发挥聪明才智。此外，在空气清新的大自然中放风筝，忧烦全除，有益于防治精神抑郁、神经衰弱等症。

2. 益体力。放风筝时，双手握线，人随凌空飞舞、上下翱翔的风筝时跑时停，肌肉有张有弛，手臂、膊背、腿脚全都参与活动，既促使周身血液循环，疏泄解热，又锻炼臂力和腿力，增强心肺功能。这对于增强中小学生体力大有益处。

3. 益视力。远眺蓝天中的风筝，可放松双眼的睫状肌，并促使眼内晶体呈现正常状态，从而有利于放松眼部肌肉，消除眼睛疲劳，预防近视。这对用眼过度的中小学生的视力恢复更有助益。

放风筝时怎样选择天气和场地

风是放风筝的首要条件，要使风筝远走高飞，应是风顺、地平，即选择有风的天气和有风的地方放飞。我国民间放风筝，一般选择在春秋两季，以春季为主。从农历立春开始到清明节，这时风和日暖、空气清新、温度适当、风景迷人，且常有缓缓地气流上升，加上风向及风速都较稳定，所以适合放风筝。夏季，由于天气炎热，并不时有风雨突然来临，因而不宜放风筝。在冬季，如果天气晴朗，风向稳定，也是可以放风筝的。

放风筝要选择空旷而无障碍物的场地进行，例如河滩、海滨、运动场、广场、公园等，因为上述地方风速风向都较稳定，而且由于障碍物少，即使风筝出了故障也不会挂在障碍物上而受损失。

值得注意的是，放风筝要远离高压线和电线，以免风筝一缠到电线上，使电线相碰，引起停电或触电事故；也不要在车水马龙的公路街道、飞机场内、铁道附近放风筝，防止发生交通事故。要避免在夏季燥热或暴风雨来临的时间放风筝，更不要在阴雨天，特别是有闪电的日子放风筝，这是因为风筝淋湿了容易导电，并且阴雨打雷的天气，在旷野和山区上触电的可能性也较大，必须格外注意。

怎样放风筝

风筝的放飞，可根据风筝的种类、形状、风力的强弱等，采取不同的措施使风筝飞得高飞得稳，飞得漂亮。

对于较小的风筝，起飞时可以自己拿着线，把它抖起来。当吃上风后，就边抖边放线，使风筝慢慢上升。而对较大的风筝，可由同伴拿着风筝，顺风到下风处，放风筝者牵着线站在上风处，两者相距十几米。当一阵风吹来时，两人一呼一应，拿风筝者将风筝上举，并就势推向空中，而放风筝者则拉着线迎风奔跑，使风筝获得足够升力而飞入空中。

趣味点击　**风筝求援**

据《南史》卷八十《侯景传》中所述，在梁武帝萧衍大清三年（549年）时，侯景作乱，叛军将武帝围困于梁都建邺（即今南京），内外断绝，有人献计制作纸鸢，把皇帝诏令系在其中，当时太子萧纲在太极殿外，乘西北风施放向外求援，不幸被叛军发觉射落，不久台城即遭攻陷，梁朝从此也衰微灭亡。这是萧纲施放风筝向外求救不幸失败的故事。

跑的速度则取决于风筝上升的情况及风筝线拉力的大小。当风筝上升慢、线的拉力小时，应增加奔跑速度；而风筝上升快、线的拉力大时则要放慢速度，此外，在风筝上升的同时，要根据线的拉力大小适当放线。如线拉得紧，可以多放一点线；线拉得松，就停止放线。如果风筝在空中出现不平衡时，必须立即松线和停跑，使风筝自己调整过来再上升。另外，在风筝上升时放线的速度要适宜。在风筝上升时，放线太快，则风筝上不去；放线太慢，风筝也升不高，要以风筝能稳定上升的速度放线，达到风筝高飞之目的。

其他运动知识问答

TIYU ZHISHI

体育运动种类繁多，有的运动各有特点、自成一家但又难以归类，而且在体育界乃至生活中广为流行，我们将这些运动全部划到此章加以介绍。

例如说斗牛运动，它是西班牙的国粹，风靡全国，享誉世界，尽管从动物保护的观点上看目前人们对此存在争议，但是作为西班牙特有的古老传统还是保留到现在，并受到很多人的欢迎。此外还有诸如赛马、攀岩、登山、赛车等等，都是我们熟知而喜爱的体育运动。

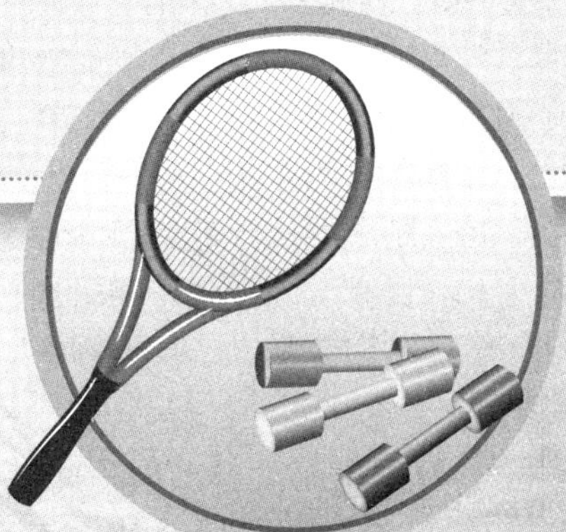

射击运动有几种比赛类型

射击运动是使用枪支对各种预先设置的目标进行射击，以命中精确度计算成绩的一种体育运动。射击竞赛项目繁多，包括使用各种规格的步枪、手枪和猎枪对固定的、移动的、隐现的以及飞行的各种目标进行精确射击和快速射击。参加射击活动不仅能学习射击技术，而且可锻炼身体，培养细致、沉着、坚毅等优良品质。世界上广大射击爱好者还把射击运动作为有益身心健康的娱乐活动。目前除举行世界和各洲的射击锦标赛外，射击还是奥林匹克运动会、洲运动会以及其他重大国际比赛的重要项目。

奥运会射击项目男子有 9 项，女子有 4 项。世锦赛有团体赛，又有个人赛，所以设 54 块金牌（女子占 14 块）。国际射联公布的世界纪录有 60 项。亚运会射击比赛设 30 块金牌，射击与田径、游泳是大型运动会中金牌数最多的三大项目之一。

射击比赛一般分为 4 种类型：

第一类，列入世界射击锦标赛的手枪项目包括手枪慢射、手枪速射、男女气手枪、标准手枪、运动手枪和中心发火手枪六个项目。

第二类，步枪项目包括男子个人和团体项目 20 项，女子个人和团体 6 项。主要项目有男女自选小口径步枪 60 发卧射、小口径步枪 3×40（3 即卧、跪、立 3 种姿势，40 即每种姿势 40 发子弹）、气步枪 60 发等。女子步枪项目有标准小口径步枪卧射 60 发、小口径标准步枪 3×20、气步枪 40 发立射等。

第三类，飞碟类射击比赛是用双筒猎枪或单筒半自动 12 号猎枪对抛靶机抛出的、用沥青和石膏等混合制成的碟形靶进行射击的比赛项目。比赛分 8 轮，每轮 25 发，3 天赛完。项目有双向飞碟，即对扇形靶场两端的靶房按固定方向抛出的靶射击的比赛。有多向飞碟，即对靶壕内由 15 台抛靶机抛出的变化不一的靶的射击比赛。

第四类，移动靶射击是模仿猎取走兽的射击比赛。移动的是一张画着“跑猪”图形的靶子，以猪心为 10 环，距离为 50 米和 10 米，50 米项又分为固定速度的标准速和忽快忽慢的混合速。运动员在 5 秒或 2. 5 秒内要完成举枪、追踪、瞄准和击发整套动作，稍慢一步，“猪”就进洞打不成了。

基本小知识

口 径

口径常用在表示管状火器与弹药，或者是其他圆柱形武器，譬如火箭或者是导弹的直径大小上。口径大小的差异往往也代表武器或者是弹药的重量与能够产生的威力。

射箭运动是如何起源的

射箭作为一种体育运动，最早盛行于我国3000多年前的殷周时代，据史料记载，当时比赛仪式相当隆重。

20世纪初，开始在巴黎奥林匹克运动会上设有射箭比赛项目。可是，运动员参加了三届奥运会（1904年、1908年、1920年）之后，奥运会又取消了这个项目的比赛，直到1972年才重新恢复。

目前男子射箭比赛项目包括四个距离的比赛：90米、70米、50米和30米。女子包括70米、60米、50米和30米的比赛。

除了传统的射箭比赛之外，还有非正规的射距比赛。为了使箭飞得远，就必须使用巨大的弓，这张弓重量为50千克，射程可达2500米。

飞镖运动是如何起源的

飞镖是一种投掷运动，原名“飞旋镖”。飞镖起源于澳大利亚，其历史可追溯到1400年前，可谓世界上最古老的运动项目之一。古代的飞镖可以在埃及的古墓中和美国的亚利桑那州、波利尼西亚群岛或北欧的出土文物中找到。当时投掷飞镖主要是为了捕猎或者打击敌人。飞镖最初曾

你知道吗

飞镖怎样握才正确

把飞镖放在掌沿上，找出它的平衡点（即重心）。用拇指把飞镖滚到四指尖端，再把拇指放到重心后面一点点，最后用其余手指抓住它，至于用几个手指可随自己方便。

是澳大利亚土著人的武器，用曲形坚木制成。现在的飞镖有用木头做的，也有用金属、塑料或象牙制成，形状不一，有V字形、十字形、螺旋桨形和双衣帽钩形，以V字形的最为常见。飞镖在澳大利亚的土话中是“风”的意思，就是说它来回迅猛如阵风。

投掷飞镖时，手持镖的一叶，利用腕部力量将镖向前掷出，使飞镖的旋转平面与水平面成一定斜度。比赛时，以在一定时间内掷出和收回的飞镖最多者，或飞镖的飞行距离最远者为优胜。

旱冰运动是如何起源的

旱冰运动不受季节变化影响，场地设施也不复杂。它不但可以培养人的健美和性格，又有速度和技巧，而且花样变化无穷，富有娱乐性。因此，这项运动深受青少年的欢迎。

1935年，世界经济处于大萧条时期。美国芝加哥城一个名叫里奥·萨尔塞的人在舞场发现开办富于刺激性的舞会可以发横财，于是灵机一动，发起了轰动一时的马拉松跳舞竞赛，萨尔塞由此大捞了一把。他欲壑难填，进而又想出了“四轮旱冰对抗赛”新招，果然又获暴利。这是一种野蛮的暴力竞赛，比赛双方穿着四轮旱冰鞋在场上互相阻止对方通过，抓、撞、掀、咬、拳打脚踢都可以，比拳击还厉害。这项运动一开始就受到正直的运动员的抵制，被排斥在正统运动会之外。

后来，有的运动员对该项运动加以改造，摒弃其暴力，发扬其优点，形成了风格独特的旱冰运动。1960年，美国掀起了旱冰运动的热潮。从此，这项运动便在世界推广开来。

知识小链接

双排轮旱冰鞋

双排轮旱冰鞋的四个轮子分前后两组，两个轴穿起两个轮子。四个轮子上的轴承可以使轮子很稳定地转动。四个轮子在一个平面上，滑行者感到很稳定。在国际花样比赛上，双排轮旱冰鞋是指定用鞋。运动员使用双排轮旱冰鞋可以完成各种花样的动作。在旱冰鞋的前端有一块橡胶，可以用作刹车急停。

角力是如何起源的

我们知道角力是最古老的运动之一。在5000年前，就已经开始流行角力运动。在埃及古墓里的墙上曾发现过几百幅角力的雕刻，使我们知道了许多角力的技术。

角力运动可能是从埃及、亚洲传入希腊的，但是希腊传说中称，角力是由他们的英雄人物泰西阿斯所发明的。角力是古代希腊的一种主要的运动项目。角力之前先要在身上擦一层油，在油上面涂上一层细沙，这样抓起来就不会太滑。古希腊的角力英雄是克洛顿的米罗，他曾32次获全国冠军，6次获奥林匹克冠军。

角力在日本也很流行，据史料记载，第一次的角力比赛是在公元前23年。日本人角力有一种特殊的风格叫作相扑。体重对相扑非常重要，有些角力者会重达300磅，但是脚下仍然轻巧灵活。

角力也曾在英国流行一时，亨利八世不但喜欢角力，而且他本人就是角力高手。

柔道是如何起源的

柔道是中国拳术的发展，其源出少林之门。1951年，日、英、法诸国发起创立国际柔道联盟，第一届世界柔道锦标赛于1956年在东京举行。柔道运动，1973年正式列入我国竞赛项目。

在日本东京，古武道研究会曾立一碑，上书："拳法之传流，自明人陈元赟而起。"陈元赟是中国的一位武林高手，是他将中国的传统武术传至扶桑，成为现代风行世界的柔道之先河。

陈元赟生于明万历十五年（1587年），祖籍杭州，因崇尚武艺，少年时代即在嵩山少林寺习武。经名僧指点，武术渐进，成为一名武林高手。天启元年，东渡扶桑，先后在名古屋、江户等地传授正宗华夏拳术，并广收徒弟。彼时，陈元赟的徒弟中有三浦、福野两君深得少林武术之真谛，自立门户后，遂称为"日本中古柔术之祖"，将中华之武术发展成为日本的柔术。

相扑是如何起源的

我们在电影或电视上看到那些胖而壮的日本相扑力士，头发梳成髻角，腰系宽围带，跨裆兜着一块厚布出场时，总觉得那形象滑稽又有趣。相扑是一种在日本很受人尊敬的职业，被称为日本的国技。可它的起源却是在中国。为什么这样说呢？

据《日本书记》记载，日本的相扑是奈良时代（中国唐朝时代）从中国传过去的。直到现在，日本还保留了“相扑”的名称和唐代风格的装束。其比赛的形式和规则也同我国唐宋时代的相扑比赛的形式和规则非常近似。

据考证，相扑运动是我国传统的体育项目，古称“角抵”。我国吉林省出土的公元 3—5 世纪的古墓壁上的角抵图与其极相似。

宋代时，相扑极为流行。像《水浒传》第七十四回“燕青智扑擎天柱”，就是描写宋代“相扑”活动的，有声有色，与现在的相扑运动极相像。在宋代的“瓦子”（游乐场）和庙会上，经常举行相扑表演和相扑比赛。

后来，相扑从中国传入日本，成为日本民众喜爱的一项运动，以后，相扑又成了日本武士练武的一种形式。

你知道吗

相扑的比赛场地有何要求

相扑比赛在 40～60 厘米高、727 厘米见方、四边斜度为 40～50 度的土台（日本称为“土表”）上进行，土台中央比赛场地是圆形的，直径为 455 厘米，场地北面为正面。场上有顶篷，四角悬挂黑（西北）、蓝（东北）、红（东南）、白（西南）4 种颜色的彩布，象征四季。

击剑运动是如何起源的

击剑，是现代奥运会项目。第 1 届奥运会就有男子花剑与佩剑比赛；第 2 届奥运会上又增加了重剑比赛。女子花剑是在 1924 年巴黎举行的第 8 届奥运会上才有的。

“击剑”在我国有悠久的历史，“击剑”一词在2000多年前《荀子》一书中就已记载。春秋战国时击剑之风犹盛，“日夜相击街前”。当时有位越女剑法高超，她“见之似好妇，夺之似惧虎”，无人能敌，后被越王勾践聘为教官。三国时魏文帝曹丕是杰出的击剑家，一次筵宴上谈论剑术，奋威将军邓展不服，曹与之当场较量，以蔗代剑，相击庭前，曹三中其臂，满座大笑。另外诗人李白、陆游、辛弃疾等皆是古代击剑高手。

击剑比赛中的“有效部位”指什么

击剑的历史有几千年了。罗马的角斗士持剑决斗的场面，是被统治阶级用来寻欢取乐的。到了中世纪，欧洲骑士们最喜欢用剑来挑起争端或解决互相间的纠纷。这一传统沿袭下来，使得欧洲人一直在剑坛称雄。

击剑运动在我国是一项很年轻的体育运动，但进步较快。第23届奥运会上，我国击剑运动员栾菊杰夺得了女子花剑冠军，一举打破了欧洲人长期垄断剑坛的局面。

击剑运动分花剑、佩剑和重剑三种。

花剑只准刺，不准劈。有效部位是指刺中对方身体的规定部位才可计分。男子的有效部位是自小腹以上到锁骨处；女子自腰部以上到锁骨处，也即穿金属背心部位。重剑的有效部位则是全身所有部位。佩剑为腰部以上所有上身和手臂都是有效部位。击中这些部位以外的均称无效部位，击中不算，进攻者得分。女子每场8分钟或刺中8剑、男子10分钟或刺中10剑决胜负。

拓展阅读

现代击剑与奥运比赛

现代击剑运动是奥运会的传统项目。1896年在雅典举行的第1届现代奥运会上就设有男子花剑、佩剑的比赛。1900年在巴黎举行的第2届奥运会上增加了男子重剑比赛。1924年在巴黎举行的第8届奥运会上又增加了女子花剑比赛。1992年在巴塞罗那举行的第25届奥运会上，女子重剑被列为正式比赛项目。女子佩剑于2004年雅典奥运会上被正式列为奥运会项目。

西班牙斗牛是如何起源的

西班牙斗牛源于神话传说，在史前时期便初具规模，但那对只限于狩猎活动中，被刺死的牛，也只是祭神的供品。13 世纪，斗牛变成了为了竞技表演而赢得贵族观众喝彩的娱乐项目。此后，在西班牙大小城镇都渐渐出现了斗牛竞技场，观众已经不只限于王公贵族。经过漫长的历史过程，斗牛成为西班牙民族共同的嗜好，在人民的生活中，越来越占有重要的地位。进入 20 世纪以来，斗牛更富有商业色彩了。每逢节日，特别是宗教节日，人们就以斗牛来庆祝。这种富有民族特色的斗牛竞技，吸引着成千上万的观众。

斗牛是如何进行的

斗牛场是一个圆形的露天沙地，直径为 80 米。表演斗牛时，先要举行入场仪式。在雄壮的乐曲声中，20 多名斗牛士穿着华丽的服装，由两名骑士先导，列队进入斗牛场与观众见面，然后由主席台上的总指挥和牧师宣布斗牛表演开始。

每场比赛分 6 节进行，每节斗 1 次牛。由小牛到大牛。每节约 0. 5 小时。主席台在每节表演开始之前，要向观众介绍牛的名字、年龄和体重。每场斗牛，有“试探”、“浅刺”、“投标”、“决斗” 4 个过程，由 3 个斗牛士轮流出场对付 1 头野牛。

最后，真正的斗牛士——杀牛手出场。当总指挥和牧师宣布授予斗牛士结束公牛生命的权力时，他用一支长剑猛刺牛的心脏，顿时鲜血迸涌，公牛立刻栽倒在地。如果斗牛士一

广角镜

西班牙式斗牛和葡萄牙式斗牛的区别

斗牛分为西班牙式斗牛和葡萄牙式斗牛两种，主要区别在于：葡萄牙式斗牛是斗牛士骑马斗牛，基本没用助手，尽兴即可，不一定要把公牛杀死；西班牙式斗牛，斗牛士是在地上和公牛周旋，斗牛士配有标枪手、长矛手等多名助手，并一定要把公牛杀死。西班牙东北部的加泰罗尼亚已禁止一切斗牛表演。

次把公牛杀死，总指挥便将牛耳割下赠给斗牛士，以资纪念。牛杀死后，乐队高奏凯歌，斗牛士接受观众的祝贺。然后，由 4 匹大马套成的拖车将牛拖出斗牛场。

斗牛必须用红布吗

大部分斗牛迷和其他人都相信任何红色的东西都会把牛激怒，惹得它发动进攻。因此斗牛士必须戴着鲜红色的斗篷，必须能娴熟地使用斗篷。事实上，即使斗牛士用的是一块白布、黄布、绿布或黑布，也一样能把牛激怒，一样能让牛冲过来，牛是色盲！

那么究竟是什么激惹得牛冲过来的呢？是斗篷的抖动，而不是它的颜色。无论你在牛面前摆动什么东西，都能使牛激动起来。事实上，因为牛是色盲，如果你在它面前摆动一块白布或白斗篷，那么效果可能更好，原因是它看得更清楚！

什么是沙舟运动

沙舟就是在沙地上行驶的小船，它是一项新兴的体育项目，目前正在世界上逐步展开。

这种小船是法国人阿尔南·德·罗斯内发明的。它的结构简单，分上下两部分。其下部是一块长 1.5 ~ 2.4 米，宽 90 厘米，安有 4 个橡皮轮子的平木板。上部是由一根活动桅杆支撑着的一张 5.3 平方米的风帆。整个船体可以拆卸。

沙舟操纵方便，人们可以像穿轮滑（旱冰）鞋一样地用脚控制方向，像驾驶帆船似的用手握住固定帆的把手。启动时，只需向前猛冲几米，即可满帆而行。在风力的驱动下，没有其他任何障碍的话，这种小舟可以每小时 80 千米的速度在沙地上疾驰。顺风时人们可以乘舟而行，逆风时则可拆下风帆拉着走。

摔跤有哪些种类

世界各国都有自己民族形式的摔跤方式。柔道与相扑是日本的摔跤，它们和中国式摔跤、俄罗斯的桑勃、古典式角力、自由式角力都属于摔跤的范畴，但各自又有各自的比赛规则和独特形式。所以还不能说摔跤、柔道和相扑是一回事。

根据摔跤运动员的服装、允许使用的动作、决定胜负的标准等特点，目前世界上摔跤可分为六类：

1. 不许抓握下肢，不许用腿使绊的站立摔跤（摔倒就停止）。如中国藏族、维吾尔族、俄罗斯族、乌孜别克族的摔跤。

2. 可用腿使绊但不许抓握下肢的站立摔跤。如中国的蒙古族摔跤、俄罗斯的格鲁吉亚摔跤。

3. 可抓握下肢，也可用腿使绊的站立摔跤。如中国式摔跤、桑勃摔跤、朝鲜族摔跤和日本相扑。

4. 不许抓握下肢，不许用腿使绊的站立和跪撑摔跤（倒下后继续翻滚角斗）。如希腊罗马式摔跤。

5. 可抓握下肢，也可用腿使绊的站立和跪撑摔跤。如自由式摔跤、土耳其摔跤、埃及摔跤。

6. 可抓握下肢，可用腿使绊，可逼迫关节，可勒绞颈部使对方窒息的站立和跪撑摔跤。如柔道、美国自由式摔跤、荷兰摔跤等。

你知道吗

中国式摔跤比赛中什么情况下得3分

中国式摔跤根据使用动作的质量和倒地的情况得分标准有4种，即1分、2分、3分和互不得分。其中将对方摔成两脚同时离地，有一个腾空的过程，并使其躯干或头着地，而自己仍保持站立姿势可得3分。如被摔倒的运动员倒地后不松手，把对方拉倒，仍可判胜者得3分。

摔跤比赛如何进行

国际式摔跤（在奥运会设 20 块金牌）包括自由式和古典式两种。分设 48～130 千克 10 个体重级别。比赛场地是一块 12 平方米的海绵垫，上有一个直径 7 米的圆圈为比赛区，比赛区外有 1 米宽的消极区，消极区外有 1.5 米的保护区。如使对方的两个肩胛骨同时着地，并能停顿 1 秒钟以上即判获胜。如没出现“两肩着地”，则根据使用的进攻方法评定分数，得分多者获胜。如一方消极，经提醒无效，则判罚消极方跪撑，即双膝跪下，两手撑在垫子上，由对方从背后向他进攻。如 3 次消极，则判他失败。

柔道比赛如何进行

柔道在奥运会上设 60 千克级至无差别级 8 块金牌。柔道主要技术是投技（即由站立摔和主动倒地摔的技术组成）和固技（由垫上的抱压、勒颈和反关节技术组成）。比赛在 14～16 平方米的单垫上进行，比赛区 9～10 平方米，比赛区和保护区之间有 0.9 米宽的红色标志线。比赛评分方法可根据运动员使用的技术，按质量和效果评为“一本”、“有技”、“有效”、“效果” 4 种分数，得分高者获胜。

相扑比赛如何进行

相扑在 40～60 厘米高，7.27 平方米，四边斜度为 40～50 度的土台上进行。比赛时，能使对方除脚以外任何一部分着地或能使对方身体的任何部分触及 4.55 米直径的圈外即为胜利。比赛没有时间限制，长时间不分胜负时，可休息一会儿重新开赛。柔道新手从一级到五级，再从初段至十段逐步升级。相扑按成绩分为序之口、序二段、三段、幕下、十两、前头、小结、关胁、大关及横纲 10 个级别。

什么时候开始有赛马

赛马大概是人们喜欢的最古老的运动之一。马和马赛跑，在很早的时候就有了。在埃及、巴比伦和叙利亚都有过这种比赛。荷马史诗就描写了公元前 8 世纪希腊的四轮马车比赛。

赛马比赛

但我们所说的赛马是起源于英格兰。而且它与英格兰地区培育纯种马有关。早在 12 世纪英格兰就有了赛马，但直到 17 世纪末和 18 世纪初，人们才开始饲养专门用于比赛的马。

东方的马是从阿拉伯、土耳其和波斯运到英格兰的。从这些国家运来的种马同英国的母马交配。有三匹种马曾起最重要的作用。它们叫作达比天方、戈多尔芬天方和拜尔利突厥。这三匹马是现在所有注册纯种马的祖先。

决斗是如何起源的

决斗是两个人预先约定一个地点，按照一定的规则，用致命的武器，做一次生死格斗，其目的是决定光荣应属于谁。按照决斗的定义，许多著名的决斗，都不是真正的决斗。例如海克特和阿奇里斯决斗，那不是真的决斗，而只是一场打斗。

在古代，有些决斗称为裁判决斗，是一种合法的决斗，一般都是为了解决问题，而不是为了争个人荣誉。例如，在古代两个敌对的部落要发动一场战争，在战争之前安排一场决斗，这种决斗往往是一场战争的预兆。到了 16 世纪，决斗逐渐盛行起来。17 世纪的法国人为了小事也会用一场决斗来解决。从 1601 年到 1609 年，在决斗中死亡的法国贵族就有 2000 多人。于是教会和政府当局开始反对这种动辄决斗的风气。因此法国国王下了一道手谕，凡是提出决斗挑战的人，和接受决斗挑战的人，不论是谁，一律处死。这道手谕的规定似乎过分严厉，于是在1609年，又在手谕上附加了一句：得到国王许可的决斗，可以例外。

17世纪末，决斗在英国也流行起来，由于反对决斗的人太多，终于使决斗成了非法的行为。德国学生最喜欢决斗，而且变成了学生生活的一部分，直到19世纪末，学生的决斗才算告终。

拳击是如何起源的

拳击是一项搏斗激烈、对抗性较强的竞技运动。它是从希腊和罗马时期的互相残杀角斗，18世纪英格兰野蛮的拳打脚踢的有奖比赛发展而来的。希腊和罗马即有关于拳击的记载。现代拳击运动源于英国，以詹姆斯菲格（1695—1734年）为先导，当时比赛不戴拳套，亦无规则和时间限制，直至一方丧失继续比赛能力为止。最早的拳击规则是在1729—1750年称霸英国拳坛的约翰·布劳顿于1743年制定的。拳击运动于1904年第3届奥运会上被列为正式比赛项目。

当今世界上同时存在着两种拳击运动，即职业拳击和业余拳击，奥运会和亚运会中的拳击比赛都属后者。

什么是滑板运动

滑板是冲浪运动在陆地上的延伸，集滑雪、轮滑、体操于一体，这是用一块固定滚轮的小板在地面上表演各种滑行技巧的健身运动，又叫“陆面冲浪”运动。

现代滑板是1960年前后始于美国的加利福尼亚，短短几年中风靡了全美国，在游乐园乃至马路上到处可见一些年轻的滑板者蹬着滑板高速呼啸而过。但由于滑板坚硬的滚轮在路面上滚动时发出的巨大噪音，以及行人对高速滑行者的惧怕，滑板曾一度受到禁止。后来，滑板制造商对滑板滚轮的材料进行了重大改进，同时又设计出头盔、护膝等安全装备，加之滑板运动本身具有很大的娱乐性，“滑板热”再度兴起。

滑板运动的技巧千姿百态，主要有“急转弯”、“变向滑”、“耐力旋转”、“单轮滑行”、“狂野滑行”、“翻板”等，不一而足。

美国是滑板运动的发源地，现在美国依然走在这项运动的前列。美国人对滑板倾注了极大的热情，而且第一流滑板者的经济报酬相当可观。

观看滑板比赛，既惊险又有趣。运动员借助复杂的地形地物，巧妙地穿越各种障碍，运用各种技巧，无拘无束地充分地表现自我。

拓展阅读

滑板运动的安全注意事项

1. 使用前将轮子调整好，使其运转自如。2. 要根据自己的使用情况用锁紧螺母合理调整缓冲垫的弹性。3. 要定期给轴承注油，增加轴承的润滑，减少滑行阻力。4. 不要在潮湿或粗糙的路面上滑行，当要跳下滑板时，要观看是否能撞着周围的人或其他物品。

什么是现代五项运动

现代五项运动即骑马穿越障碍、击剑、手枪速射、300 米自由泳和 4000 米越野跑。1912 年第一次出现在斯德哥尔摩奥运会上。它的比赛项目主要是模仿拿破仑时代的一位信使穿越战场所经历的活动。在战争中，那位信使先骑马穿越村庄；一条河挡住了去路，于是弃马游泳渡河；碰上敌人后，又使用剑和手枪进行搏斗；最后跑过田野完成了使命。

现在，除在奥运会上进行比赛外，还有现代五项世界锦标赛、世界杯赛和世界青年锦标赛。这项运动在俄罗斯、匈牙利等欧洲国家的水平较高。

现代五项运动比赛分 5 天进行，每天进行一个项目。第一天进行骑马穿越障碍比赛赛程为 800 米；第二天进行击剑比赛，一剑分胜负，三分钟内无胜负为双败；第三天进行射击比赛，每人打 4 组共 20 发子弹；第四天进行 300 米自由泳比赛；最后一天的 4000 米越野跑是整个比赛的最高潮。它是根据前四项成绩排定起跑的顺序，分数最高的第一个起跑。当然，第一个到达终点的运动员，不论他第几个起跑，都是五项运动比赛的第一名。

什么是铁人三项运动

铁人三项运动也叫“三项马拉松”。1978 年它诞生于美国的夏威夷。它要求运动员要连续完成长距离游泳、自行车越野和长途越野跑。这种运动充分显示了参加者超乎寻常的毅力和持久耐力。

世界铁人三项比赛主要有三大类：夏威夷锦标赛、尼斯世界锦标赛和国际标准距离赛。国际标准距离赛规定：游泳 1.5 千米，自行车 40 千米，长跑 10 千米。

第一次铁人三项赛只有 15 人参加，而今，美国参加这项运动的人数不下 100 万。铁人三项运动在我国开展较晚。1987 年 1 月 18 日中国第一次举行铁人三项赛，45 位来自全国各地的选手参加了这次比赛，其中年龄最大的选手有 65 岁。男子最佳成绩为 6 小时 4 分 59 秒；女子第一名的成绩是 9 小时 10 分 47 秒。

拓展阅读

铁人三项比赛的处罚规定

比赛期间，运动员不能互相阻挡或妨碍，更不能恶性竞争，做出危险动作。如果运动员在游泳比赛中犯规就要被罚在游泳赛结束后停留 30 秒再继续比赛。如果在自行车或者长跑赛段中犯规，裁判可能出示黄牌警告。这时运动员必须停止比赛等待裁判警告后才能继续。如果严重犯规或者多次犯规，运动员就会被红牌罚出赛场。

为什么说举重是大力士的比赛

举重是力量的象征，同时也是其他体育项目运动员进行力量训练的重要手段。举重比赛包含了技术、战术及心理等因素的较量。举重比赛对运动员的体重要求很严格。当其他体育比赛的运动员吃饱了肚子准备上场时，举重运动员却要进蒸汽室受罪，还要勒紧肚皮控制吃喝。当我们看到举重台上升起国旗，奏响国歌时，可知道运动员在背后所付出的吗？

举重运动员瞬间举起的重量，往往成倍于或数倍于自己的体重。如来自

“举重王国”保加利亚的举重选手苏莱罗诺尔古，其体重是60千克左右，却举起了相当于自己体重3倍的重量。

因此，举重比赛是一种力量勃发的运动，是大力士的竞赛。

练举重会压得不长个儿吗

有的同学听说举重“神童”举起了相当于自己体重3倍的重量，既是吃惊，又怕练举重会把自己压得不长个儿了。其实，这种担心是没有必要的。我们看到小级别的举重运动员个子较矮就误认为他们是被压矮的，这是一种误解。人的身材高，在大多数情况下体重也重，身材矮往往体重也轻。所以举重教练在选材时也注意选择那些体重较轻但力量大的人，个子小力量大的人在举重时重心低，用功省，稳定性好，成功率就高。就算两个人举同样重时，谁体重轻谁获胜。因此，小级别举重大多数是小个子运动员。他们是本来就矮，而不是被沉重的杠铃压矮的。迄今为止还没有哪个人因练举重给压矮了。

举重是各个体育项目运动员进行力量训练的重要手段。它要求运动员在发力的瞬间，以最短的时间调动起全身肌肉的所有力量，完成举起杠铃的动作。因此举重训练的是人的快速力量、爆发力量。它还要求运动员学会掌握人体重心、杠铃重心，注意使肌肉具有高度的协调性、灵活性。真正的举重比赛，当两强相遇时要斗智斗勇，看谁根据自己的实力现状比赛战术安排得好，看谁在千钧一发之际心理稳定、敢于发挥、善于发挥，看谁在别人先成功或自己失败时能及时调整，反败为胜……由此可见，练举重不但是使自己健壮的有效手段，而且是一项蛮有趣的体育运动呢。

基本小知识

爆发力

爆发力是指在最短时间内使器械（或人体本身）移动到尽量远的距离的力。其实质是指不同的肌肉间的相互协调能力，力量素质以及速度素质相结合的一项人体体能素质。爆发力区分为下列三种：1. 高爆发力：即30秒内的运动。2. 中爆发力：即30秒至5分钟间的运动。3. 低爆发力：即5分钟至15分钟间的运动。

什么是定向运动

定向运动又称越野识途运动，是一种锻炼人们在野外生存能力的运动。这项运动要求运动员借助指南针，依照地图上规定的行进方向和通过点，在山地、森林中自行选择行进路线，最先到达终点者为优胜。

定向运动起源于19世纪末20世纪初的斯堪的纳维亚半岛。1918年，瑞典的童子军领袖吉兰特少校在森林中组织了一次依靠地图和指南针进行的“寻宝游戏”，这便是定向运动的雏形。此后，定向运动由于组织方法简便、科学，使用的器材轻巧，在没有污染的大自然中进行，既有体育锻炼价值，又能增长地理学、地形学以及有关的动植物学知识，因此受到欧美各国体育爱好者的欢迎，成为北欧仅次于足球运动的热门体育活动。

登山运动是如何起源的

登山运动始于18世纪80年代。1786年8月8日，横亘于欧洲南部的阿尔卑斯山下的一位山村医生巴卡罗，与当地山区水晶石采掘人巴尔玛结伴，首次登上了阿尔卑斯山的主峰——海拔4810米的勃朗峰。于是人们就把1786年作为登山运动的诞生年，巴卡罗和巴尔玛也因此成为世界上第一代登山运动员。因此项运动源于阿尔卑斯山区，故亦称“阿尔卑斯运动”。

我国的登山运动始于20世纪50年代。1955年8月14日和15日，我国4名登山运动员登上了位于俄罗斯境内海拔6773米的团结峰和6780米的十月峰。1960年5月25日和1975年5月27日，我国登山队两次登上世界最高峰珠穆朗玛峰，并于1975年准确测出当时该峰高度为8848.13米。1988年5月5日，中国、日本、尼泊尔三国登山运动员分别从珠穆朗玛峰南侧和北侧登上峰顶，实现了人类跨越地球之巅的愿望。

知识小链接

珠穆朗玛峰

珠穆朗玛峰，简称珠峰，又译作圣母峰，尼泊尔称为萨加马塔峰，也叫“埃非勒斯峰”，位于中国和尼泊尔交界的喜马拉雅山脉之上，终年积雪。高度 8844.43 米，为世界第一高峰。珠峰不仅巍峨宏大，而且气势磅礴。在它周围 20 千米的范围内，群峰林立，山峦叠嶂。

登山运动有什么意义

据说，登山运动员常常遇到风暴、滑坠、雪崩、冰崩等危险情况，有时还要牺牲生命，那么人们为什么要去登山，登山运动有什么意义呢？

这得从人与山的关系说起。从古时起，山地是逃避洪水淹没的高地，又是躲避敌人入侵或是凭险阻止敌人进攻的屏障。人们还要通过上山砍柴、打猎、伐木以及采掘野果、野菜、药材和矿藏来获取生产资料和生活资料。人们还通过翻山越岭与外族进行商品交换和文化交流。这些活动使人类丰富了登山的经验，发展了登山的技能。

在科学技术飞速发展的今天，登山成为全面增强人的体质，锻炼人们不畏艰险，勇于克服困难的一项体育运动。随着人类登山经验的积累，现代化手段的运用，以及科学组织、物资保障、通讯联络、医务监督、气象监测等后勤工作，登山的安全系数在不断提高。目前的登山可分为旅游登山、竞技登山和探险登山。最引人瞩目的是在一定的器械和装备的辅助下，以经受各种恶劣自然条件的考验而登上险峰绝顶的探险登山运动。登山一般都配合进行科学考察活动。登山的科学考察主要包括对高山气象与环境、高山测绘、高山地质和地球物理、高山冰川、高山生理、高山医学、高山动物、高山植物等多学科的科学研究活动，登山运动员与科学工作者紧密配合，相互协作，为人类早日揭开高山的各种奥秘做出了卓越的贡献。

基本小知识

冰川

冰川，或称冰河是指大量冰块堆积形成如同河川般的地理景观。

在终年冰封的高山或两极地区，多年的积雪经重力或冰河之间的压力，沿斜坡向下滑形成冰川。在高山上，冰川能够发育，除了要求有一定的海拔外，还要求高山不要过于陡峭。

登山要注意什么

金秋是登山的大好季节，登山者要注意以下4点：

1. 精简“万宝囊”。以轻装为原则，只带必需品。

2. “鞋要跟脚不打滑”。登山，全靠走路。一般山路崎岖难行，甚至陡峭无路，如没有一双合适的鞋，是不能顺利登上高峰的，最好穿鞋底摩擦力大和软底、软帮、系带的鞋。

3. “爬时穿单歇时棉”。登山时，衣服要少穿，不要走快；热了，特别是汗流浃背时，如停步歇脚，要注意山风，避免着凉感冒。所以轻暖的衣服一定要带，途中休息和到达山顶时都需要。

4. “下山路上莫急躁”。一些人常常乘登顶的兴致，加上好强逞能，下山时顺着山坡一溜小跑，结果由于下得过急，腿肚发胀，脚尖充血，到后来迈步都困难。

登山时，要根据个人的体质，量力而行。根据个人登山的目的，做出时间安排。在天黑以前一定要到达目的地，以免露宿山野。

攀　岩

攀岩运动是从登山运动中衍生出来的竞技运动项目，是指利用人类原始的攀爬本能，借以各种装备做安全保护，攀登一些岩石所构成的峭壁、裂缝、大圆石以及人工岩壁的运动。

攀岩运动20世纪50年代起源于苏联，是军队中的一项军事训练项目。

攀岩比赛分为个人单攀、双人结组、集体攀登和自选路线等四个单项。根据比赛规程，有的比运动员攀上陡壁的速度，有的则比攀登的高度和技巧。因此，国际上又把攀岩分为“速度攀岩”和“难度攀岩”两种比赛。

1974 年攀岩被列入世界比赛项目，同年举行了国际攀岩锦标赛，以后每两年举行一次。

攀 岩

陆地风帆是谁发明的

陆地风帆，又称“轮子上的风帆”，因为它的速度大大超过水上风帆，所以还有人叫它“速度风帆”。这项运动是滑板运动和风帆运动结合而成的一种新兴的项目。发明者是巴黎一个名叫阿诺德·罗斯奈的富商。

罗斯奈从小就是一个滑板爱好者，他曾在 1965 年获得法国滑板比赛冠军。20 世纪 60 年代末，当美国人发明的水上风帆传到欧洲后，罗斯奈从中受到启发，便独出心裁地发明了世界上第一个陆地风帆。陆地风帆结构简单，由装有 4 只直径为 33 厘米的充气橡胶轮的滑板和固定在滑板上的风帆组成，通过人的身体重心的移动和依据风向调整风帆的位置来控制。当风力为 6 级时，它的最大的时速可达 80 千米。尽管速度如此之快，但煞车非常简单，只需把风帆的方向改变一下，转动 90 度就立即停下来。

除了一般陆地风帆外，还有各种特殊用途的风帆。如“鸳鸯风帆”、“夜间风帆”等，前者滑板较长，为 1.55 米，可供两人同行。后者在滑板的前壁上装有小型探照灯，供夜间行驶照明之用。陆地风帆运动具有操作简单、老幼皆宜、不受场地限制等优点，所以发明后很快成为一种广大群众喜爱的运动项目。

摩托车运动是如何起源的

摩托车比赛是一项惊险激烈的运动。摩托车比赛源于欧洲。19世纪末20世纪初，一些工业发达的欧洲国家为了检验新型交通工具摩托车的性能及质量，举办过非正式的国际比赛，从而开始把摩托车赛作为一项运动开展起来，并逐渐形成一套竞赛制度规则。

1904年9月，世界首次摩托车比赛在巴黎郊区的柏山举行，奖杯由法国摩托车俱乐部提供，参赛的国家有法国、英国、德国、丹麦、奥地利5个国家，每个国家只有两三名运动员参加比赛。按规定，驾驶的车必须是本国产品，竞赛路线是一周长度为50千米的环行路，行驶5周，结果法国队获胜。国际摩托车联合会成立于1904年，每年分别举办各项世界摩托车锦标赛。

汽车赛是如何起源的

汽车赛是各种类型的汽车竞速比赛。汽车赛源于法国。1887年4月20日，法国《汽车》杂志主编弗谢，为了扩大其杂志的影响，增加杂志的发行量，组织了从巴黎的桑·贾姆，沿塞纳河直至努伊伊的汽车比赛。出人意外的是，此次比赛只有1人报名参加。《汽车》杂志在第二年再次举办汽车比赛，此次比赛参加人亦不多，夺冠者是布顿。

随着汽车工业的发展，汽车比赛的花样越来越多。最初搞这种运动比赛的往往是一些乐于此道的富翁和汽车制造商。后来很多大公司大企业纷纷出巨资赞助汽车比赛，

> **你知道吗**
>
> **方程式赛车有哪些要求**
>
> FISA要求F1赛车采用排量为3L、12缸以下、不加增压器的自然吸气式发动机。F1赛车的底盘采用碳化纤维制造，重量很轻，很坚固。车赛的底盘很低，最小离地间隙仅有50~70毫米。与普通的汽车相比，F1赛车有许多独特的地方，它的车身细而长，车身高度很低，宽大的车轮极为显眼，而且是完全暴露的，即所谓“开式车轮”。

借以为自己做商业性宣传——广告。1900 年 6 月 14 日，从巴黎至里昂之间的“格顿·贝纳特杯”汽车赛是最早的国际汽车锦标赛，法国人夏伦夺魁。1906 年 6 月 26 日至 27 日，法国俱乐部主办了世界上最早的汽车大奖赛，匈牙利的普罗·雷萨和弗林·希斯夺标。

什么是高山自行车运动

高山自行车运动是近十年来在美国开展的一个新型体育运动项目。这项运动类似高山滑雪，但高山滑雪是冬季在冰雪覆盖的山坡上使用滑雪板滑下，而高山自行车运动却是使用特制的自行车从坡上向下行驶，在春、夏、秋季均可进行。高山自行车运动的比赛项目有下滑比赛和曲折下滑比赛两种。

由于这是一项高山运动，因此所使用的运动器械——自行车是特制的。这种自行车车身不高，但车架宽，车轮较一般车轮大，并装有阔轮胎，车上装有 12～18 个变速档，并有减速装置。车座舒适，并可根据上、下山不同情况的需要随时调整车座高度。自行车的脚踏板十分牢固。

根据运动员的体型，这种自行车分为大、中、小三种型号。运动员骑自行车下山时必须采取一些保护性措施，如头戴安全防护帽，穿的裤子要柔软耐磨（摩托车越野赛运动员的服装适于这项运动）。此外，运动员还要戴皮手套、护膝等，脚穿篮球鞋就可以了。